古代歷史文化 研究輯刊

十八編

王明蓀 主編

第 13 冊

陽翟褚氏家族研究

許峻維 著

國家圖書館出版品預行編目資料

陽翟褚氏家族研究／許峻維 著 — 初版 — 新北市：花木蘭文
化事業有限公司，2017〔民 106〕

目 2+184 面；19×26 公分

（古代歷史文化研究輯刊 十八編；第 13 冊）

ISBN 978-986-485-192-8（精裝）

1. 褚氏 2. 家族史

618   106014299

ISBN-978-986-485-192-8

古代歷史文化研究輯刊

十八編　第十三冊　　　　　ISBN：978-986-485-192-8

陽翟褚氏家族研究

作　　者	許峻維	
主　　編	王明蓀	
總 編 輯	杜潔祥	
副總編輯	楊嘉樂	
編　　輯	許郁翎、王筑　美術編輯　陳逸婷	
出　　版	花木蘭文化事業有限公司	
社　　長	高小娟	
聯絡地址	235 新北市中和區中安街七二號十三樓	
	電話：02-2923-1455／傳眞：02-2923-1452	
網　　址	http://www.huamulan.tw 信箱 hml 810518@gmail.com	
印　　刷	普羅文化出版廣告事業	
初　　版	2017 年 9 月	
全書字數	164840 字	
定　　價	十八編 18 冊（精裝）台幣 36,000 元　　版權所有·請勿翻印	

陽翟褚氏家族研究

許峻維　著

作者簡介

許峻維，台北人，中國文化大學史學研究所博士（2016）。現任金門縣金沙國中代理教師，曾任台北市濱江國中、木柵國中代理教師，尋覓大學教職中。著有博士論文〈陽翟褚氏家族研究〉（2016），碩士論文〈唐憲穆二朝的李光顏〉（2010）。發表期刊論文〈東昏侯時期的戰爭對政局的影響〉（2013），研討會論文〈東晉時期的衛將軍〉（2012）、〈中晚唐朝臣間的互動模式〉（2010）、〈唐憲穆朝對藩鎮和戰的決策模式〉（2009）。研究方向爲魏晉南北朝隋唐的政治史。

提　　要

　　本文研究陽翟褚氏家族，褚家在政治上從東晉開始，經過南朝至隋唐爲止。在漫長的政治生涯當中，褚家有多種維持政治權勢的方式孕育而生。最早從以武力效忠朝廷，到與皇室聯姻，再到依附權貴，如劉裕、蕭道成。最終是以自身能力入仕。以上譜成了本文的第二、三、四章，第五章探討宗教，探討褚家與佛教、道教與民間宗教的關係。在宗教方面，褚家參與了因佛教沙門不敬王著論而衍伸的政治衝突，也參與並見證了，桓溫廢海西公擁立簡文帝，也就是道教上清派的作爲。因爲道教上清派的出現，源於楊許降眞，這場宗教活動起於東晉哀帝止於簡文帝即位爲止，以上是本文主要探討的內容。

目

次

第一章 緒 論

　　以褚家作爲研究對象是受到王吉林老師上課所引發的。東晉康獻褚太后（褚蒜子）三度臨朝稱制，實爲特例，因此在檢索史料之後，決定以褚家爲命題。

　　褚家的優勢在於，與瑯琊王氏一樣，整個家族長時間活躍於政治的舞台上，自東晉歷經南朝宋、齊、梁、陳四朝，直抵隋唐，中間延續不絕。在政治的重要性，在東晉門閥政治這個區塊上，田餘慶已有專書論及，田餘慶以瑯琊王氏、京口郗家、外戚庾家、桓溫的家族、謝安的家族，與門閥的尾聲——太原王氏等作探討〔註1〕。探討了王家、郗家、桓家、謝家等家族。然褚家的重要性在於褚家的褚裒與謝家聯姻，娶謝眞石爲妻，謝眞石的兄弟爲謝尚，堂兄弟爲謝安、謝萬等人，也就是陳郡謝氏家族。東晉的權力如何由王、庾兩家過渡到桓、謝兩家，褚家是重要的關鍵。

　　表 1-1-1 褚家的世系表，褚家最早進入東晉的開始，是該表最左邊的褚㸌，僅傳了一代。褚家主要的房支是從褚裒開始的，因爲褚裒有承先啓後的傳承家族，同時褚裒與謝家的謝眞石聯姻，也開啓了褚謝聯姻。褚家自褚裒開始，傳褚歆、褚爽、褚秀之、褚湛之、褚淵、褚蓁、褚向、褚翔這一脈主要終止於「侯景之亂」。在東晉至宋、齊、梁三朝，是這一脈在政治上有良好的表現，主導整個褚家。褚淵在這脈中，是第二個與謝家聯姻的褚家人，褚淵將女兒嫁給了謝瀹。謝瀹屬於謝萬一脈的後代，謝萬是謝尚的堂兄弟、謝安的弟弟。褚、謝二度聯姻，帶給褚向相當的幫助，然褚向早死，未能繼續接受謝家的支持，帶領褚家更往上邁進。

〔註 1〕 田餘慶，《東晉門閥政治》（北京：北京大學出版社，2012 年），目錄頁 1 至 3。

表 1-1-1　褚家世系表

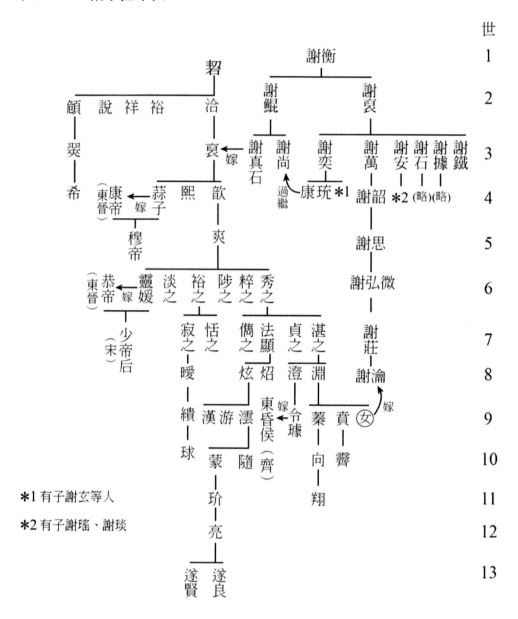

*1 有子謝玄等人

*2 有子謝瑤、謝琰

　　「侯景之亂」以後，南朝的政治格局發生大的改變。在《顏氏家訓》中提到的是「侯景之亂」後，「朝市遷革，銓衡選舉，非復曩著之親；當路秉權，不見昔時之黨」〔註2〕。最終導致求「諸身而無所得，施之世而無所用」〔註3〕。延續褚家政治生命的褚玠，是出自褚法顯一脈。褚法顯是褚秀之的兒子，褚湛之的兄弟，有別於褚湛之爲主的家族傳承。褚玠在面臨到政局改變後，於是先是依附土豪侯安都，打入陳朝的統治集團，而後憑藉自身能力（文武雙全），在陳朝入仕。起先受到打壓，而後被陳後主重用，這在本文第三章第三節會詳加探討。

　　褚玠之後爲其子褚亮，褚亮經過兩次國家變動，從陳入隋，再入唐。與其父一樣憑藉著自身的能力入仕，成爲李世民的天策府十八學士之一，同時也是李世民當太子時的重要幕僚。褚亮之子爲褚遂良，他帶領褚家邁向了最高峰，成爲唐帝國的尚書僕射，而非僅止是江南一隅的尚書僕射。然因反對高宗立武則天爲后，因而給家族帶來不可抹滅的打擊。

　　自褚㲄南渡後至隋滅陳後，褚亮、褚遂良父子才回到關中，自此褚家返回北方。褚㲄的南渡首先帶領家鄉三千家的鄉親，從家鄉陽翟開始，因避石勒的軍隊，起先是往北走到密縣，然後抵達滎陽。此時褚㲄在西晉愍帝的朝廷任官。褚㲄南下面臨的兩個難題，在於盤踞在南陽一帶的王如等人的勢力，以及南下的石勒。後來石勒消滅了王如等人，並返回了北方，南下之路較通暢後。褚㲄帶著家鄉的眾人，回到密縣，從密縣南下抵達汝水的柴肥口，從那裏東渡入了江南。這些從故鄉一路追隨的鄉親（流民），就是褚㲄最初的籌碼。憑藉著他們，褚㲄開啓褚家在東晉仕宦的開始，這在第二章第二節會加以探討。

　　繼而探討褚家的三個皇后，筆者發現褚㲄之女褚蒜子，也就是東晉康獻褚太后，在她掌政的前期，幫了舅舅謝尚，在掌政後期幫了從舅謝安。田餘慶在探討謝家之時，關注到謝尚掌握豫州時，是謝家發展的第二階段，眞正使謝家邁向高門的則是謝安〔註4〕。田餘慶未關注到褚家與謝家的聯姻，因此筆者以此做補充。當瑯琊王氏，外戚庾氏，緊接著是桓家，然後是謝家，褚家的重要性在於，褚家拉了謝家一把，雖無直接史料證明，但謝尚任豫州刺

〔註2〕　王利器撰，《顏氏家訓集解》，北京：中華書局，2007年，卷3，頁148。
〔註3〕　《顏氏家訓集解》，卷3，頁148。
〔註4〕　《東晉門閥政治》，頁197～198。

史時，是褚太后臨朝稱制之時。另外《晉書·顧和傳》保留了褚太后護航謝尚一事：

> 時南中郎將謝尚領宣城內史，收涇令陳幹殺之，有司以尚違法糾黜，詔原之。(顧)和重奏曰：「尚先劾姦贓罪，入甲戌赦，聽自首減死。而尚近表云幹包藏姦猾，輒收行刑。幹事狀自郡，非犯軍戎，不由都督。案尚蒙親賢之舉，荷文武之任，不能爲國惜體，平心聽斷，內挾小憾，肆其威虐，遠近怪愕，莫不解體。尚忝外屬，宥之有典，至於下吏，宜正刑辟。」尚，皇太后舅，故寢其奏〔註5〕。

謝尚濫殺涇縣縣令陳幹殺掉了，有司以謝尚違法，要罷黜謝尚，褚太后下詔免除謝尚的罪。顧和對此事表達不滿，上奏但此事無疾而終。這案例是明顯出現褚家幫助謝家的案例，除此例外，另外就是謝尚兵敗，因褚太后之故，沒有被免爲庶人，僅降號將軍，這在本文第三章第一節有探討。關於褚家幫助謝家，直接記載下來的史料不多，前面這個例子，其記載的目的本來是彰顯顧和伸張正義，卻意外保留褚太后幫助謝尚的事實。因爲這是被收錄在《晉書·顧和傳》，而非《晉書·謝尚傳》。

謝尚獲得褚太后之助，解決濫殺縣令一事。至於謝安借褚太后之助壓制桓家，田餘慶關注到謝安借了褚太后的權柄〔註6〕，筆者以爲是因爲謝安是褚太后的從舅（褚太后親舅爲謝尚，謝尚從兄弟爲謝安）。因此褚太后與謝尚、謝安兄弟的關係，就政治上來說是重要的。

本文在研究方法上，以正史，即八書二史爲主要研究的題材，另參考相關書籍與前人研究。在前人研究方面，關於門閥的研究，首先是田餘慶〔註7〕，他依序談到瑯琊王氏、高平郗氏、潁川庾氏、譙國桓氏、陳郡謝氏，與最後的太原王氏。這幾個家族得交替過程，來談到東晉的門閥政治。並在最後談到劉裕以及整個門閥政治的後論。田餘慶認爲門閥政治僅只有東晉是，南朝自劉宋之後，只有門閥士族，但門閥政治不存在了〔註8〕。筆者以爲南朝雖然門閥士族無法與東晉時期相比，但是相對而言在政治上還是有一定的優勢。因此筆者以褚家爲例，試圖分析一下褚家在南朝的狀況。在瑯琊王氏之後，田餘慶談到庾家、桓家與郗家，筆者以爲還需要談到褚家。因褚家介於庾、

〔註5〕 《晉書》，卷83，〈顧和傳〉，頁2165。
〔註6〕 《東晉門閥政治》，頁204。
〔註7〕 田餘慶，《東晉門閥政治》，北京：北京大學出版社，2012年。
〔註8〕 《東晉門閥政治》，頁311～312。

謝兩家之間的過渡。

　　王伊同《五朝門第》主要談到的是五朝的門第，而非六朝。王伊同主要談論的是整體的門第，以這整體來探討，並非以一姓一姓。分爲總論、氏族、高門的政治上優遇與盛衰、經濟上的壟斷、奴客、風範等幾個面向探討。王伊同在書的後面附有各高門的世系婚姻表，以姓氏爲單位，加以整理﹝註9﹞。

　　毛漢光《兩晉南北朝士族政治之研究》分上、中、下三篇，上篇探討士族的命名與由來，中篇探討士族保持政治地位的方法，下篇以量化的方式分析士族的官職。中篇先從九品中正制度開始，繼而探討選官、壓抑寒素，並探討士族的婚姻與經濟方面﹝註10﹞。

　　毛漢光《中國中古社會史論》，分爲總論與分論。總論探討中古統治集團的基礎與成分，進而探討中古家族的變動與士族性質之演變。分篇則探討較廣，涉及三國政權，兩晉南北朝文官士族成分的分析與比較，中古山東大族著房，唐代士族的中央化與進士第。在士族分析方面探討瑯琊王氏與蘭陵蕭氏﹝註11﹞。

　　蘇紹興《兩晉南朝的士族》主要在談中古士族，探討到侯景之亂與南朝士族衰弱的關係、探討士族的政治地位與經濟力量的關係，以《世說新語》來看士族的交遊圈，探討瑯琊王氏、陳郡謝氏的關係，最後談到文學與經學部分。文末附錄則是探討毛漢光與鄺利安的作品﹝註12﹞。

　　胡志佳《門閥士族時代下的司馬氏家族》一書主要探討兩晉時期的皇室——司馬氏。談到晉朝建立前的狀態、司馬氏在中央士官的官職考察、各地的分封、皇位繼承問題，最後談到婚姻網絡與外戚﹝註13﹞。該書以繁多的表格作分析，約有一半以上的內容都是表格。與本文相關的是康獻褚太后時期，與當世名士共同執政，以維持一個平衡的局面﹝註14﹞。以上大致上是兩岸學著在士族、門閥這塊的著作研究，在下來探討日本方面。

　　日本學著方面，矢野主税《門閥社會成立史》﹝註15﹞、谷川道雄《中國

﹝註9﹞　王伊同，《五朝門第》，北京：中華書局，2006年。
﹝註10﹞　毛漢光，《兩晉南北朝士族政治之研究》，台北：中國學術著作獎助委員會，1966年。
﹝註11﹞　毛漢光，《中國中古社會史論》，台北：聯經出版社，1997年。
﹝註12﹞　蘇紹興，《兩晉南朝的士族》，台北：聯經出版社，1993年。
﹝註13﹞　胡志佳，《門閥士族時代下的司馬氏家族》，台北：文史哲出版社，2005年。
﹝註14﹞　《門閥士族時代下的司馬氏家族》，頁259。
﹝註15﹞　（日）矢野主税，《門閥社會成立史》，日本：國書刊行會，昭和51年（1976）。

中世社會と共同體》〔註16〕、川勝義雄《六朝貴族制的社會研究》〔註17〕、越智重明《魏晉南朝の貴族制》與《中國古代の政治と社會》〔註18〕等著作。

在「貴族制」上面有所研究。矢野重點在關注後漢時期，在該書第六章對谷川道雄的說法提出一些意見〔註19〕。谷川主要談到中世的共同體與貴族社會，探討到道教的共同體，以漢中的五斗米教為例。探討到集落形成，從村到塢，再到集團，最後談到六朝共同體的世界，也就是六朝貴族制。在談到貴族制時，談到他們是莊園所有著，分為官僚貴族與教養貴族。貴族的人際交流分為對家、對社會、對家族、對鄉黨等。貴族的精神是雅道，並且講到學問影響了教養貴族制度〔註20〕。

川勝義雄的《六朝貴族制的社會研究》，主要分成三編來探討：1、貴族制社會的形成；2、朝向封建制傾斜與貴族制；3、貴族制變質與崩壞。在第1編中，談到了貴族政治的成立、漢末清流與濁流的對立、漢末抵抗運動、鄉論、貴族制社會的成立。第2編探討曹操、孫權方面，從孫權進而談到江南的貴族制。又談到東進貴族制的確立過程，最後談到門生與故吏關係。第三編先談到劉宋與寒門武人、探討《世說新語》的編纂與「元嘉之治」、探討到貨幣經濟與侯景之亂的破壞影響，最後談到南朝貴族制的崩潰。

越智重明有《魏晉南朝の貴族制》與《中國古代の政治と社會》。在前書中〔註21〕：談到了家格的固定化、白籍、南北士人不通婚，談到經濟生活方面，東晉成立其後，依賴俸祿為生，談到豪強佔領山澤。最重要談到族門制：甲族20歲開始仕官，後門30歲仕官。士族分為甲族、次門、後門、三五門。界定了寒素的定義，談到南朝貴族制的比較，其中以梁武帝的天監改革做個區隔。關於大選與小選的區別，前者是吏部尚書的人事責任，負責甲族人事的掌握，後著是吏部郎，掌握次門與後門層〔註22〕。

〔註16〕（日）谷川道雄，《中國中世社會と共同體》，日本：國書刊行會，昭和51年（1976）。

〔註17〕（日）川勝義雄，李濟滄等譯，《六朝貴族制的社會研究》，上海古籍，2007年。

〔註18〕（日）越智重明，《魏晉南朝の貴族制》，日本：研文出版，1982年。
（日）越智重明，《中國古代の政治と社會》，日本：中國書店，2000年。

〔註19〕《門閥社會成立史》，頁366～375。

〔註20〕《中國中世社會と共同體》，頁91～111。

〔註21〕《魏晉南朝の貴族制》，頁179、182、220～226、183、209、215、249～370。

〔註22〕《魏晉南朝の貴族制》，頁252。

在後書則更詳盡的談到貴族制，首先談到貴族制的士人，他們之間的意識，家格的固定化與族門、官職之間的對應〔註 23〕。在族門制上，分為上、下、最下三級，上級為甲族，鄉品 1、2 品為原則，24 歲由 5、6 品官起家，最高可以做到一品官；下級為次門，鄉品 3、4 品為原則，25～29 歲 7、8、9 品官起家，最高可以做到五品官；最下為後門，鄉品 6、7、8、9 品為原則，30 歲以後以流外官的 1～4 品官起家，最高可以做到 7 品官。梁武帝的改革，剝奪了後門仕官的機會，將權利限縮在甲族與次門之間，甲族與上層次門擔任流內 1～8 班，下層次門擔任流外 7 班的官職〔註 24〕。

談到宋齊貴族制，因為天子權力的強化，而產生變化。由於天子權力強化，開始委任有才能的後門與三五門，擔任典籤、中書舍人等官職〔註 25〕。梁武帝的改革，主要在鞏固族門制，改革後產生新舊甲族的問題，由於甲族官人無能化，改以具備政治擔當力與事務處理能力的上層次門，來處理政事〔註 26〕。最後談到寒士、寒門，戶籍偽濫、州鎮等問題。

以上是前人研究的部分，接下來我們來探討本文的章節結構、本文的重要性，以及未來後進學著，在研究褚家或其他家族史的一點看法。本文主要分為六章，第一章為緒論，第六章為結論。中間核心章節為第二章、第三章、第四章、第五章。在第二章主要探討褚家的整個官歷介紹與分析，還有褚家因應時代的變局，所做的遷徙。新亭對泣與楚囚相對正是東晉人對離鄉背井所感到的哀愁。在《世說新語》中保留了下來：

> 過江諸人，每至美日，輒相邀新亭，藉卉飲宴。周侯中坐而歎曰：
> 「風景不殊，正自有山河之異！」皆相視流淚。唯王丞相愀然變色
> 曰：「當共戮力王室，克復神州，何至作楚囚相對！」〔註 27〕

引文中可以看到南渡之人的哀愁與思鄉情懷。

褚家同屬於這些離鄉背井之人，因此褚家也想回家，在第二章南下談到褚裒（ㄆㄡˊ）就率領徐兗流民，所組成的軍團北伐，但不幸敗亡。褚家既然不能改變局面，就只好改變自己依附主流，本文於褚家的北上談到的是憑藉著自身能力入仕的褚亮、褚遂良父子。

〔註 23〕《中國古代の政治と社會》，頁 4、6。
〔註 24〕《中國古代の政治と社會》，頁 11～12。
〔註 25〕《中國古代の政治と社會》，頁 14～16。
〔註 26〕《中國古代の政治と社會》，頁 18、19。
〔註 27〕楊勇，《世說新語校箋》（北京：中華，2009 年），〈言語第二〉，頁 81。

在第三章談到褚家的政治，首先談到褚家的重要性，他的特殊性。緊接著探討褚家如何依附權貴，從劉宋過渡到蕭齊。最後探討褚家在「侯景之亂」以後，是如何延續褚家的政治生命。在《顏氏家訓》中提到的是「侯景之亂」後，「朝市遷革，銓衡選舉，非復曩著之親；當路秉權，不見昔時之黨」〔註28〕。最終導致求「諸身而無所得，施之世而無所用」〔註29〕。在侯景之亂前，士族藉由親黨之助，士人得以在朝堂中立足。第三章的尾聲是，褚家因應此「侯景之亂」後所發生的改變。

在第四章談到褚家的婚姻，褚家如何與皇室聯姻，如何與士族聯姻。褚家與東晉、劉宋、蕭齊三朝的皇室聯姻，同時與士族陳郡謝氏聯姻。在聯姻上有嫁女兒與娶媳婦兩種，分別為皇后與駙馬。褚家與謝家的聯姻，成了謝家得以發展的助力之一。

第五章談到宗教部分，分為佛教、道教與其他宗教三塊。褚家在佛教部分有相當多的史料記述，在道教部分，主要是褚家出現兩代，以道教「之」字命名的褚家人這取名的開始始於褚爽。繼而探討到道教上清派，筆者以《眞誥》與《眞靈業位圖》來看東晉時的死後世界觀，這是褚家人的道教死後世界觀。

在其他宗教部分，主要探討蔣子文、蘇峻與褚家的原鄉信仰。褚家在遷徙至南方時，對於家鄉原鄉的信仰，可能會加以延續。例如大禹的信仰，褚家所在的陽翟就是昔日大禹的都城，而會稽是大禹帝陵的所在。褚家在原鄉與江東都能信奉大禹。最後在列舉褚家遷徙時，經過地區的神祇，因為這些神明很可能因為庇佑了褚家，安全逃難至江南而被信奉，在本章還談到宗教與政治的關聯。

本文在研究上，以褚家為主，未來後進的學著在這一方面，可能要使用新出土的資料加以彌補。在家族史方面，士族是很值得研究的，而目前研究偏重瑯琊王氏、陳郡謝氏，其他姓氏點不燃學界研究的熱誠。只有零星的幾本作品，有譙國桓氏、盧江何氏等。以汪藻《人名譜》為線索，還有很多家族值得探討，如南鄉范氏、潁川陳氏、太原孫氏、陳留阮氏等。本文拋磚引玉，希望能再度引發更多家族史研究的興趣。

〔註28〕《顏氏家訓集解》，北京，卷3，頁148。
〔註29〕《顏氏家訓集解》，卷3，頁148。

第二章　褚家的流亡遷徙

　　五胡亂華後掀起了東渡到江東的遷徙潮，這遷徙潮可以分為上層士族如瑯琊王氏等，中階層的士族與下階層的流民。上層士族對北伐是比較不支持的；然中層士族與下層流民較支持北伐，身為士族的褚家就發動北伐，並於此役損兵折將。相較於瑯琊王氏，褚家就算是中階層，然後逐漸擠進權力核心。因此我們可以看著褚家一方面在宦海浮沉，一方面又努力力爭上游。本章分為褚家綜合討論，褚家的南下與北返，共三個節探討。

第一節　由褚家的官歷看褚家

　　首先先將褚家 15 世的官歷整理出來，筆者所取的為每位成員畢生官歷的最高官職，其目的在於每位成員在朝廷的發展狀況，因為官歷會有升遷，之所以不取死前最終官歷，是因為有成員可能因為政治選擇錯誤，而貶官，例如褚遂良，在武則天立后事件上，因為選錯陣營，最終從尚書右僕射貶落至愛州刺史，最終卒於該地，一個從在朝中呼風喚雨的宰相，貶到愛州（今越南）當一個刺史，這反差有點太大了。因此選擇最高官歷，觀察每位成員的指標。

表 2-1-1　褚家仕官官歷暨皇后整理表

姓名	世	朝代	最高官職	品〔註1〕	出　　處	位於本文章節
褚䂮	一世	西晉	安東將軍	三品	《晉書》卷 93	2-1

〔註 1〕依據《隋書》，卷 26，〈百官志上〉與《唐六典》。

褚洽	二世	西晉	武昌太守	五品	《晉書》卷93	2-1
褚裒	三世	東晉	尚書左右僕射	二品	《晉書》卷77	2-1，2-2，3-1，5-1
褚裒	三世	東晉	征北大將軍，開府儀同三司	一品	《晉書》卷93	2-1，2-2，3-1，4-3
褚蒜子	四世	東晉	嫁給東晉康帝	太后	《晉書》卷32	2-1，4-1，5-1
褚希	四世	東晉	豫章太守	五品	《晉書》卷77	2-1，4-3
褚歆	四世	東晉	散騎常侍	三品	《晉書》卷93	2-1，4-3
褚爽	五世	東晉	義興太守	五品	《晉書》卷93	2-1，5-2，4-3
褚靈媛	六世	東晉	嫁給東晉恭帝	皇后	《晉書》卷32	2-1，4-1
褚秀之	六世	宋	太常	三品	《宋書》卷52	2-1，4-1，5-2
褚裕之	六世	宋	右衛將軍	三品	《宋書》卷52	2-1，4-1，5-2
褚淡之	六世	宋	侍中	三品	《宋書》卷52	2-1，4-1，5-1，5-2
褚湛之	七世	宋	尚書右僕射	二品	《宋書》卷52	2-1，4-2，5-2
褚法顯	七世	宋	鄱陽太守	五品	《新唐書》卷72下	2-1，5-1
褚恬之	七世	宋	南瑯琊太守	五品	《宋書》卷52	2-1，5-2
褚寂之	七世	宋	著作佐郎	七品	《宋書》卷52	2-1，5-2
褚淵	八世	齊	尚書令	一品	《南齊書》卷23	2-1，3-2，4-2
褚澄	八世	齊	侍中	三品	《南齊書》卷23	2-1，4-2，5-1
褚炤	八世	齊	國子博士，不拜	四品	《南齊書》卷32	2-1，3-2
褚炫	八世	齊	侍中	三品	《南齊書》卷32	2-1
褚暖	八世	齊	太宰參軍	六品	《宋書》卷52	2-1，4-2
褚令璩	九世	齊	嫁給東昏侯	皇后	《南齊書》卷20	2-1，4-1
褚賁	九世	齊	侍中	三品	《南齊書》卷23	2-1，4-2
褚蓁	九世	齊	度支尚書、領軍將軍	三品	《南齊書》卷23	2-1，4-1
褚澐	九世	齊	中書侍郎	四品	《新唐書》卷72下	2-1
褚漢	九世	齊	中書侍郎	四品	《新唐書》卷72下	2-1
褚績	九世	齊	太子舍人	七品	《梁書》卷41	2-1，4-2
褚向	十世	梁	侍中	三品	《梁書》卷41	2-1，4-3
褚蒙	十世	梁	太子舍人	七品	《陳書》卷34	2-1
褚隨	十世	梁	驃騎從事中郎	五品	《陳書》卷34	2-1

褚球	十世	梁	太府卿	三品	《梁書》卷 41	2-1，3-3，4-2
褚翔	十一世	梁	侍中	三品	《梁書》卷 41	2-1，3-3，5-1
褚玠	十一世	陳	中書侍郎	四品	《陳書》卷 34	2-1，3-3
褚亮	十二世	唐	通直散騎常侍	從三品	《舊唐書》卷 72	2-1，2-3
褚遂良	十三世	唐	尚書右僕射	從二品	《舊唐書》卷 80	2-1，2-3
褚遂賢	十三世	唐	鄒王友	從五品下	《新唐書》卷 72 下	2-1，2-3

表 2-1-1 是褚家十五世的最高官歷的總整理，同時包含了三位嫁給皇室的褚家女兒。褚家是本文主要的研究課題，在東晉南朝，至隋唐這麼漫長的歲月中，只有瑯琊王氏與陽翟褚氏，這兩個家族有一路延續政治勢力下來。在《新唐書・柳沖傳》所引，柳芳中所提到的江南僑姓中最有名的四大姓——王、謝、袁、蕭〔註2〕。王家是瑯琊王氏，王家從東晉一路延續到南朝，這可看汪藻《人名譜》，該譜爲宋本《世說新語》所附〔註3〕，至於隋唐部分可以看《新唐書・宰相世系表》。王家在該表中，有人當至宰相而被記錄。褚家亦可依此模式查找，褚家在《新唐書・宰相世系表》所記載的宰相爲褚遂良。袁、蕭兩家，前著是斷於梁代〔註4〕，後著是未收錄於該表之中。表 2-1-1 以汪藻《人名譜》的世系表爲基礎，再回頭檢閱正史，將其最高官歷標出，別於汪藻是附上最終官歷。

在表 2-1-1 中，褚家一世爲褚䂮，他附在其孫《晉書・褚裒傳》的前面，其他參見《晉書・王沈傳》，該處提到，褚䂮因爲與羊祜有舊，因而被推薦給晉武帝，終官安東將軍〔註5〕。褚䂮早年，於曹魏時擔任豫州刺史太原王沈的主簿。〔註6〕至於二世褚洽官至武昌太守〔註7〕。這兩人開了褚家在晉朝的仕宦，讓褚家得以在陽翟地區形成士族，然東晉爲流亡政權，因此士族重新洗牌，褚家得努力打進這新的士族圈，開啓褚家綿延東晉至南朝，再至隋唐著爲褚䂮。除褚䂮外，褚裒亦是褚家政治生命，開始延續的重要起點之一。

三世的褚䂮、褚裒堂兄弟，在本文第二章第一節、第二節；第三章第一節；第四章第三節、第五章第一節都有所探討。褚䂮以流民帥的身分入仕，

〔註2〕《新唐書》，卷 199，〈柳沖傳〉，頁 5677～5678。
〔註3〕汪藻，《世說人名譜校箋》，收錄在《世說新語校箋》，頁 5。
〔註4〕汪藻，《世說人名譜校箋》，卷 7，頁 93。
〔註5〕《晉書》，卷 93，〈褚裒傳〉，頁 2415。
〔註6〕《晉書》，卷 39，〈王沈傳〉，頁 1144～1145。
〔註7〕《晉書》，卷 93，〈褚裒傳〉，頁 2415。

然後憑藉著武力爲東晉皇室效忠，在「王敦之亂」與「蘇峻之亂」中，褚裒都積極站在東晉皇室這邊，目的是打入東晉的權力核心。在「蘇峻之亂」中，褚裒積極保護成帝，因而簡在帝心。在亂平後，以丹陽尹的身分收拾京城建康，力挺王導的不遷都之議，筆者以爲王導是褚家的助力之一。關於褚裒的詳細可以參看第二章第一節褚家的南下。

　　三世中另一重要人物爲褚裒，他是褚家四大重要核心之一，重要核心是指有將褚家的整個政治地位提升到頂點，在官職上是褚家的高點，如錄尚書事、尚書左僕射、右僕射等官。四大重要核心爲褚翜、褚裒、褚淵、褚遂良。前兩個爲開啓褚家政治生命，褚淵是成功的跨越朝代，成爲《南齊書》中諸臣列傳的第一個列傳。褚遂良是褚家最後的亮點，因得罪武則天而失勢，最終導致再傳兩代後，消失於歷史的舞台。

　　回到褚裒，褚裒在表 2-1-1 中最高擔任至征北大將軍，開府儀同三司，然實際上褚裒一度有機會，擔任至錄尚書事的機會，後來他選擇讓給司馬昱。這在本文第三章第一節終會詳細敘述。褚裒的重要性在於，其一，成功的轉型，徹底融入士族之中，成爲士族的一份子，這可以看到本文第四章第三節的部分。其二、開啓褚家與皇室聯姻的開始，成爲第一個將女兒嫁給皇帝，開啓褚蒜子三度臨朝的政治局面。褚裒本身也因太后父親的身分，被人尊以不臣之禮，是顯貴的外戚，在本文第三章第一節會探討。

　　其三、結束自褚翜以來，以流民帥的武力爲底，軍事路線的發展，自褚裒北伐敗亡後，褚家就不再軍事上有所發展，北伐在本文有所探討。其四，與謝家聯姻，開啓褚蒜子前幫舅舅謝尚，後幫堂舅謝安的事實。謝家的崛起，背後的推手就是褚家，這本文第三章第一節有所提及，在本文第四章第三節亦有所探討。繼褚裒以後，下個與謝家聯姻著爲褚淵。

　　表 2-1-1 中褚蒜子爲四世，爲褚裒之女，東晉康帝之后，東晉穆帝之母。褚蒜子爲褚家第四世中最尊貴著，在穆帝即位時，就抱子臨朝，開啓臨朝的太后生涯，同時自穆帝即位，至孝武帝時崩於宮中，中間長達四十年，其間三度臨朝，三度將權位讓給親政的皇帝，或接任的皇帝。在本文第四章第一節中有詳細的介紹，褚蒜子臨朝，在第三章第一節提到，當褚裒在徐兗擔任外鎮時，褚太后在朝內臨朝稱制。當時錄尚書事爲司馬昱，而荊州的桓溫是司馬昱的支持著。當褚裒死後，其外鎮勢力由荀羨、殷浩接手，與豫州的舅舅謝尚，一起支持褚太后，另外一派則是司馬昱與桓溫。當殷浩北伐

失敗後，政治格局又改變了，褚太后與司馬昱同屬朝中，而桓溫在外鎮逐漸坐大，最後發動政變擁立司馬昱爲簡文帝。打破褚太后與司馬昱的合作關係，即分掌「名」、「實」的概念，在本文第四章第一節有探討，此外本文第三章第一節與第五章第二節亦有探討。司馬昱後來得道教——上清派的支持（特別是楊許降眞），取得政治正當性，這在本文第三章第一節與第五章第二節有提到。

在表 2-1-1 中四世另有褚希、褚歆二人，兩人一個最高擔任至豫章太守，另一個擔任至散騎常侍。褚希是褚爽的兒子，然官至豫章太守，褚希能夠擔任豫章太守，其中最重要的是其父褚爽的流民帥身分。豫章屬於江州，江州的重要性在於五胡亂華以後，從北方南下的流民，在江陵到建康三千里的疆土上，數以萬計的流民遍布在江州，因此江州變成了「國之南藩，要害之地」〔註8〕。因流民眾多，褚希流民帥的身分，在那裏有相當的助益。褚希最終也止步於豫章太守，因流民帥的身分，止步於此，未能回到朝中擔任高官，否則叔父褚裒也是重要的助益。另一個可能是褚希早卒，止步於此。

褚歆官至散騎常侍，褚歆是褚裒的兒子，褚蒜子的兄弟，結果止步於散騎常侍。其父是外鎮重要的軍頭，其姊先是皇后，而後升爲太后，結果褚歆僅止於此，筆者以爲相當可能是因爲褚歆早卒。有人說褚太后可能因爲不以私廢公，所以不提攜褚歆。關於這點，謝尚是褚蒜子的舅舅，之前曾濫殺地方縣令，後因褚太后而赦免，這可見褚太后對親人之助。褚歆爲褚太后之弟，必會受到褚太后支柱，然因早卒，而未獲褚太后提攜。

表 2-1-1 中五世爲褚爽（小字期生）〔註9〕，關於他的重點，其一、本身被堂舅公謝安稱讚：「若期生若不佳，我不復論士矣」〔註10〕。其二、其女褚靈媛嫁給東晉恭帝，所生的女兒嫁給劉宋少帝。詳細可以看本文第四章第二節。其三、爲兒子們命名，以「之」結尾，如褚秀之、褚裕之、褚淡之。「之」字結尾爲道教的命名方式，這證明褚爽信奉道教。藉由《眞誥》與《眞靈業位圖》探索道教死後世界觀，這也是褚家所追尋的。構成本文第五章第二節的部分。

在表 2-1-1 中，六世先提到褚靈媛，她是東晉恭帝的皇后，她所生的公主，

〔註 8〕　（宋）司馬光，《資治通鑑》，台北：世界書局，1972 年，卷 94，成帝咸和四年（329），頁 2970～2971。

〔註 9〕　《晉書》，卷 93，〈褚爽傳〉，頁 2422。

〔註 10〕　《晉書》，卷 93，〈褚爽傳〉，頁 2422。

在劉宋時期成爲少帝的皇后，這在本文第四章第一節探討。褚靈媛的幾位兄長如褚秀之、褚淡之、褚裕之，他們與褚靈媛代表著雙面押寶的行爲。褚靈媛嫁給東晉皇室，而褚秀之三兄弟則選擇，依附當時的權貴劉裕。褚家在兩邊都進行政治投資，然褚淡之兄弟殺害，已遜位的妹夫東晉恭帝，選擇對劉宋的忠誠。當劉裕死後，由少帝即位，褚秀之三兄弟爲舅舅，與少帝是同一組的政治團體。然徐羨之等人卻發動政變，殺害少帝改立文帝。褚秀之三人亦同時亡於這一年，因爲太剛好同死於這年，故筆者以爲褚秀之三兄弟爲政變的犧牲著。詳細部分可以看到本文第四章第一節。

　　表 2-1-1 中七世爲褚秀之的兩個兒子褚湛之與褚法顯，以及褚裕之的兩個兒子褚恬之與褚寂之。褚湛之與褚法顯爲兄弟，然他們代表了兩個不同的房支，褚湛之這房，會出現褚家第三個核心人物褚淵，然後傳至 11 世的褚翔因「侯景之亂」而斷絕。褚法顯一脈，由褚淵的堂兄弟褚炫傳承，中間經褚家第四個核心人物褚遂良，而後傳至褚遂良的姪孫褚璆、褚琇，自此褚家的政治生涯終結。褚湛之一脈亡於「侯景之亂」，此亂導致了政治局面改變。在《顏氏家訓》中提到的是侯景之亂後，由於「朝市遷革，銓衡選舉，非復曩著之親；當路秉權，不見昔時之黨」。最終導致求「諸身而無所得，施之世而無所用」〔註 11〕。在「侯景之亂」前，士族藉由親黨之助，士人得以在朝堂中立足。褚翔死於「侯景之亂」之中，之前所憑藉的親黨援引，也在該亂中崩毀。因此褚翔的堂兄弟，出自褚法顯一脈的褚玠，面臨到朝中無人的困窘局面，只能選擇效法褚秀之兄弟檔，依附權貴。然陳朝土豪爲當時的權貴，故褚玠依附土豪侯安都而起。而後又受其連累，在宦海浮沉，最終因遇到陳後主而再起，這在本文第三章第三節有詳述。

　　表 2-1-1 中的褚湛之，他另一個重點是開了褚家娶公主，當駙馬的先河，這在本文第四章第二節有詳述。褚湛之的叔、伯、父親都死於宋少帝被殺的政治事件之中。褚家在此遭到相當大的打擊，褚家六世這代幾近全亡。褚湛之憑藉著除了駙馬的身分外，褚湛之本人因「謹實有意幹」〔註 12〕，而爲宋文帝所知〔註 13〕。褚湛之得宋文帝之助，在宋文帝一朝仕宦，然史稱太子劉劭發動政變，弒君奪位。褚湛之因爲女兒嫁給始興王劉濬，故前期是站在劉

〔註11〕　《顏氏家訓集解》，卷3，頁148。
〔註12〕　《宋書》，卷52，〈褚湛之傳〉，頁1505～1506。
〔註13〕　《宋書》，卷52，〈褚湛之傳〉，頁1505～1506。

劭陣營，而後轉頭至劉駿（孝武帝）陣營。褚湛之初降時，因爲劉駿爲了攏絡人心，任命擔任至尙書右僕射的高官，旋即因故被免官禁錮。褚湛之而後再起，終至侍中、左衛將軍等官〔註14〕。

七世的褚法顯、褚恬之、褚寂之。表2-1-1中褚法顯官至鄱陽太守，褚恬之官至南瑯琊太守，褚寂之官至著作佐郎。褚法顯僅於《南齊書・褚炫傳》僅一行，記載官至鄱陽太守〔註15〕。褚恬之爲褚裕之嗣子，官至南瑯琊太守，褚寂之爲著作佐郎，早卒〔註16〕。褚家這三人的記載都極爲簡略，筆者以爲跟宋少帝被弑的政變有關，三人的仕宦受到阻礙。褚湛之藉著駙馬身分崛起，而這三人都沒有與劉宋皇室聯姻，故官職僅止步太守一職。裡面褚寂之早卒，其子八世褚曖娶了公主也早卒〔註17〕，父子都早卒，筆者懷疑是死於宋少帝被殺的政變之中。另褚曖因尙公主，爲駙馬，在本文第四章第二節有所提及。

表2-1-1中褚家八世有褚淵、褚澄、褚炤、褚炫、還有前段提及的褚曖。褚淵爲庶母郭氏所生〔註18〕，褚澄爲嫡母吳郡公主所生，因褚淵侍吳郡公主「孝謹」〔註19〕，故吳郡公主將嫡子之位給了褚淵〔註20〕。然褚淵與褚澄的關係，值得探討，筆者以爲雙方關係是有嫌隙的。褚淵在其父褚湛之死後，將財產都給褚澄，自己只取書數千卷〔註21〕。褚淵對褚澄是不錯的，將財物給了褚澄。再看到政治上，在劉休範謀反之時，褚澄開東府門接納劉休範的部隊，並擁戴劉休範之子劉準入據東府，此時「宮省恇憂，眾無鬥志」〔註22〕。後因劉休範身死，官軍拚死奮戰而平定此亂〔註23〕。在劉休範謀反時，褚淵站在朝廷這邊，但其弟卻接納叛軍。事後，因褚淵之故，褚澄不但沒事，反而被任命爲吳郡太守：

（褚）淵以褚澄爲吳郡太守，司徒左長史蕭惠明言於朝曰：「褚澄開

〔註14〕《宋書》，卷52，〈褚湛之傳〉，頁1505～1506。
〔註15〕《南齊書》，卷32，〈褚炫傳〉，頁582。
〔註16〕《宋書》，卷52，〈褚裕之傳附傳〉，頁1505。
〔註17〕《宋書》，卷52，〈褚裕之傳附傳〉，頁1505。
〔註18〕《南齊書》，卷23，〈褚淵傳〉，頁426。
〔註19〕《南齊書》，卷23，〈褚澄傳〉，頁432。
〔註20〕《南齊書》，卷23，〈褚澄傳〉，頁432。
〔註21〕《南齊書》，卷23，〈褚淵傳〉，頁425。
〔註22〕《通鑑》，卷133，後廢帝元徽二年（474），頁4181～4182。
〔註23〕《通鑑》，卷133，後廢帝元徽二年（474），頁4181～4182。

門納賊，更爲股肱大郡，王蘊力戰幾死，棄而不收。賞罰如此，何憂不亂！」淵甚慙〔註24〕。

蕭惠明對褚淵以褚澄擔任吳郡太守，極爲不滿。褚淵對褚澄不錯，既給財物，又升官，同時還消弭褚澄接納叛軍的錯誤。然褚澄對褚淵卻是有問題的，首先是褚淵死後，褚澄以錢一萬一千錢，贖回褚淵所典當的白貂坐褥（齊高帝蕭道成所賜），並把這東西做成裘及纓，同時又贖回褚淵所乘的黃牛，還有他的介幘犀導，褚澄後因此事被免官禁錮〔註 25〕。這反映了兩件事，其一是褚澄贖回了褚淵之物，然卻是毀賜物自用，其二是褚淵缺錢寧可去典當，也不跟褚澄開口。

關於褚淵的貧窮，史料有所記載，我們可以看到《南史》:

時淮北屬，江南無復鰒魚，或有間關得至著，一枚直數千錢。人有餉彥回鰒魚三十枚，彥回時雖貴，而貧薄過甚，門生有獻計賣之，云可得十萬錢。彥回變色曰：「我謂此是食物，非曰財貨，且不知堪賣錢，聊爾受之。雖復儉乏，寧可賣餉取錢也。」悉與親游噉之，少日便盡〔註26〕。

從引文中可以看出，褚淵在經濟上極爲困窘，以至於有人贈鮑魚（鰒魚即鮑魚）〔註27〕，門生建議褚淵賣鮑魚以換錢。

褚淵雖然在經濟上不行，然他在政治上的表現極佳，在表 2-1-1 中我們可以看到他官至尙書令，尙書省的最高長官，同時他又是《南齊書》中，群臣列傳的第一人，與王儉同傳，這呼應了上段引文提到的褚淵尊貴。褚淵最重要的是將褚家由劉宋帶到了蕭齊，這在本文第三章第二節中有詳述。

褚澄，他將女兒嫁給了東昏侯，是褚家最後一個將女兒嫁給皇室的父親，自褚澄之後，褚家不再將女兒嫁給皇室。褚澄本身信奉佛教，這在本文第五章第一節中有所探討。褚澄善醫術，開藥方治好了百姓李道念〔註 28〕，褚澄亦因醫術，升官至左民尙書〔註 29〕。褚澄憑藉醫術升官是特例，並未成爲褚

〔註24〕《通鑑》，卷 133，後廢帝元徽二年（474），頁 4184。

〔註25〕《南齊書》，卷 23，〈褚澄傳〉，頁 432。

〔註26〕《南史》，卷 28，〈褚淵傳〉，頁 751。

〔註27〕謝肇淛，《五雜俎》，卷 9，原文：「鰒音撲，入聲，今人讀作鮑」。故鰒魚即爲鮑魚。

〔註28〕《南史》，卷 28，〈褚澄傳〉，頁 756。

〔註29〕《南齊書》，卷 23，〈褚澄傳〉，頁 432。

家仕進的方式之一。

表 2-1-1 中八世還有褚法顯的二子，褚炤與褚炫，前著表 2-1-1 中任國子博士，但褚炤並沒拜受此官，褚炫官至侍中。表 2-1-1 中，九世爲褚賁、褚蓁、褚澐、褚漢、褚績。褚賁、褚蓁爲褚淵之子，然褚賁因褚淵失節劉宋一事，憤而辭官，由其弟褚蓁仕宦〔註 30〕。褚蓁大概歷經整個蕭齊，最後於齊明帝建武末年，官至太子詹事、度支尚書、領軍將軍，於東昏侯永元元年（499）卒〔註 31〕。表 2-1-1 中褚漢、褚績、褚澐三人分別任官至中書侍郎與太子舍人。在列傳中三人僅只有官職，然褚績之子爲褚球，此脈至褚球而止。褚澐之子即褚蒙，其孫即褚玠，未來褚遂良即傳承自此脈。九世另有一人極爲重要，就是褚令璩，她是褚澄之女，嫁給東昏侯，在本文第四章第一節會詳述，自她之後褚家就不將女兒嫁給皇室。同時，褚家政治投資失敗，多少影響十世在蕭梁的仕宦。

表 2-1-1 中十世爲褚向、褚蒙、褚隨、褚球。褚向爲褚翔之父，官至梁的侍中，褚向的重要性在於代謝舉在朝中擔任侍中，這在本文第四章第三節有詳述。褚向早逝，因此十一世褚翔以國子生的身分入仕，官至吏部尚書，死於「侯景之亂」〔註 32〕。這在本文第三章第三節有所詳述。褚蒙、褚隨在正史中僅書官職，褚球除仕宦外，最重要的是他娶了劉宋的公主爲妻，自褚球以後，褚家不再娶公主，擔任駙馬。這在本文第四章第二節有所探討。

十一世的褚玠前面已經論述過了，十二世是褚亮，十三世是褚遂良、褚遂賢兄弟。這幾人可以一起討論是因爲，它們仕進的方式都是憑藉自身能力入仕，史料有記載的爲褚亮、褚遂良，在本文第二章第三節亦有所探討。

關於表 2-1-1 的綜合分析來看，褚家在 1～5 世時，仕官人數都在 1～3 人之間，然此一時期出了褚䂮、褚裒、褚蒜子三個優秀的人物，撐起褚家的一片天。6～10 世人數開始變多，每世都在 4 人以上，最多 6 人，歷經朝代爲南朝宋、齊、梁，此一時期褚淵是最優秀的人物，同時也是第二次與謝家聯姻，然除褚淵外，褚恬之、褚寂之、褚炤、褚曖、褚澐、褚漢、褚績這幾人，都僅在正史上留下一筆官歷，依附於他人列傳之中，如褚淵、褚炫的列傳之中，

〔註 30〕《南齊書》，卷 23，〈褚淵附傳〉，頁 432。
〔註 31〕《南齊書》，卷 23，〈褚淵附傳〉，頁 432。
〔註 32〕《梁書》，卷 41，〈褚翔傳〉，頁 586。

或《新唐書・宰相世系表》。褚家 6～10 世人雖多但重要的人物不多，褚家 11～15 世，在人數上又回到了褚家 1～5 世的狀態，每世約 1～2 人。此時有別於 1～10 世，自「侯景之亂」以後，東晉至南朝的政治方式都改變了，這可以看到前面所引《顏氏家訓》的記載，所以士官只能憑藉個人能力，或許能依附權貴、土豪，然終非長久之計。遠不如 1～10 世，有以軍功入仕，有與皇室聯姻，有打入士族之中，有依附權貴如劉裕、蕭道成等多種方式，延續褚家的政治生涯。

這裡檢視一下《南史》對褚家的評論：

> 論曰：褚氏自至江左，人焉不墜。彥回以此世資，時譽早集，及於逢迎興運，謗議沸騰，既以人望見推，亦以人望而責也。炤貞勁之性，炫廉勝之風，求之古人，亦何以加此。玠公平諒直，文武兼資，可謂世業無隕著矣〔註33〕。

褚家自江左東晉以來，家族延續不墜，褚淵以此世代的政治資產，獲得時人的美譽，然因為逢迎蕭道成，最終導致毀譽各半的局面。當時的人以人望推崇褚淵，同時也以人望譴責褚淵。褚炤這人「貞勁」〔註34〕；褚炫這人有廉勝之風；褚玠這人「公平諒直」〔註35〕，又文武兼備。由此我們可以看到，世業得以不墜落，得看家族的人才。褚家遠不如瑯琊王氏人丁眾多，然卻可以跟王家一樣，延續家族政治生涯從東晉至唐，成為世業，這是相當了不起的。

第二節　褚家的南下

一、渡江以前的褚裒

在探討褚家南下以前，先論陽翟這個地方，那是褚家的故鄉，南下的起點。陽翟隸屬於許州，許州在周時為許國，秦朝時為潁川郡，治所即為陽翟，兩漢為潁川的許縣，北周以為許州，隋復置為潁川郡，唐高祖武德 4 年（621）

〔註33〕《南史》，卷28，〈褚裕之傳〉及其附傳，頁759。〈褚裕之傳〉及其附傳後，史家的論曰。

〔註34〕《南史》，卷28，〈褚裕之傳〉及其附傳，頁759。〈褚裕之傳〉及其附傳後，史家的論曰。

〔註35〕《南史》，卷28，〈褚裕之傳〉及其附傳，頁759。〈褚裕之傳〉及其附傳後，史家的論曰。

復爲許州，唐太宗貞觀元年（627）將陽翟隸屬於許州〔註36〕。陽翟本爲大禹之都，春秋爲鄭國的櫟邑，秦爲穎川郡的治所，晉時屬河南郡，而後歷經變遷，復隸屬於許州〔註37〕。

陽翟本身位置極爲重要，位於腹心之地，控制汴、洛兩地，同時又是汝穎之間的要道，這可參考顧祖禹《讀史方輿紀要》：

> 州控汴、洛之郊，通汝、穎之道穎，謂許州，山川盤紆，形勢險固。
> 一旦有警，此腹心之患也。若其根抵淮、沔，憑依襄、鄧，縱橫北
> 向，鴻溝不能限，成皐不足恃矣。戰國時，韓都陽翟以角羣雄。漢
> 初，高祖封韓王信於此，既而以信壯武，穎川北近鞏、洛，南迫宛、
> 葉，東有淮陽，皆天下勁兵處也，乃徙封信於太原〔註38〕。

陽翟此地地理位置極佳，又是天下勁兵處，在五胡亂華之際，郭誦得以該地拒石生的進犯〔註39〕。由此可知陽翟兵勁，故褚翜所帶的陽翟鄉黨得以武裝平安的渡江，進入東晉。同時這也是褚翜擔任流民帥倚仗。

陽翟這地方的風俗，該地人尚忠，但弊於鄙朴，有申韓餘烈。高仕宦、好文法，人以爭訟爲俗。自漢代德韓延壽、黃霸等郡守努力下，更易風俗爲敦厚，風教大行〔註40〕。樂史在《太平寰宇記》中將褚淵列入許州（穎川）的人物〔註41〕。褚淵在前一節有所論及，即爲褚家的重要人物之一。

在褚翜之前，褚䂮在西晉已擔任安東將軍，褚洽爲武昌太守，這在前一節有所提及。這兩人的仕官帶領褚家進入西晉，並在陽翟地區累積了一些人脈與名望。這可看到褚翜在渡江前，其舅庾敳，「憂世亂，以家付翜」〔註42〕。褚翜要帶人逃難，舅舅把家人託付給褚翜，一方面是信任褚翜這外甥，另一方面褚家在陽翟也有一定的基礎與實力，這些可能都是褚䂮與褚洽所遺留下來的。褚家本爲河南士族，但渡江進入東晉後，要打入東晉的統治階層還需要一番努力。因此我們就從褚家的南下開始探討。

褚家的南下主要是探討褚翜。褚翜生於晉武帝咸寧元年（西元275）

〔註36〕　（宋）樂史，《太平寰宇記》，北京：中華書局，2007年，卷7，頁124～125。
〔註37〕　《太平寰宇記》，卷7，頁132。
〔註38〕　（清）顧祖禹，《讀史方輿紀要》（北京：中華書局，2006年），卷47，頁2193。
〔註39〕　《晉書》，卷63，〈李矩傳〉，頁1708～1709。
〔註40〕　《太平寰宇記》，卷7，頁126。
〔註41〕　《太平寰宇記》，卷7，頁126。
〔註42〕　《晉書》，卷77，〈褚翜傳〉，頁2031。

〔註43〕，褚䂮起家的官職為冠軍參軍，並擔任這職務直至棄官為止。褚䂮在「八王之亂」中作為經歷者，「長沙王乂擅權，成都、河間阻兵于外，䂮知內難方作，乃棄官避地幽州」〔註44〕，司馬乂擅權，司馬穎與司馬顒 2 人與之爭權，此事發生在晉惠帝太安二年（303），司馬乂敗死〔註45〕，此時褚䂮 29 歲。他放棄冠軍參軍一職，避難幽州，又面臨「後河北有寇難，復還鄉里。河南尹舉䂮行本縣事」，河北有寇難應指劉淵起事，此事發生在晉惠帝永興元年（304）〔註46〕，褚䂮 30 歲。

褚䂮在河南「行本縣事」，從晉惠帝永興元年擔任至懷帝永嘉 5 年（304~311），洛陽覆沒為止，在這段期間褚䂮準備要渡江：

（褚）䂮招合同志，將圖過江，先移住陽城界。潁川庾敳，即䂮之舅也，亦憂世亂，以家付䂮。䂮道斷，不得前。東海王越以為參軍，辭疾不就〔註47〕。

褚䂮將渡江，而其舅庾敳也將家眷託付給褚䂮，然最終因道路中斷而中止。

關於庾敳〔註48〕，他在紛亂之際，常「靜默無為」，在派系上「參東海王越太傅軍事，轉軍諮祭酒」，很明顯是司馬越的人馬，但在實際作為上卻因「越府多雋異」，而常「袖手」，時人對他的評價是「有重名，為搢紳所推，而聚斂積實，談者譏之」，最終死於石勒之亂，與王衍一同被害。

洛陽覆沒，這是指懷帝在永嘉 5 年（311）被俘，洛陽城破一事。褚䂮在這段期間，與滎陽太守共保萬氏臺，然而郭秀卻與其部將陳撫等人不合：

（郭）秀不能綏眾，與將陳撫、郭重等構怨，遂相攻擊。䂮懼禍及，謂撫等曰：「以諸君所以在此，謀逃難也。今宜共戮力以備賊，幸無外難，而內自相擊，是避坑落井也。郭秀誠為失理，應且容之。若遂所忿，城內自潰，胡賊聞之，指來掩襲，諸君雖得殺秀，無解胡虜矣。累弱非一，宜深思之。」撫等悔悟，與秀交和。時數萬口賴䂮獲全〔註49〕。

〔註43〕《晉書》，卷77，〈褚䂮傳〉，頁2033。傳中有「咸康七年卒，時年六十七」，反推得知為該年。

〔註44〕《晉書》，卷77，〈褚䂮傳〉，頁2031。

〔註45〕《晉書》，卷4，〈惠帝本紀〉，頁100~101。

〔註46〕《晉書》，卷4，〈惠帝本紀〉，頁103。

〔註47〕《晉書》，卷77，〈褚䂮傳〉，頁2031。

〔註48〕《晉書》，卷50，〈庾敳傳〉，頁1395。

〔註49〕《晉書》，卷77，〈褚䂮傳〉，頁2031。

最終由褚翜調和了彼此間的關係，進而保全了數萬口人的性命，也讓褚翜在這些流民中有了聲望，這對未來褚翜統帥流民是有幫助的。

在永嘉6年（312）〔註50〕，褚翜率領數千家的人想要東下渡江，但「遇道險，不得進」，所以停留在司州的密縣，筆者以爲褚翜所率領的這些人包含褚家的人與舅舅庾敳的家人，同時應包含褚翜在河南地區的鄉親，因爲他是河南陽翟人。田餘慶把褚翜歸類爲流民帥〔註51〕。由於褚翜是流民帥，手上有武力，當時司隸校尉荀組任命他爲「參軍、廣威將軍，復領本縣，率邑人三千，督新城、梁、陽城三郡諸營事」〔註52〕，關於荀組，他與哥哥荀藩是西晉愍帝的舅舅〔註53〕。荀藩在洛陽覆沒後「出奔密。王浚承制，奉藩爲留臺太尉。及愍帝爲太子，委藩督攝遠近」〔註54〕，荀藩收拾著西晉在現今河南地區的勢力，他的助手就是弟弟荀組：

> 懷帝蒙塵，司空王浚以組爲司隸校尉……愍帝稱皇太子，（荀）組即太子之舅，又領司隸校尉，行豫州刺史事，與藩並保滎陽之開封。建興初，詔藩行留臺事。俄而藩薨，帝更以組爲司空，領尚書左僕射，又兼司隸，復行留臺事，州征郡守皆承制行焉。進封臨潁縣公，加太夫人、世子印綬。明年，進位太尉，領豫州牧、假節。元帝承制，以組都督司州諸軍，加散騎常侍，餘如故〔註55〕。

荀藩、荀組是開封一帶的殘存勢力，褚翜受到荀組的任命與庇護。褚翜帶流民北上滎陽，筆者以爲是要尋求荀組的庇護。褚翜在遷司隸司馬後，仍督新城、梁、陽城三郡諸營事。

而後褚翜率著流民到達了汝水柴肥口，但被劉淵的勢力所阻，於是褚翜單馬前往許昌尋得荀藩的幫助，並升官爲「振威將軍，行梁國內史」〔註56〕。褚翜在愍帝建興初年遷官，原本的梁國內史的位置改由王玄擔任，王玄是王衍之子，關於他在《晉書》中的記載：

> 荀藩用爲陳留太守，屯尉氏。玄素名家，有豪氣，荒弊之時，人情

〔註50〕《晉書》，卷77，〈褚翜傳〉，頁2031。褚翜傳中所書，「洛陽覆沒」的「明年」應爲該年。

〔註51〕《東晉門閥政治》，頁49。

〔註52〕《晉書》，卷77，〈褚翜傳〉，頁2031。

〔註53〕《晉書》，卷5，〈愍帝本紀〉，頁125。

〔註54〕《晉書》，卷39，〈荀藩傳〉，頁1158。

〔註55〕《晉書》，卷39，〈荀組傳〉，頁1160。

〔註56〕《晉書》，卷77，〈褚翜傳〉，頁2031。

不附，將赴祖逖，爲盜所害焉〔註57〕。

荀藩任命王玄爲陳留太守，屯駐尉氏。王玄擔任此官一段時間後，因人情不附，所以想與祖逖會合，但是失敗身死，這裡的「盜」，筆者以爲可能是石勒的勢力，因爲自劉淵起事以後，石勒作爲他的部下，多有所建樹，石勒一度南下，與司馬睿的軍隊對峙，而後北還〔註58〕，從地域上來看，「盜」可能是石勒。

王玄跟褚翜的交集在梁郡的位置上，此事在王玄轉任陳留太守之前，因褚翜傳有王玄「會遷陳留」的記載，然褚翜與王玄在處置梁國部曲將耿奴一事上，褚翜優待耿奴，但王玄卻在遷往陳留出發之前，斬殺了耿奴，逼反了耿奴的徒黨，導致梁國情勢的不穩，一度梁郡要改投徐州賊張平，此事被褚翜安撫而平定下來〔註59〕。

褚翜被荀組舉爲吏部郎，但褚翜因要渡江而不應召。褚翜的目的是要率眾渡江，而吏部郎屬中央的官職，在長安地區，與褚翜的目的地南轅北轍。褚翜在渡江以後，就開啓褚家進入東晉的局面

二、褚翜渡江路線分析

褚翜的起點是家鄉陽翟，謀渡江後先移往陽城界，受到道路中斷。當洛陽淪陷後，率眾前往滎陽萬氏臺。而後率眾行至密縣，繼而行進至汝水柴肥口，而後東渡江，進入江南〔註60〕。根據路線上來看，褚翜的渡江之路是先往北而後才往南，因此我們必須解決一個問題，爲什麼褚翜要先往北而後往南，不是直接南下渡江。

在懷帝永嘉4年（310）發生了流民王如、嚴嶷、侯脫三人聚眾起事的事件：

> 雍州流民多在南陽，詔書遣還鄉里。流民以關中荒殘，皆不願歸；征南將軍山簡、南中郎將杜蕤各遣兵送之，促期令發。京兆王如遂潛結壯士，夜襲二軍，破之。於是馮翊嚴嶷、京兆侯脫各聚眾攻城鎮，殺令長以應之，未幾，眾至四五萬，自號大將軍、領司‧雍二州牧，稱藩于漢〔註61〕。

〔註57〕 《晉書》，卷77，〈褚翜傳〉，頁2031。
〔註58〕 《晉書》，卷104，〈石勒載記〉，頁2712。
〔註59〕 《晉書》，卷77，〈褚翜傳〉，頁2032。
〔註60〕 《晉書》，卷77，〈褚翜傳〉，頁2031～2032。
〔註61〕 《通鑑》，懷帝永嘉4年（310），頁2752。

王如等三人為關中流民，因饑饉而遷徙至南陽，而後因朝廷強制遷徙返鄉的命令而被逼反。王如等人割據南陽一帶，並向北方的劉淵稱藩。

　　緊接著是漢的王粲、劉曜、石勒三人率眾四萬攻打洛陽，三人長驅直入，王粲掠奪梁、陳、汝、潁一帶，石勒則出成皋關〔註62〕。王粲等人此次的進犯，直接襲擊河南一地，陽翟也處於此一區域。由於王粲在南路，石勒在北路，因此筆者以為褚裒帶著鄉親，前往陽翟北方的陽城一帶，應於此時，因為避免漢軍的進犯，陽城北方有嵩山與陽城山，或許褚裒等人就率眾前往該地。

　　褚裒避難陽城一帶，往南會遭遇漢軍與王如等人的勢力。在《晉書・石勒載記》記載，王如等人起於江淮〔註63〕，《晉書・王如傳》記載王如等人起於宛〔註64〕。加上《通鑑》的南陽。三種說法皆對，南陽國包含宛、西鄂等14縣〔註65〕，在江淮之間。王如等人除了在南陽一帶活動，其東面一帶也可能是活動範圍。當漢軍在攻打洛陽之際，山簡派兵增援洛陽，結果被王如打敗，王如進而掠奪沔水、漢水一帶，進而進逼襄陽，山簡被迫固守該地，最後遠遁夏口〔註66〕。當王如勢力發展之時，石勒亦派兵南下，王如等三人在襄城抵抗石勒失敗後，王如與石勒聯手消滅侯脫、嚴嶷等人的勢力，石勒因此縱兵掠奪襄陽一帶〔註67〕。石勒此時有雄踞江漢之志，謀主張賓勸說北返失敗〔註68〕。

　　石勒自永嘉4至6年（310～312）在南方發展，並未回到北方。在永嘉5年（311）掠奪豫州南部諸郡，屯於葛陂，葛陂在豫州新蔡縣西北〔註69〕。石勒築壘葛陂，在永嘉6年（312）三月時，大舉造船想要進攻司馬睿所在的建業。因此司馬睿集結江南之眾，使紀瞻都督，屯於壽春來抵禦石勒〔註70〕。石勒若是南下成功，未來就不會有司馬睿的東晉了，石勒最終失敗了。三月大雨，石勒被迫北返，改變割據江漢之志，回頭經略河北〔註71〕。

〔註62〕　《通鑑》，懷帝永嘉4年（310），頁2752。
〔註63〕　《晉書》，卷104，〈石勒載記〉，頁2712。
〔註64〕　《晉書》，卷70，〈王如傳〉，頁2618。
〔註65〕　《晉書》，卷15，〈地理志下〉，頁455。
〔註66〕　《通鑑》，懷帝永嘉4年（310），頁2754。
〔註67〕　《通鑑》，懷帝永嘉4年（310），頁2754～2755。
〔註68〕　《晉書》，卷104，〈石勒載記〉，頁2712。
〔註69〕　《通鑑》，懷帝永嘉5年（311），頁2769。本傳與其下胡三省註。
〔註70〕　《通鑑》，懷帝永嘉6年（312），頁2777。
〔註71〕　《通鑑》，懷帝永嘉6年（312），頁2777。

在石勒割據江漢之時，褚㲄是不可能率眾南下的，因此褚㲄在洛陽淪陷後，率眾前往滎陽萬氏臺。而後率眾行至密縣，繼而行進至汝水柴肥口，而後東渡江，進入江南〔註72〕。洛陽淪陷是在永嘉5年（311）〔註73〕，所以褚㲄在永嘉5至6年（311～312）率眾北進滎陽。永嘉6年（312）石勒北返，南下之路無所阻礙之後，此時褚㲄才有可能率眾南下，經過密縣，從汝水柴肥口，東渡江進入江南。

三、褚㲄在東晉元、明帝時期的發展

東晉時代，是一個華北亡命而來的貴族爲中心，加上若干江南名門而組成的典型貴族制社會〔註74〕。日本學界對這邊的研究分爲兩個區塊，矢野主稅主張「貴族即寄生官僚論」與內藤湖南的「中國貴族制論」。前者主張貴族因國家權力的存在，才得以成立，後者主張貴族階層在政治、經濟、社會、文化，處於中心地位的一種社會體制，時間是整個六朝、隋唐時期。前者支持的有越智重明等人，後者支持的有川勝義雄等人〔註75〕。筆者較支持「中國貴族制論」，因爲貴族並不是在政權之外，向已建立的政權靠攏，而是積極主動的構建政權〔註76〕。

提到東晉，會提到「王與馬共天下」〔註77〕是司馬氏與瑯琊王氏合作，構成了東晉政權，田餘慶主張司馬睿與王導，造成門閥政治格局的形成〔註78〕。關於王導，陳寅恪認爲孫吳地區，政治勢力操縱在地方豪族之手，故以籠絡地方豪族爲綏靖之用。王導的功業在於執行此一政策，方式包括跟吳姓的陸氏請婚，以及強作吳語，這個北人與南人都羞用的方言。他認爲王導結合南北人兩種力量，共抗外侮，並非王鳴盛所說的徒有門閥顯榮，子孫官秩，看似一代名臣，實則無一事〔註79〕。

〔註72〕 《晉書》，卷77，〈褚㲄傳〉，頁2032。

〔註73〕 《晉書》，卷5，〈懷帝本紀〉，頁123。

〔註74〕 （日）川勝義雄，李濟滄等譯，《六朝貴族制的社會研究》，上海古籍，2007年，頁154。

〔註75〕 （日）川勝義雄〈六朝貴族制社會的成立〉，《日本學者研究中國史論著選譯》第四卷，頁1～5。

〔註76〕 〈六朝貴族制社會的成立〉，頁5。

〔註77〕 《晉書》，卷98，〈王敦傳〉，頁2554。

〔註78〕 《東晉門閥政治》，頁16～26。田餘慶在第一章第三節就是在探討這個，這一節名稱正是「司馬睿與王導，門閥政治格局的形成」。

〔註79〕 陳寅恪，〈述東晉王導之功業〉，《金明館叢稿初編》，北京：三聯書店，2001

　　接下來檢視一下東晉的統治階層，司馬睿在晉王時期，以顧榮爲軍司馬，賀循爲參佐，以王敦、王導、周顗、刁協爲腹心股肱〔註80〕。顧榮，吳人，爲「南土著姓」〔註81〕。司馬睿鎮江東時，「凡所謀畫，皆以諮焉」，同時顧榮是「南州望士」，所以頗受朝野的敬重〔註82〕。顧榮推薦了南土的陸曄、甘卓、殷慶元、楊彥明、謝行言、賀生、陶恭等人給朝廷〔註83〕。顧榮最終死於懷帝永嘉六年（312）〔註84〕，此時司馬睿尚未擔任晉王，故此處與《晉書・元帝本紀》矛盾。

　　賀循，會稽人，在顧榮死後，要以賀循代之，但賀循屢稱疾篤，司馬睿寫信勸他，「猶不起」，司馬睿承制時，任賀循爲軍諮祭酒，賀循仍稱疾，最後敦逼不得已，「輿疾至」，然後僅受朝服，其餘賜物一概不受。元帝在建武元年（317）任命賀循爲中書令，又以老病固辭〔註85〕。賀循對元帝的貢獻在於，其一提供元帝處理江東的盜賊問題的建言，其二關於經禮方面提供意見〔註86〕。賀循的態度很值得研究，若以賀循緬懷故國之思，因而對晉朝有所意見，那賀循的曾祖父爲賀齊，爲吳國的將領。其父賀邵，雖高居中書令，但被孫皓所殺，還全家被逼遷徙邊郡〔註87〕。有一天司馬睿談到了賀邵之死，賀循難過不已，司馬睿也感到抱歉〔註88〕。因此筆者認爲賀循不是因爲故國之思，而屢屢辭以疾病。而是他身體眞的很糟，所以先是以枕疾廢頓，而後是元帝爲之詔斷賓客〔註89〕，目的在於不要打擾賀循養病。

　　王敦與王導皆是瑯琊王氏，對東晉的建國頗有貢獻。司馬睿在剛到建業（康）的時候，吳地的人不理司馬睿，來了一個月，沒有吳地的人前往拜謁，王導深以爲患。因此王導利用王敦來朝之時，勸說王敦幫助司馬睿立威。在三月上巳日，司馬睿前往觀禊時，王導與王敦都騎從，然後諸名勝跟隨在後。

年，頁55～77。
〔註80〕《晉書》，卷6，〈元帝本紀〉，頁144。
〔註81〕《晉書》，卷68，〈顧榮傳〉，頁1811。
〔註82〕《晉書》，卷68，〈顧榮傳〉，頁1813。
〔註83〕《晉書》，卷68，〈顧榮傳〉，頁1813。
〔註84〕《晉書》，卷68，〈顧榮傳〉，頁1814。《通鑑》，卷88，頁2790，也將顧榮之死繫於懷帝永嘉六年（312）。
〔註85〕《晉書》，卷68，〈賀循傳〉，頁1828～1830。
〔註86〕《晉書》，卷68，〈賀循傳〉，頁1827、1830。
〔註87〕《晉書》，卷68，〈賀循傳〉，頁1824、1826。
〔註88〕《晉書》，卷68，〈賀循傳〉，頁1824、1826。
〔註89〕《晉書》，卷68，〈賀循傳〉，頁1830。

此舉使顧榮、紀瞻在道路上拜見司馬睿,進而司馬睿讓王導拜訪顧榮、紀瞻二人〔註90〕。在王導與王敦的幫助下,讓司馬睿得以在吳地紮根。

王導以錄尚書事、中書監、揚州刺史〔註91〕的身分,在朝內協助元帝治理朝政。錄尚書事,位上公,在三公之上,自魏晉以來,是公卿權重者所擔任的官職,其後爲尚書令,而後爲尚書左右僕射,尚書僕射在東晉時,設置上有左、右僕射,也可能只設置其一,爲尚書僕射〔註92〕。王導身兼尚書、中書兩個重要的朝廷部門,是東晉元帝朝的重臣。

愍帝建興三年(315),王敦派遣陶侃平杜弢之亂後〔註93〕,被任命爲都督江、揚、荊、湘、交、廣六州諸軍事,江州刺史〔註94〕。王敦所都督的區域爲東晉實際管轄的範圍,而江州刺史,是荊州與揚州之間最重要的緩衝區。江州若依附荊州,則荊州就能夠自主,揚州就會有很大的壓力,反之江州若在建康之手,則荊州的勢力則會受制於建康,難以獨立於朝廷之外〔註95〕。大興元年(318)王敦加荊州牧〔註96〕,王敦掌握了東晉大部分的地方兵力。王導在內,王敦在外,瑯琊王氏掌控著東晉朝廷的重要大權。之後的王敦之亂,王敦得以起兵的根本就是掌握荊、江兩州的兵權。王敦之亂有兩次,第一次是元帝永昌元年(322)正月,舉兵於武昌〔註97〕,稱爲王敦初叛;第二次是王敦在明帝太寧二年(324)六月,舉兵內向〔註98〕,稱爲王敦再叛。

周顗,就是「我不殺伯仁,伯仁卻由我而死」〔註99〕的周伯仁,是周浚之子。周浚是汝南人,參與西晉滅吳行動有功〔註100〕。周顗有兩個弟弟,周嵩與周謨,周嵩被司馬睿引爲參軍,司馬睿爲晉王時任命爲奉朝請,但周嵩上疏忤旨被貶爲新安太守。周嵩又因爲毀謗戴邈,被司馬睿斥責,後來看在周顗的面子上才沒事。元帝因爲王敦的權勢越來越盛,逐漸疏遠王導,周嵩

〔註90〕 《晉書》,卷65,〈王導傳〉,頁1745~1746。
〔註91〕 《晉書》,卷65,〈王導傳〉,頁1747。
〔註92〕 《晉書》,卷24,〈職官志〉,頁729~730。以書寫順序來看,錄尚書事重於尚書令,尚書令重於尚書僕射。
〔註93〕 《晉書》,卷5,〈愍帝本紀〉,頁129。
〔註94〕 《晉書》,卷98,〈王敦傳〉,頁2554。
〔註95〕 《東晉門閥政治》,頁111~112。
〔註96〕 《晉書》,卷6,〈元帝本紀〉,頁151。
〔註97〕 《晉書》,卷6,〈元帝本紀〉,頁155。
〔註98〕 《晉書》,卷6,〈明帝本紀〉,頁161。
〔註99〕 《晉書》,卷69,〈周顗傳〉,頁1853。
〔註100〕 《晉書》,卷61,〈周浚傳〉,頁1657~1658。

上疏，力陳王導爲「前賢」，並講述王導的貢獻，最終保全了王導等人。王敦之亂發生後，王敦殺害周顗，誘使人弔周嵩，周嵩的態度讓王敦不滿，最終還是殺了周嵩〔註101〕。周謨是唯一獲得保全的，周謨在王敦死後極力爲周顗爭取追贈，歷任少府、丹陽尹、侍中、中護軍等官〔註102〕。

周顗在司馬睿初鎮江東時，擔任軍諮祭酒，而後出爲荊州刺史，然而周顗卻因爲杜弢之亂，進退失據，是陶侃遣將營救，最終周顗逃奔王敦。元帝召還周顗後，留之不遣，讓周顗擔任軍諮祭酒，而後補爲吏部尚書。周顗因故被免官〔註103〕，太興元年〔註104〕（318）爲太子少傅，吏部尚書〔註105〕。太興3年（320）周顗任尚書僕射，但常因酒醉，被戲稱「三日僕射」，還曾發生與朋友同醉，酒醒後才發現朋友喝酒喝死了〔註106〕。王敦之亂時，周顗與戴若思爲王敦所殺〔註107〕。

王導與周顗關係相當友好，王導曾經枕著周顗的膝蓋，與周顗開玩笑。王敦叛亂時，劉隗勸說元帝誅殺在城內的王氏眾人，周顗極力營救，王導全家才得以倖免：

> （王）導率羣從詣闕請罪，值（周）顗將入，導呼顗謂曰：「伯仁，以百口累卿！」顗直入不顧。既見（元）帝，言導忠誠，申救甚至，帝納其言。顗喜飲酒，致醉而出。導猶在門，又呼顗。顗不與言，顧左右曰：「今年殺諸賊奴，取金印如斗大繫肘。」既出，又上表明導，言甚切至。導不知救己，而甚銜之。（王）敦既得志，問（王）導曰：「周顗、戴若思南北之望，當登三司，無所疑也。」導不答。又曰：「若不三司，便應令僕邪？」又不答。敦曰：「若不爾，正當誅爾。」導又無言。導後料檢中書故事，見顗表救己，殷勤款至。導執表流涕，悲不自勝，告其諸子曰：「吾雖不殺伯仁，伯仁由我而

〔註101〕《晉書》，卷61，〈周嵩傳〉，頁1659～1662。
〔註102〕《晉書》，卷61，〈周謨傳〉，頁1662～1663。
〔註103〕《晉書》，卷69，〈周顗傳〉，頁1850～1851。
〔註104〕《晉書》，卷6，〈元帝本紀〉，頁153。太興3年（320）周顗以尚書轉任僕射，所以周顗復官必早於此時，而《晉書・周顗傳》寫太興初復官，包含1年與2年，萬斯同在〈東晉將相年表〉中，周顗在太興元年（318）爲吏部尚書，所以復官繫年於此。
〔註105〕《晉書》，卷69，〈周顗傳〉，頁1850～1851。
〔註106〕《晉書》，卷69，〈周顗傳〉，頁1851。
〔註107〕《晉書》，卷69，〈周顗傳〉，頁1852。

　　死。幽冥之中，負此良友！」〔註108〕

然而王導不知，最終導致周顗身死。待王導看到周顗救他的表奏時，才會悲從中來。

　　刁協，渤海人，司馬睿任命爲鎮東軍諮祭酒〔註109〕。司馬睿在懷帝元嘉5年（311）任命司馬睿爲鎮東大將軍〔註110〕，刁協的軍諮祭酒的官職是在此時任命的。司馬睿在建武元年（317）稱晉王，進而展開東晉中興的局面〔註111〕。而刁協在此之前就加入了司馬睿的團體，還加入了6年，這可以反應刁協的資深。刁協在司馬睿擔任宰相的時候，擔任左長史。在建武元年（317），遷爲尚書左僕射〔註112〕。刁協從司馬睿的屬官進而成爲朝廷的重臣。元帝太興元年（318），以刁協爲尚書令〔註113〕，刁協一直擔任此官直到王敦之亂之時。尚書令僅次於錄尚書事，所以在朝堂之上，刁協僅次於王導。

　　刁協由於熟悉典章朝儀等制度〔註114〕，以此提供元帝幫助。刁協這人個性「剛悍」，又尊崇元帝壓抑臣下，因此被瑯琊王氏所疾。同時，刁協對於元帝「悉心盡力，志在匡救」，所以深受元帝信任〔註115〕。刁協爲了對抗王敦，提出了以奴爲兵的主張〔註116〕。田餘慶認爲這是爲了對付王敦的措施，而這項行爲被門閥士族認爲是弊政，且所發的部隊戰力極弱，所以王敦之亂時，一觸即潰〔註117〕。

　　王敦叛變的藉口之一就是刁協，王敦之亂發生後，叛軍攻到建康，刁協督六軍出戰失敗，元帝勸令刁協外出避禍。刁協在江邊被殺，首級被送到了王敦處〔註118〕。王敦之亂平定後，被王敦所殺的周顗、戴若思等人都獲得了追贈，而刁協卻沒有獲得，理由是因爲他出奔，蔡謨認爲「致令刁氏，稱冤，

〔註108〕《晉書》，卷69，〈周顗傳〉，頁1853。
〔註109〕《晉書》，卷69，〈刁協傳〉，頁1842。
〔註110〕《晉書》，卷5，〈懷帝本紀〉，頁122。
〔註111〕在《晉書》中會提到元帝，「中興」或「中興見」，指的是元帝建立東晉江左政權。
〔註112〕《晉書》，卷69，〈刁協傳〉，頁1842。
〔註113〕《晉書》，卷6，〈元帝本紀〉，頁150。
〔註114〕《晉書》，卷69，〈刁協傳〉，頁1842。
〔註115〕《晉書》，卷69，〈刁協傳〉，頁1842。
〔註116〕《晉書》，卷69，〈刁協傳〉，頁1842。
〔註117〕《東晉門閥政治》，頁45。
〔註118〕《晉書》，卷69，〈刁協傳〉，頁1842～1843。

此乃爲王敦復讎也」。所以勸庾冰上奏給予刁協追贈〔註119〕。從追贈一事，蔡謨之言來看，刁協應該是受到了瑯琊王氏的阻擋。

劉隗，彭城人。「雅習文史，善求人主意」，司馬睿任命爲從事中郎，司馬睿在擔任丞相時，劉隗爲司直，委以刑憲〔註120〕。按司馬睿於愍帝建興元年（313）擔任左丞相〔註121〕。因此劉隗與刁協兩人加入司馬睿集團的時間頗早。劉隗「劾奏文致甚苦」，劾奏雖然沒有成功，但讓王氏深深感到擔憂〔註122〕。司馬睿建立東晉以後，以劉隗爲御史中丞，由於劉隗彈劾的關係，曾導致周顗被免官。劉隗與刁協兩人，「排抑豪強」，刻碎之政都是出自兩人之手。劉隗外出爲丹陽尹，但「萬機秘密皆豫聞之」〔註123〕。

元帝太興 4 年（321），元帝以劉隗爲鎮北將軍，都督青、徐、幽、平四州諸軍事，青州刺史，鎮淮陰；戴若思爲征西將軍，都督司、兗、豫、并、冀、雍六州諸軍事，司州刺史，鎮合肥。元帝此舉是爲了讓劉隗與戴若思兩人能夠收攏長江以北的兵權，其目的是爲了制衡王敦，因爲當時荆州、江州在王敦的手中，而長江以南區域，大部分都在王敦所都督的區域當中。越智重明認爲都督是都督州將，而屬州是本州以外的都督州，都督對於所轄軍區有官員任命權，可以幫助直接軍事力的使用與士兵募集的便利性〔註124〕。因此劉隗的都督州爲青州，而徐、幽、平三州屬於屬州，劉隗可以調動屬州的兵力。然而五胡亂華，劉隗所都督的區域盡皆淪陷於胡人之手〔註125〕，實際上劉隗是在淮陰這地區，統領由北方南下的士兵。

劉隗又建議以譙王司馬承爲湘州刺史〔註126〕，就近對一江之隔的荆州作爲牽制。此舉讓荆州的王敦極爲不滿，最終成爲起兵作亂的藉口之一。永昌元年（322）王敦反叛，元帝徵召劉隗與戴若思率軍增援京城〔註127〕，但朝廷

〔註119〕《晉書》，卷 69，〈刁協傳〉，頁 1843、1845。

〔註120〕《晉書》，卷 69，〈劉隗傳〉，頁 1835。

〔註121〕《晉書》，卷 5，〈愍帝本紀〉，頁 126。

〔註122〕《晉書》，卷 69，〈劉隗傳〉，頁 1836。

〔註123〕《晉書》，卷 69，〈劉隗傳〉，頁 1838。

〔註124〕（日）越智重明，《中國古代の政治と社會》，日本：中國書店，2000 年，頁 45。

〔註125〕《晉書》，卷 14，〈地理志〉，頁 408。「中州盡棄」，而導致九分天下僅存二分。

〔註126〕《晉書》，卷 69，〈劉隗傳〉，頁 1838。

〔註127〕《晉書》，卷 6，〈元帝本紀〉，頁 155。

的軍隊大敗。劉隗不得已，與元帝訣別後北投石勒，並死在了北方〔註 128〕。劉隗帶著家眷北投石勒，直到其孫劉波在石虎死後，才再度回到東晉朝廷當中〔註 129〕。

　　戴若思、戴邈兄弟，廣陵人。司馬睿任鎮東大將軍時，召若思為司馬，司馬睿為晉王時，任若思為尚書。東晉建立後，任命為中護軍，後轉為護軍將軍。護軍將軍與領軍將軍屬於禁衛系統，護軍將軍負責宮城外的部分，而領軍將軍負責宮城內的部分，並下轄左衛將軍與右衛將軍〔註 130〕。戴若思擔任護軍將軍，足可反映司馬睿對他的信任，因為禁衛負責皇宮內外的安全，作為一個皇帝是不會把禁衛交給一個自己不信任的人。戴若思遷官為尚書僕射，而後外出為征西將軍。王敦之亂，戴若思因而被殺〔註 131〕。關於戴若思，在之後的部份還會再探討。戴邈，曾代劉隗擔任丹陽尹，王敦之亂時，坐免官。王敦死後擔任尚書僕射〔註 132〕。

　　荀崧，穎川人，荀彧的玄孫。元帝踐祚，荀崧拜為尚書僕射，與習協共定禮儀〔註 133〕。王敦之亂時，王敦表荀崧為尚書左僕射，關於王敦與荀崧的關係，王敦起初對荀崧甚好，然而在決定元帝廟號時，兩人產生了嫌隙，明帝時荀崧加散騎常侍，領太子太傅〔註 134〕。荀崧與太子（成帝）建立了關係。蘇峻之亂時，與王導、陸曄等人共衛成帝，在成帝咸和三年（328）過世〔註 135〕。荀崧後期的經歷與褚翜極為相似，都屬於捍衛成帝的一員。荀崧之子荀羨，後被褚裒表為長史，並且受到褚裒的稱讚〔註 136〕。筆者以為荀崧與褚家，同殿為臣，其子又與褚裒建立上下級的關係，因此兩家應有一定程度的往來。關於荀家的研究，丹羽兌子曾有期刊論文探討過〔註 137〕，該文主要探討荀氏為何在劉宋之後就趨於衰弱的原因，並按照時間來探討荀家的人

〔註 128〕《晉書》，卷 69，〈劉隗傳〉，頁 1838。
〔註 129〕《晉書》，卷 69，〈劉波傳〉，頁 1838。
〔註 130〕張金龍，《魏晉南北朝禁衛武官制度研究》，北京：中華書局，2004 年，頁 229 ～230。
〔註 131〕《晉書》，卷 69，〈戴若思傳〉，頁 1847～1848。
〔註 132〕《晉書》，卷 69，〈戴邈傳〉，頁 1849。
〔註 133〕《晉書》，卷 75，〈荀崧傳〉，頁 1976。
〔註 134〕《晉書》，卷 75，〈荀崧傳〉，頁 1978～1979。
〔註 135〕《晉書》，卷 75，〈荀崧傳〉，頁 1979。
〔註 136〕《晉書》，卷 75，〈荀羨傳〉，頁 1981。
〔註 137〕（日）丹羽兌子，〈魏晉時代の名族──荀氏の人ワについて〉，收錄在《中國中世史──六朝隋唐の社會と文化》，東海大學出版會，1980 年。

物，該文一筆帶過荀崧護衛成帝之事與之後荀羨的北伐〔註138〕。

元帝時期大致上的狀況是這樣，緊接是要探討明帝時期。首先此一時期繼續面臨到王敦的威脅。明帝必須解決這個元帝遺留下來的問題。然而明帝在位時間很短，僅3年多，就在永寧三年（325）八月閏月崩〔註139〕。我們可以從明帝在如何安排對抗王敦的人事布局上，檢視明帝朝。

> 司徒王導大都督、假節，領揚州刺史，以丹楊尹溫嶠爲中壘將軍，與右將軍卞敦守石頭，以光祿勳應詹爲護軍將軍、假節、督朱雀橋南諸軍事，以尚書令郗鑒行衛將軍、都督從駕諸軍事，以中書監庾亮領左衛將軍，以尚書卞壹行中軍將軍。徵平北將軍、徐州刺史王邃，平西將軍、豫州刺史祖約，北中郎將、兗州刺史劉遐，奮武將軍、臨淮太守蘇峻，奮威將軍、廣陵太守陶瞻等還衛京師〔註140〕。

明帝以王導爲大都督，領揚州刺史，以溫嶠與卞敦防守石頭城。以應詹維護軍將軍，負責防守朱雀城南。護軍將軍統帥的附近的武力，與守衛皇宮的領軍將軍、衛將軍同屬皇帝的禁衛。以郗鑒都督從駕的所有軍隊；以庾亮爲左衛將軍，防守皇宮；以卞壹爲中軍將軍。最後命王邃、祖約、劉遐、蘇峻、陶瞻等地方軍頭率軍增援京城，以上爲明帝的佈署，接下來檢視一下這些人。

溫嶠最早接受劉琨的派遣，前往江東。溫嶠被司馬睿任命爲散騎常侍，溫嶠與王導、周顗、謝鯤、庾亮、桓彝等親善〔註141〕。謝鯤是陳郡謝氏，是謝安之父謝裒的兄弟〔註142〕。庾亮所屬的庾家，在琅琊王氏與譙國桓氏之間，有承先啓後的作用〔註143〕。桓彝是桓溫之父〔註144〕，屬於譙國桓氏，桓氏在桓溫時期成爲東晉第三個掌握權勢的門閥。溫嶠與當時東晉的幾個家族之人都有所往來與親善。

〔註138〕〈魏晉時代の名族──荀氏の人ワについて〉，頁195。

〔註139〕《晉書》，卷6，〈明帝本紀〉，頁165。

〔註140〕《晉書》，卷6，〈明帝本紀〉，頁161。

〔註141〕《晉書》，卷67，〈溫嶠傳〉，頁1786。

〔註142〕《晉書》，卷79，〈謝尚傳〉，頁2069、2072。謝尚是謝鯤之子，謝安是謝尚的從父弟，謝安支父爲謝裒，所以謝鯤與謝裒兩人爲兄弟。

〔註143〕《東晉門閥政治》，頁131。庾氏介於琅琊王氏庾。

〔註144〕《晉書》，卷74，〈桓彝傳〉，頁1941。桓彝有五子，桓溫、桓雲、桓豁、桓祕、桓沖。

溫嶠歷經王導的長史，遷太子中庶子〔註145〕，開始與太子（明帝）建立關係。溫嶠在東宮深受太子寵遇，太子與他結爲布衣之交。溫嶠還勸太子節儉，不要浪費錢修建西池樓觀。王敦初叛時，太子想要親自出戰，也被溫嶠勸止〔註146〕。明帝即位後，溫嶠擔任先後擔任侍中與中書令的官職。當時機密大謀溫嶠都可以參與，同時還負責文翰的工作，深受明帝所親信。王敦表溫嶠擔任丹陽尹，但溫嶠卻表奏王敦逆謀，請先做準備。王敦再叛時，溫嶠加中壘將軍、持節、都督東安北部諸軍事。溫嶠率軍先燒朱雀桁來阻擋叛軍，而後率軍擊敗王敦叛軍的王含，又派遣劉遐追擊錢鳳。王敦亂平後，溫嶠受封爲建寧縣開國公〔註147〕。明帝疾篤，溫嶠與王導、郗鑒、庾亮、陸曄同爲顧命大臣〔註148〕。關於溫嶠先提到這，剩下的等討論到成帝時，再做討論。

郗鑒，高平金鄉人〔註149〕。田餘慶對他極爲關注，他認爲明帝與郗鑒兩人對付王敦的密謀，就是借用流民帥的兵力來制衡王敦〔註150〕。郗鑒在朝堂上扮演著折衝於士族門戶之間的角色，以謀求政治上的穩定，雖然郗鑒與王導關係並不和諧，然而兩家仍然聯姻〔註151〕。郗鑒先後阻止陶侃與庾亮對於王導的攻擊〔註152〕，努力維持朝廷的穩定。郗鑒同時又開啓了京口的重要性，成爲控制三吳、抵禦海寇、拱衛京城的重鎮〔註153〕，之後聞名的北府兵就是出自於這裡。

回頭檢視《晉書·郗鑒傳》，郗鑒在被元帝加封輔國將軍，都督兗州諸軍事〔註154〕。萬斯同認爲郗鑒在元帝建武元年（317）擔任兗州刺史〔註155〕。明帝即位以郗鑒爲外援，拜爲安西將軍、兗州刺史，都督揚州江西諸軍，假節，鎮合肥〔註156〕。根據《晉書·郗鑒傳》，郗鑒在王敦初叛時，並無著

〔註145〕《晉書》，卷67，〈溫嶠傳〉，頁1786。
〔註146〕《晉書》，卷67，〈溫嶠傳〉，頁1786。
〔註147〕《晉書》，卷67，〈溫嶠傳〉，頁1787～1788。
〔註148〕《晉書》，卷67，〈溫嶠傳〉，頁1789。
〔註149〕《晉書》，卷67，〈郗鑒傳〉，頁1796。
〔註150〕《東晉門閥政治》，頁41。
〔註151〕《東晉門閥政治》，頁55、59。
〔註152〕《東晉門閥政治》，頁64、68。
〔註153〕《東晉門閥政治》，頁70、88～89。
〔註154〕《晉書》，卷67，〈郗鑒傳〉，頁1797。
〔註155〕萬斯同，〈東晉方鎮年表〉，《二十五史補編》，北京：北京圖書館出版社，2005年，頁153。
〔註156〕《晉書》，卷67，〈郗鑒傳〉，頁1797。

墨，要等到王敦再叛時，才有所參與。王敦再叛時，郗鑒以尙書令，領諸屯營〔註157〕。亂平後，郗鑒遷車騎將軍，都督徐兗青三州軍事，兗州刺史，假節，鎭廣陵。明帝崩，郗鑒爲輔政大臣之一，輔佐成帝〔註158〕

卞敦與卞壺堂兄弟，元帝時卞敦爲太子左衛率〔註159〕，開始與太子（明帝）建立關係。石勒進犯淮泗時，卞敦出爲征虜將軍，徐州刺史，鎭泗口。因退保盱眙，而導致淮北諸郡淪陷，因而被貶爲鷹揚將軍，後回朝擔任大司農。

元帝朝，卞敦被王敦表爲征虜將軍，都督石頭軍事〔註160〕。按王敦初叛時，周札負責守石頭城，後周札開門迎叛軍〔註161〕。又王敦再叛時，以右將軍卞敦守石頭城〔註162〕。因此卞敦負責守石頭城應在周札前任或後任之間。在周札前任，此時王敦未叛，卞敦受到推薦是有可能的。在周札後任，此時王敦初叛，打著清君側的名義，誅殺一些大臣，卞敦也有可能在此時擔任此職。因爲《晉書・卞敦傳》，在卞敦都督石頭軍事後，緊接著就是明帝加官鎭南將軍，討王敦。中間卞敦並無其他官職。若卞敦在周札前任，則明帝朝屬於回任，若卞敦在周札後任，則是從元帝一直擔任此職到明帝時期。

王敦再叛時，以右將軍卞敦守石頭城，後遷爲鎭南將軍、假節。回朝拜尙書，徙光錄勳，出爲安南將軍，湘州刺史〔註163〕。然卞敦在「蘇峻之亂」消極不作爲，擁兵不下，又不給軍糧，且僅派百人雖隨王師南下。當時王師的統帥陶侃對卞敦的行爲，「切齒忿之」，蘇峻亂平以後，上表追卞敦之罪。卞敦本人最終也因在蘇峻之亂中，無所表現而身懷愧恥，以此憂卒〔註164〕。卞敦堂兄弟卞壺在庾亮徵蘇峻來朝時，極力反對，蘇峻之亂發生後，率王師出戰戰死〔註165〕。當時庾亮有參與王師南下〔註166〕，卞敦可能因爲不滿庾亮決心觀望，而不爲堂兄弟卞壺報仇，起兵討伐蘇峻。

〔註157〕《晉書》，卷67，〈郗鑒傳〉，頁1798。
〔註158〕《晉書》，卷67，〈郗鑒傳〉，頁1799。
〔註159〕《晉書》，卷70，〈卞敦傳〉，頁1874。
〔註160〕《晉書》，卷70，〈卞敦傳〉，頁1874。
〔註161〕《晉書》，卷6，〈元帝本紀〉，頁155。
〔註162〕《晉書》，卷6，〈明帝本紀〉，頁161。
〔註163〕《晉書》，卷70，〈卞敦傳〉，頁1874。
〔註164〕《晉書》，卷70，〈卞敦傳〉，頁1874。
〔註165〕《晉書》，卷70，〈卞壺傳〉，頁1871～1872。
〔註166〕《晉書》，卷73，〈庾亮傳〉，頁1918～1919。

　　卞壼，濟陰人。司馬睿鎮江東時，爲從事中郎，委以選舉。後出爲司馬紹（明帝）的東中部長史。卞壼因母喪去職，服闋後擔任世子（明帝）師。卞壼居「師佐之功，盡匡輔之節」。元帝中興建，補太子（明帝）中庶子，轉散騎常侍，侍講東宮〔註167〕。卞壼與明帝關係密切，又擔任東宮官職，爲明帝的帝師。

　　卞壼轉御史中丞，遷吏部尙書，王含之難，加中軍將軍〔註168〕。王含之難就是王敦再叛，王敦以王含、錢鳳率領五萬叛軍來犯，卞壼亦在此時擔任中軍將軍〔註169〕。明帝死後，卞壼爲顧命大臣，領尙書令。成帝時，庾太后（明帝后）臨朝，卞壼與庾亮（太后兄）「對直省事，共參機要」〔註170〕。卞壼與庾亮在對蘇峻一事上意見相左。當蘇峻反叛，叛軍攻至京城，卞壼率王師戰死，庾亮搭乘小船西奔〔註171〕，兩人的表現可作爲對比。田餘慶認爲庾亮的貢獻之一，就是跟王導立場一致，對抗以卞壼爲首的禮法舊族，以維持鞏固門閥政治，以及王、庾兩家利益〔註172〕。因此，卞壼的死符合了王、庾兩家的利益，筆者以爲這或許是卞敦在蘇峻之亂中，按兵不動的理由之一，在當時庾亮西奔陶侃、溫嶠等組成的王師，卞敦應該很難對庾亮釋懷。

　　應詹，汝南人，在元帝時，爲建武將軍，王敦上表爲監巴東五郡軍事，後遷爲益州刺史〔註173〕。當時益州在氏人李雄之手，李雄於晉惠帝永興元年（304）稱成都王〔註174〕，所以應詹的益州刺史，實際上是淪陷區域。應詹後爲後軍將軍，出爲吳國內史。劉隗出爲鎮北將軍時，以應詹爲軍司。後加散騎常侍，遷光祿勳〔註175〕。應詹對於王敦「優遊諷詠」，王敦再叛時，明帝問計應詹，應詹主張出擊，並以都督前鋒軍事，護軍將軍的身分，率軍出戰叛軍。王敦之亂平定後，出爲平南將軍、使持節、都督江州諸軍事，江州刺史〔註176〕。應詹卒於成帝咸和6年（331）〔註177〕。

〔註167〕《晉書》，卷70，〈卞壼傳〉，頁1867～1868。
〔註168〕《晉書》，卷70，〈卞壼傳〉，頁1870。
〔註169〕《晉書》，卷6，〈明帝本紀〉，頁161。
〔註170〕《晉書》，卷70，〈卞壼傳〉，頁1870。
〔註171〕《晉書》，卷73，〈庾亮傳〉，頁1918。
〔註172〕《東晉門閥政治》，頁105。
〔註173〕《晉書》，卷70，〈應詹傳〉，頁1858。
〔註174〕《晉書》，卷121，〈李雄載紀〉，頁3036。
〔註175〕《晉書》，卷70，〈應詹傳〉，頁1858～1859。
〔註176〕《晉書》，卷70，〈應詹傳〉，頁1859。

庾亮，明帝庾皇后的兄長。司馬睿爲鎮東大將軍時，以庾亮爲西曹掾。司馬睿讓兒子司馬紹（明帝），娶了庾亮的妹妹爲妻，自此庾亮一家成爲了外戚。司馬睿爲丞相時，庾亮爲參軍。元帝中興建，以庾亮爲中書郎，領著作，侍講東宮〔註178〕。庾亮爲東宮官，又是太子妃的哥哥，因此與溫嶠兩人，皆爲太子的布衣之交〔註179〕。庾亮與溫嶠都是太子所親信的人，兩人有這層關係。庾亮累遷給事中、黃門侍郎、散騎常侍等官。庾亮曾爲王敦表爲中領軍將軍，明帝即位後，以庾亮爲中書監，但庾亮固讓。庾亮因爲王敦開始對他有所猜忌，以疾去官。不久，代王導爲中書監〔註180〕。王敦再叛時，庾亮以左衛將軍的身分，與諸將迎擊叛軍，之後庾亮以都督東征諸軍事，東討叛軍方的沈充。亂平後庾亮被封爲永昌縣開國公，護軍將軍〔註181〕。

明帝疾篤，以庾亮與王導共輔太子（成帝），同時以宗室司馬宗、司馬羕與虞胤謀反的名義，將他們的勢力排除〔註182〕。田餘慶認爲，這是庾亮的貢獻之一，也就是排除宗室，以及外戚虞家的勢力〔註183〕。庾亮在掌握權力後，對於蘇峻採取強硬的態度，徵蘇峻爲大司農〔註184〕。庾亮的用意是要讓蘇峻脫離他的勢力範圍，因爲蘇峻是流民帥，他的權力基礎來自流民的武裝勢力。

蘇峻本人對此也極力反對，還上書乞以青州荒郡，讓他能率領流民力量對抗北方的胡寇〔註185〕。蘇峻很不想脫離自身的武裝勢力，入東晉朝中，與之相對的則是褚翜，褚翜接受戴若思的命令，率將領500人入衛朝廷〔註186〕。之後褚翜就積極地進入東晉朝廷當中，在朝中任官，擺脫了流民帥的身分，開啓褚家在東晉的政治局面。蘇峻最終因爲不願意脫離流民帥的身分，所以起兵反叛，也就是蘇峻之亂。這是兩人的差別。

蘇峻之亂，由於庾亮的處置失當，叛軍攻陷了建康，庾亮搭小船西奔溫

〔註177〕《晉書》，卷70，〈應詹傳〉，頁1861。
〔註178〕《晉書》，卷73，〈庾亮傳〉，頁1915。
〔註179〕《晉書》，卷73，〈庾亮傳〉，頁1915。
〔註180〕《晉書》，卷73，〈庾亮傳〉，頁1915～1917。
〔註181〕《晉書》，卷73，〈庾亮傳〉，頁1917。
〔註182〕《晉書》，卷73，〈庾亮傳〉，頁1917～1918。
〔註183〕《東晉門閥政治》，頁104。
〔註184〕《晉書》，卷73，〈庾亮傳〉，頁1918。
〔註185〕《晉書》，卷100，〈蘇峻傳〉，頁2629。
〔註186〕《晉書》，卷77，〈褚翜傳〉，頁2032。

嶠，兩人共同推舉陶侃爲盟主，率軍平定了蘇峻之亂〔註187〕。蘇峻之亂平定後，庾亮就積極地在地方擔任刺史，以外鎮自效，先擔任持節、都督豫州揚州之江西宣城諸軍事、平西將軍、假節、豫州刺史，領宣城內史，鎮蕪湖。之後庾亮在陶侃死後接替他的勢力範圍，爲持節、都督豫州揚州之江西宣城諸軍事、平西將軍、假節、豫州刺史，領宣城內史，鎮蕪湖〔註188〕。庾亮積極的掌握著荊州方面的軍力，以此爲籌碼，與下游的琅邪王氏對抗，並提倡北伐來提升庾家的地位〔註189〕。最終庾亮於成帝咸康六年（340）卒〔註190〕。田餘慶認爲東晉門閥政治始於王導，鞏固於庾家，然而庾家衰弱的非常急遽，最終在荊州的勢力被桓氏所取代〔註191〕。

蘇峻與祖約，蘇峻長廣人，在永嘉之亂時，因爲百姓流離失所，蘇峻糾合屯聚得數千家。元帝以蘇峻爲安集將軍，蘇峻受到青州刺史曹嶷所迫率數百家南渡至廣陵，被命爲鷹揚將軍。蘇峻助討叛逆，被任命爲淮陵內史，再遷蘭陵相〔註192〕。蘇峻得以獲得權力的根本在於，他是流民帥，數百家的流民武裝是他的力量。當時五胡亂華，在逃難的狀況下，會產生大家團結在一起，接受流民帥統領。但流民的數量不一定，基本上東晉朝廷會依據地位高低、兵力多寡，分別任命爲太守或刺史、或將軍等頭銜〔註193〕。蘇峻跟褚㲮都曾以流民帥的身分被任命爲將軍，前者被任命爲安集將軍，後者爲奮威將軍〔註194〕，都屬於小的流民武裝。

王敦初叛時，蘇峻遲迴不進，在聽聞朝廷軍隊戰敗後，蘇峻退保盱眙。王敦再叛時，蘇峻率眾赴京師增援，響應郗鑒的徵召。王敦曾勸蘇峻不要響應，勸他：「富貴可坐取，何爲自來送死」〔註195〕。蘇峻在王敦再叛，先率部將於南塘大破截擊叛軍，而後隨庾亮擊破沈充。因此蘇峻被封爲假節、冠軍將軍，歷陽內史，加散騎常侍，封邵陵公〔註196〕。蘇峻在王敦再叛中有很大

〔註187〕《晉書》，卷73，〈庾亮傳〉，頁1918～1919。

〔註188〕《晉書》，卷73，〈庾亮傳〉，頁1921。

〔註189〕《東晉門閥政治》，頁108、124。

〔註190〕《晉書》，卷73，〈庾亮傳〉，頁1924。

〔註191〕《東晉門閥政治》，頁105、131。

〔註192〕《晉書》，卷100，〈蘇峻傳〉，頁2628。

〔註193〕《東晉門閥政治》，頁46。

〔註194〕《晉書》，卷77，〈褚㲮傳〉，頁2032。

〔註195〕《晉書》，卷100，〈蘇峻傳〉，頁2628。

〔註196〕《晉書》，卷100，〈蘇峻傳〉，頁2628～2629。

的貢獻，也累積了一些名聲。因此蘇峻逐漸凝聚自己的勢力，有精銳的士兵一萬人，器械也很不錯〔註197〕。由於蘇峻的勢力不錯，歷陽又位於江北，屬於淮南郡〔註198〕，所以朝廷委以對抗北方敵人的重任〔註199〕。然而庾亮強徵蘇峻，又拒絕蘇峻以青州荒郡效力的建議，最終逼反了蘇峻。田餘慶認為是因為庾亮認為蘇峻擁兵地近京城，又收容被庾亮所逼的東晉諸王，因此強徵蘇峻〔註200〕。最終蘇峻還是反叛了，形成了蘇峻之亂。

　　祖約是祖逖的弟弟，祖逖本身也是流民帥，憑藉著親黨、部曲數百家、渡江北伐，東晉僅給千人廩、布三千匹，不給武器，祖逖的官名為奮威將軍、豫州刺史〔註201〕。東晉只給少量的財務與官職，其他都是依靠祖逖與他的所率領的流民。祖逖依舊頻藉這些在河南打出了一片地盤，最終祖逖因為戴若思為他的上司，因而憂卒，由祖約接替他的位置〔註202〕。祖約在王敦之亂中，率軍還衛京城，壽陽驅逐了王敦所屬的偽官〔註203〕。然而祖約因為未獲明帝顧命，加上北方石聰來犯，朝廷卻不派兵救援，反而想築涂塘來隔絕胡人〔註204〕，把祖約也擋在外面，總總原因下，祖約參加了蘇峻之亂。蘇峻之亂失敗後，祖約投降石勒後，反被石勒所殺〔註205〕。

　　接下來我們來看一下褚家在東晉的發展：褚翜率眾東渡長江後，被晉王司馬睿任命為散騎郎，司馬睿稱晉王是在建武元年（317）的三月，故褚翜被任命不會早於該年。此時褚翜 43 歲，這年的重要性在於褚翜加入了東晉政權，開啓了褚家在東晉政權中嶄新的一頁。田餘慶認為東海王越的部屬多河南士族〔註206〕。故而司馬睿在選用人物的時候，河南士族亦屬於來源之一，因此屬於河南士族的褚翜，也不例外。

　　褚翜由散騎郎，轉散騎郎，轉太子中庶子，出為奮威將軍、淮南內史〔註207〕。關於褚翜轉淮南內史，田餘慶認為褚翜為流民帥，無部曲或部曲無

〔註197〕《晉書》，卷100，〈蘇峻傳〉，頁 2629。
〔註198〕《晉書》，卷15，〈地理志〉，頁 460。
〔註199〕《晉書》，卷100，〈蘇峻傳〉，頁 2629。
〔註200〕《東晉門閥政治》，頁 106。
〔註201〕《晉書》，卷62，〈祖逖傳〉，頁 1694～1695。
〔註202〕《晉書》，卷62，〈祖逖傳〉，頁 1697。
〔註203〕《晉書》，卷100，〈祖約傳〉，頁 2626。
〔註204〕《晉書》，卷100，〈祖約傳〉，頁 2626。
〔註205〕《晉書》，卷100，〈祖約傳〉，頁 2627。
〔註206〕《東晉門閥政治》，頁 10。
〔註207〕《晉書》，卷77，〈褚翜傳〉，頁 2032。

多,所以轉任淮南內史〔註208〕。筆者以爲司馬睿任用褚裒爲淮南內史,是因爲他是流民帥的關係,而褚裒必然有一定數量的部曲,理由是先前他「參軍、廣威將軍,復領本縣,率邑人三千,督新城、梁、陽城三郡諸營事」〔註209〕,列傳中明載他有同鄉的邑人三千,在此之前他率領數千家東渡,包含了舅舅庾敳的家人,筆者認爲這些人都算是褚裒所統屬的流民,所以褚裒有一定的部曲。淮南在《晉書・地理志》是列在豫州條下:

> 時淮南入北,乃分丹陽僑立淮南郡,居於湖。又以舊當塗縣流人渡
>
> 江,僑立爲縣,并淮南、廬江、安豐並屬豫州〔註210〕。

此事發生在東晉建國以後,淮南變成了僑治州縣。淮南在淮河與長江之間,由於北方流民南行,被東晉政府阻擋在江北〔註211〕,筆者以爲司馬睿授褚裒淮南內史,是爲了安撫收容此地的流民。因此褚裒手中必須握有相當一部分的軍隊(部曲),才能安坐此職。褚裒任淮南內史至王敦之亂發生之時。

王敦之亂發生時,「征西將軍戴若思令(褚)裒出軍赴難,裒遣將領五百人從之」〔註212〕,戴若思在東晉元帝太興元年(321)七月,被任命爲征西將軍、都督司、兗、豫、并、冀、雍六州諸軍事,司州刺史,鎮合肥〔註213〕。當時北方地區淪喪當中,戴若思此官實際上是收攬長江以北的移民與流民帥,屯駐的地點在合肥〔註214〕。

戴若思所轄的豫州刺史是祖逖,在戴若思任此官的兩個月後(九月)病死〔註215〕,這事件的重要性在於東晉朝廷與流民帥之間的問題。戴若思是廣陵人,祖父是吳國的左將軍,父親是會稽太守〔註216〕,戴若思代表著東晉中本土的意識形態。祖逖在中原喪亂之際,親率數百家避地淮泗地區,又被推

〔註208〕《東晉門閥政治》,頁26。
〔註209〕《晉書》,卷77,〈褚裒傳〉,頁2031。
〔註210〕《晉書》,卷14,〈地理志〉,頁422。
〔註211〕《東晉門閥政治》,頁43。
〔註212〕《晉書》,卷77,〈褚裒傳〉,頁2032。
〔註213〕《晉書》,卷6,〈元帝本紀〉,頁154。
〔註214〕《晉書》,卷14,〈地理志〉,頁。當時的司州「永嘉之後,司州淪沒劉聰」,「元帝渡江,亦僑置司州於徐,非本所也」;兗州「惠帝之末,兗州闔境淪沒石勒」,「是時遺黎南渡,元帝僑置兗州,寄居京口」;豫州「淪沒石氏。元帝渡江,以春穀縣僑立襄城郡及繁昌縣」;冀州「惠帝之後,冀州淪沒於石勒」;雍州「建興之後,雍州沒於劉聰」。
〔註215〕《晉書》,卷6,〈元帝本紀〉,頁155。
〔註216〕《晉書》,卷69,〈戴若思傳〉,頁1846。

爲「行主」〔註217〕，祖逖代表這東晉外來的意識形態，兩人類似今天台灣的本省人與外省人。

關於戴若思與祖逖兩人意識形態的衝突，可看《晉書·祖逖傳》的記載：

> （祖逖）方當推鋒越河，掃清冀朔，會朝廷將遣戴若思爲都督，逖以若思是吳人，雖有才望，無弘致遠識，且已翦荊棘，收河南地，而若思雍容，一旦來統之，意甚怏怏。且聞王敦與劉隗等構隙，慮有內難，大功不遂。感激發病，乃致妻孥汝南大木山下。時中原士庶咸謂逖當進據武牢，而反置家險阨，或諫之，不納。逖雖內懷憂憤，而圖進取不輟，營繕武牢城……王敦久懷逆亂，畏逖不敢發，至是始得肆意焉〔註218〕

祖逖希望的是「進取」，收復中原，戴若思的意識與祖逖相反，是「守成」，所以把眼光關注在東晉內部上。祖逖積極的建設武牢城作爲收復中原的據點，最終病死。東晉以戴若思鎮合肥，主要是要借外部力量來制衡王敦，但效果卻遠不如，積極進取北伐的祖逖，對王敦的壓制。祖逖後來部眾由祖約統領〔註219〕，最終祖約參與了「蘇峻之亂」，站在東晉相反的一面。戴若思很明顯得未能統御祖逖原有的外來勢力。

永昌元年（322）正月王敦初叛，三月戴若思帥軍還衛京都〔註220〕，筆者以爲褚裒極有可能是此時派將領領兵入衛京師。王敦初叛，起因在於司馬睿重用劉隗「頗疏間王氏」，王敦上疏未能改善與司馬睿的關係，反而造成司馬睿的猜疑：

> （王敦）素有重名，又立大功於江左，專任閫外，手控強兵，群從貴顯，威權莫貳，遂欲專制朝廷，有問鼎之心。（元）帝畏而惡之，遂引劉隗、刁協等以爲心膂。（王）敦益不能平，於是嫌隙始構矣……及湘州刺史甘卓遷梁州，敦欲以從事中郎陳頒代卓，帝不從，更以譙王承鎮湘州。敦復上表陳古今忠臣見疑於君，而蒼蠅之人交構其間，欲以感動天子。帝愈忌憚之。俄加敦羽葆鼓吹，增從事中郎、掾屬、舍人各二人。帝以劉隗爲鎮北將軍，戴若思爲征西將軍，悉

〔註217〕《晉書》，卷62，〈祖逖傳〉，頁1694。

〔註218〕《晉書》，卷62，〈祖逖傳〉，頁1697。

〔註219〕《晉書》，卷62，〈祖逖傳〉，頁1697。

〔註220〕《晉書》，卷6，〈元帝本紀〉，頁155。

發揚州奴爲兵，外以討胡，實禦敦也。永昌元年（322），敦率眾內
向，以誅隗爲名〔註221〕

王敦的作爲不但沒有緩解與東晉元帝之間的緊張關係，反而更爲疏遠，元帝
甚至不惜用劉隗、戴若思統兵，藉以防備王敦。

王敦與東晉元帝的衝突在於，其一、王敦手控強兵，「欲專制朝廷，有問
鼎之心」，司馬睿「畏而惡之」；其二、在湘州刺史的任命上，司馬睿不許
王敦之請；其三、王敦上表，以「古今忠臣見疑於君，而蒼蠅之人交構其
間」，王敦自比忠臣，而比劉隗、刁協爲蒼蠅，司馬睿重用蒼蠅，那這表就
不能改善兩人關係。雙方直接的衝突是劉隗、戴若思的外放，造成了「王敦
之亂」。

「王敦之亂」可分爲兩個時期，前期爲東晉元帝時期，後期爲東晉明帝
時期，最終被平定於明帝太寧二年（324）〔註222〕。這是因爲，《晉書·王敦
傳》史臣曰：「釁隙起自刁劉，禍難成於錢沈」，王敦初叛，是因爲劉隗、刁
協兩人，王敦再叛是因爲錢鳳、沈充。

褚翜在永昌元年（322）明帝司馬紹即位〔註223〕後，被任命「屯騎校尉，
遷太子左衛率」〔註224〕，褚翜被任命爲太子左衛率，開始與太子（東晉成帝）
產生了關係，在「蘇峻之亂」時，褚翜在京城淪陷後，堅定的在叛軍中捍衛
著東晉成帝。「王敦之亂」褚家僅展現忠誠，選擇加入弱勢的東晉朝廷當中。
筆者以爲也許是因爲這關係，褚翜被遷爲太子左衛率。以上是褚家在元帝與
明帝時期的發展。

四、東晉成帝時期

「王敦之亂」平定後，東晉成帝咸和二年（327）又爆發「蘇峻之亂」，
此亂至咸和四年（329）平定〔註225〕。此亂之發生在於庾亮的徵蘇峻爲大司
農，蘇峻懷疑庾亮要害他，最終與祖約兩人造反〔註226〕。此亂是流民帥擔心
被東晉奪兵，失去他們憑藉的依據〔註227〕，也反映著東晉朝廷與流民帥的矛

〔註221〕《晉書》，卷98，〈王敦傳〉，頁2557～2558。
〔註222〕《晉書》，卷7，〈明帝本紀〉，頁162。
〔註223〕《晉書》，卷7，〈明帝本紀〉，頁159。
〔註224〕《晉書》，卷77，〈褚翜傳〉，頁2032。
〔註225〕《晉書》，卷7，〈成帝本紀〉，頁171～174。
〔註226〕《晉書》，卷100，〈蘇峻傳〉，頁2629。
〔註227〕《東晉門閥政治》，頁48。

盾。在「蘇峻之亂」中，褚翜選擇忠於晉室，並極力捍衛帝王尊嚴：

> 成帝初，為左衛將軍。蘇峻之役，朝廷戒嚴，以翜為侍中，典征討
> 軍事。既而王師敗績，司徒王導謂翜曰：「至尊當御正殿，君可啟令
> 速出。」翜即入上閤，躬自抱帝登太極前殿。導升御牀抱帝，翜及
> 鍾雅、劉超侍立左右。時百官奔散，殿省蕭然。峻兵既入，叱翜令
> 下。翜正立不動，呵之曰：「蘇冠軍來覲至尊，軍人豈得侵逼！」由
> 是兵士不敢上殿。及峻執政，猶以為侍中，從乘輿幸石頭。明年，與
> 光祿大夫陸曄等出據苑城。蘇逸、任讓圍之，翜等固守〔註228〕。

褚翜首先率領王師抵禦蘇峻的叛軍，兵敗後聽從王導的建議，將成帝抱到太
極前殿後。由王導抱者皇帝，褚翜等人侍立在側，當叛軍來時，褚翜怒斥叛
軍力保皇帝威嚴。褚翜伺機與陸曄兩人占據，並死守苑城，抵禦蘇峻方面的
攻打。

　　褚翜在53～55歲時擔任侍中，與丁潭、蔡謨並任，此時正是蘇峻之亂發
生期間。亂平後55歲的褚翜被封為「長平縣伯，遷丹楊尹」，由於戰爭的破
壞，當時「京邑焚蕩，人物凋殘」，褚翜積極地恢復、重建丹陽〔註229〕。據《通
鑑》記載，當時有著遷都的聲音：

> 是時宮闕灰燼，以建平園為宮。溫嶠欲遷都豫章，三吳之豪請都會
> 稽，二論紛紜未決。司徒導曰：「孫仲謀、劉玄德俱言『建康，王者
> 之宅。』古之帝王，不必以豐儉移都。苟務本節用，何憂凋弊！若
> 農事不修，則樂土為墟矣。且北寇游魂，伺我之隙，一旦示弱，竄
> 於蠻越，求之望實，懼非良計。今特宜鎮之以靜，羣情自安。」由
> 是不復徙都。以褚翜為丹楊尹。時兵火之後，民物凋殘，翜收集散
> 亡，京邑遂安〔註230〕。

當時京畿殘破，溫嶠上書請遷都豫章，而三吳豪強則力主遷都會稽，王導以
建康為王者之宅，力陳要「鎮之以靜」，力主不遷都。褚翜接受王導之命擔任
丹陽尹「收集散亡」，安頓百姓，以行動支持了王導的不遷都之議。筆者以為
王導必看在眼裡，記在心裡。對褚翜的未來是有幫助的，褚翜的下一個任命，
就是代替庾亮擔任中護軍將軍，繼續戍衛京城〔註231〕。

〔註228〕《晉書》，卷77，〈褚翜傳〉，頁2032。
〔註229〕《晉書》，卷77，〈褚翜傳〉，頁2032～2033。
〔註230〕《通鑑》，卷94，成帝咸和四年（329），頁2968。
〔註231〕《晉書》，卷77，〈褚翜傳〉，頁2033。

庾亮在成帝咸和 4 年（329）年，被外任爲豫州刺史，鎭蕪湖〔註 232〕。褚裒 65 歲時，於成帝咸康 5 年（339），代替何充擔任「護軍將軍，常侍如故」〔註 233〕，褚裒任此官是因爲王導死後，由護軍將軍何充接任王導的位置（錄尙書事）〔註 234〕。褚裒在 55 歲至 65 歲這段期間的官歷爲：

> 尋爲領軍，徙五兵尚書，加奉車都尉，監新宮事。遷尚書右僕射，
> 轉左僕射，加散騎常侍〔註 235〕。

褚裒這段時間所任的皆爲京官，由於史料未明載何時改官，僅能以代何充任護軍，做爲這段官歷結束的期限。褚裒在 67 歲卒於護軍將軍的任上，「贈衞將軍，諡曰穆」〔註 236〕。

褚裒死後，由其子褚希繼承家業，褚希官至豫章太守〔註 237〕。褚裒一支的紀錄僅記載到褚希爲止。褚家第二代的代表人物則爲褚裒，在褚裒死後的隔年，成帝咸康 8 年（342），褚裒因康帝即位，被任爲侍中〔註 238〕，開啓了褚家另外一頁經歷。

總結本節，關於褚裒的興起，在於他是流民帥，在東晉朝廷與流民帥猜疑之際，褚裒選擇了帶兵入朝，效忠東晉，又在東晉初期的王敦、蘇峻之亂中，有所貢獻，與東晉皇室綁在一起，進而進入東晉朝廷的中央，任官至死爲止。

五、褚裒的北伐與褚家軍事路線的中止

褚裒以流民帥的身分進入了東晉政局之中，之後褚裒以外戚的身分，展開北伐，然而北伐失敗，褚裒因而憂死。自褚裒之後，褚家不再發展軍事路線改發展其他的方式。本段主要探討褚裒的北伐。

時間在穆帝永和五年（349），契機是石虎過世，北方後趙石遵爭奪石虎所遺留的位置，主帥是褚裒。褚裒在二月〔註 239〕時，命王龕北伐，俘獲石虎將領支重，郡中兩千餘人歸降〔註 240〕，之後順勢收復了沛郡〔註 241〕。四月

〔註 232〕《晉書》，卷 7，〈成帝本紀〉，頁 174。
〔註 233〕《晉書》，卷 77，〈褚裒傳〉，頁 2031。
〔註 234〕《晉書》，卷 7，〈成帝本紀〉，頁 181。
〔註 235〕《晉書》，卷 77，〈褚裒傳〉，頁 2031。
〔註 236〕《晉書》，卷 77，〈褚裒傳〉，頁 2031。
〔註 237〕《晉書》，卷 77，〈褚裒傳〉，頁 2031。
〔註 238〕《晉書》，卷 93，〈褚裒傳〉，頁 2415。
〔註 239〕《晉書》，卷 8，〈穆帝本紀〉，頁 195。
〔註 240〕《晉書》，卷 93，〈褚裒傳〉，頁 2416。

時，石虎死，石世即位，五月時石遵殺石世自立〔註242〕，後趙因為石虎死後北方陷入統治者之爭，給了東晉一個好的契機。6月時，桓溫率先屯駐安陸，遣將領北伐〔註243〕，這裡先交代一下，桓溫在永和三年（347），滅蜀，完成第二次北伐未完成的目標，對於北伐的形勢上來說，較為有利。關於桓溫的北伐，筆者以為應該是牽制石虎在西面的兵力，給東線製造好的戰機。

受到東晉態勢的影響，後趙石遵的揚州太守王淶以壽陽來降〔註244〕，東晉西中郎將陳逵趁勢進據壽春〔註245〕。褚裒在這局面大好的情勢下，派兵北伐，所走的路線為東線。褚裒派前鋒督護王頤之，先進駐彭城，督護糜嶷攻陷下邳，褚裒率領三萬大軍以舟軍〔註246〕至彭城，褚裒所走的為泗水。受到褚裒北伐的影響，「河朔士庶歸降者日以千計」，褚裒「撫納之，甚得其歡心」〔註247〕，此時魯郡的五百家士庶請援，褚裒派王龕率領三千精銳接應〔註248〕。石遵方面派遣李農率領萬餘騎兵，逆圍王龕所部於薛。導致王龕被俘，李邁戰死。由於王龕為驍勇善戰的將領，被俘，東晉軍心大失，褚裒撤軍引還〔註249〕。

王龕與李農的交戰產生了爭議，《晉書》與《魏書》產生了爭議，前者王龕戰於代陂，後者王龕戰於薛，前者說王龕違反褚裒節度，後者說李農軍逆圍王龕所部。王龕與李農的交戰應屬遭遇戰，雙方在代陂遭遇後，王龕違背了褚裒繼續北上的命令，向後撤退到薛，由於李農率領的是騎兵，機動性較強，提前趕赴到薛，在王龕的歸路上逆圍王龕所部。

那褚裒為什麼要撤軍而還呢？因為褚裒的軍隊損失慘重，所以京口才會「聞哭聲甚眾」〔註250〕，褚裒率領三萬大軍北伐，加上先前王頤之所部，應該有三萬餘人，李農只有萬餘騎兵，在人數上有差距，那為什麼會損失這麼慘。第一種可能，王龕被圍向褚裒求援，由於褚裒是步兵，行動力較差，援

〔註241〕《晉書》，卷107，〈石季龍載紀〉，頁2786。
〔註242〕《晉書》，卷8，〈穆帝本紀〉，頁195。
〔註243〕《晉書》，卷8，〈穆帝本紀〉，頁195。
〔註244〕《晉書》，卷8，〈穆帝本紀〉，頁195。
〔註245〕《晉書》，卷107，〈石季龍載紀〉，頁2789。
〔註246〕《魏書》，卷96，〈司馬叡附傳〉，頁2100。
〔註247〕《晉書》，卷93，〈褚裒傳〉，頁2416。
〔註248〕《晉書》，卷93，〈褚裒傳〉，頁2416。
〔註249〕《魏書》，卷96，〈司馬叡附傳〉，頁2100。
〔註250〕《晉書》，卷93，〈褚裒傳〉，頁2416。

兵還沒到，王龕部已覆滅，李農軍趁勢襲擊褚裒的援軍，援軍大敗。第二種可能，王龕被圍滅，褚裒來不及派兵，褚裒以舟軍沿著泗水撤退，李農派兵沿路襲擊，退至京口損失慘重，「代陂之役」代指褚裒這次的北伐。筆者僅附兩種可能的推測。永和五年（349）七月褚裒在代陂兵敗，八月褚裒退還廣陵，而陳逵焚壽春而還，同年十月，石遵方的蔣領石遇，攻陷宛城，結束了北伐西線的戰事，第四次北伐以失敗告終。

第四次北伐的戰略目標，應該是趁北伐之機，收復河北的人口，若可能收復失土：

> 時石季龍新死，其國大亂，遺戶二十萬口渡河，將歸順，乞師救援。
>
> 會（褚）裒已旋，威勢不接，莫能自拔，皆為慕容儁及符健之眾所掠，死亡咸盡〔註251〕。

褚裒這次北伐，前期達到了安撫河北士庶的功能，後期由於撤退過快，來不及接應河北遺民。筆者以此推論是，「代陂之役」發生的原因，正是因為要接應魯郡的居民。褚裒的第四次北伐，是東晉首度以東線實施北伐，並且是明確大規模以舟船，運兵北伐。

第三節　褚家的北返

褚家的北返主要是探討，褚家如何從南方回到了北方，進入隋唐仕宦，代表人物為褚亮與褚遂良父子。隨著隋文帝開皇9年（589）滅陳，統一了天下〔註252〕。這代表自東晉南朝以來的系統被消滅了，要併入隋唐的關隴集團〔註253〕為首的政權當中。然隋朝作為大一統的政權，對於這些前陳的大臣是需要有所攏絡的：

> （隋文帝）詔以陳尚書令江總為上開府儀同三司，僕射袁憲、驃騎蕭摩訶、領軍任忠皆為開府儀同三司，吏部尚書吳興姚察為祕書丞。上嘉袁憲雅操，下詔，以為江表稱首，授昌州刺史。聞陳散騎常侍

〔註251〕《晉書》，卷93，〈褚裒傳〉，頁2416。
〔註252〕《隋書》，卷2，〈隋文帝本紀〉，頁32。
〔註253〕陳寅恪，《隋唐制度淵源略論稿》，台北：里仁出版社，2004年，頁85。關隴集團是以關中為本位的集團。陳寅恪，《唐代政治史述論稿》，台北：里仁出版社，2004年，頁170。唐高祖、太宗、高宗，繼承「關中本位政策」下的集團（即關隴集團）。

袁元友數直言於陳叔寶，擢拜主爵侍郎〔註254〕。

這道詔書的任命，主要是將前陳的上層官員納入隋朝政府裡面。在這詔書的任命中，並沒有褚家，因爲褚家還不夠資格。

我們再來檢視這些人在隋朝的狀況，首先是江總他擔任上開府，然後於開皇 14 年（594），卒於江都，年 76。江總雖掛上開府之銜，然從傳文可看出，應該是過著退休般的生活〔註255〕。袁憲入隋後擔任開府儀同三司，昌州刺史，在開皇 14 年（594）爲晉王楊廣府的長史，四年後卒，卒年 70。袁憲在陳朝擔任到尚書僕射的高官，結果入隋只擔任一個州刺史，遠離隋朝的權力核心，最後擔任晉王楊廣的幕僚〔註256〕。蕭摩訶與任忠，蕭摩訶入隋後，因參與漢王楊諒的反叛，被誅殺，年 73〔註257〕。蕭摩訶作爲陳朝最能打仗的將領，從侯安都東征西討，立功頗多，遇戰陣「志氣奮發，所向無前」〔註258〕的猛將。因不受重用，而導致參加了反叛，這是多麼抑鬱不得志。任忠，入隋擔任開府儀同三司，卒，時年 77〔註259〕。

剩下姚察跟袁元友，姚察在陳擔任吏部尚書，吏部尚書的職責是掌管官員的選授、勳封、考課的政令〔註260〕。入隋之後擔任秘書丞，修梁、陳二代史〔註261〕。秘書丞屬於秘書監，掌邦國經籍圖書之事，秘書丞掌判省事〔註262〕。姚察從前陳管理天下官員升遷的吏部尚書，變成隋朝的掌管秘書監事情的秘書丞，而這秘書丞主要是管理經籍圖書之事。從一個管官員升遷的，變爲管書寫書的，落差眞大。姚察後來丁憂，起復爲員外散騎常侍，爲晉王楊廣的侍讀，楊廣即位後，爲太子內舍人。隋煬帝（楊廣）車駕巡幸，姚察爲侍從，後卒於東都，年 74〔註263〕。姚察因爲侍讀的身分，若入楊廣眼中，進而成爲親信侍從，算是陳朝官員入隋，比較好的例子。袁元友正史無傳，僅知其從陳朝散騎常侍遷爲主爵郎中〔註264〕，袁元友在隋朝過的也不怎

〔註254〕《通鑑》，卷 177，隋文帝開皇 9 年（589），頁 5519。
〔註255〕《陳書》，卷 27，〈江總傳〉，頁 346。
〔註256〕《陳書》，卷 24，〈袁憲傳〉，頁 314。
〔註257〕《陳書》，卷 31，〈蕭摩訶傳〉，頁 412。
〔註258〕《陳書》，卷 31，〈蕭摩訶傳〉，頁 412。
〔註259〕《陳書》，卷 31，〈任忠傳〉，頁 414。
〔註260〕《唐六典》，卷 2，頁 27。
〔註261〕《陳書》，卷 27，〈姚察傳〉，頁 352。
〔註262〕《唐六典》，卷 10，頁 297。
〔註263〕《陳書》，卷 27，〈姚察傳〉，頁 352。
〔註264〕《通鑑》，卷 177，隋文帝開皇 9 年（589），頁 5519。

麼樣，連個列傳都沒有。

　　陳朝的官員入隋的，基本上很難出頭，再舉個例子。蔡徵，爲蔡景歷之子。蔡景歷掌文書詔誥，歷經誅殺侯安都事件、吳明徹北伐，是皇帝身邊重要的官員，雖然其位僅只於中書通事舍人、掌詔誥之類的官職〔註265〕。蔡徵六歲時曾拜訪在梁擔任吏部尙書的褚翔，褚翔「嗟其穎悟」。後主器其材幹，任寄日重，遷吏部尙書、安右將軍。陳亡後，隨例入關，除太常丞。歷尙書民部儀曹郎，轉給事，卒，時年六十七〔註266〕。太常寺掌管邦國禮樂、郊廟、社稷之事，而太常丞掌判寺事〔註267〕。蔡徵從陳朝吏部尙書，改任隋朝太常丞，從管官員升遷的，變成管禮樂祭祀的，有被重用嗎？蔡徵的重要性在於，他歷經了陳朝的興亡，與父親在陳朝都受到重用。陳亡後，蔡徵入隋仕官，擔任太常丞等官，雖不能在陳朝的吏部尙書時相比，但蔡徵還算是打入了隋的統治階層當中。

　　陳臣入隋會受到隋煬帝的拔擢，受重用有虞世基、許善心二人，分別被拔擢爲內史侍郎與禮部侍郎〔註268〕。前面的姚察、袁憲也受到隋煬帝拔擢，褚亮也被拔擢爲太常博士〔註269〕，由陳進入隋朝的朝廷之中。我們來看一下虞世基與許善心兩人。虞世基是陳朝太子中庶子虞荔之子，本身「博學有高才，兼善草、隸書」〔註270〕，虞世基在陳朝擔任至中庶子、散騎常侍、尙書左丞，入隋後爲通直郎，「貧無產業、傭書養親」〔註271〕，當官當到要靠寫書法、寫文章養家，眞是卑微。虞世基以寫五言詩出名，在隋文帝時代，虞世基過得相當不好，直到隋煬帝即位，「顧遇彌隆」〔註272〕，才開始虞世基參掌朝政的光輝際遇。

　　許善心是高陽許氏，受陳後主之命，以度支侍郎、通直散騎常侍之銜，出使隋朝，就被滯留在隋朝，陳亡後被隋文帝任命爲通直散騎常侍〔註273〕。許善心是前朝外交官員的身分被滯留，可見有被隋文帝看重，有別於其他陳

〔註265〕《陳書》，卷29，〈蔡景歷傳〉，頁227～228。
〔註266〕《陳書》，卷29，〈蔡徵傳〉，頁391～393。
〔註267〕《唐六典》，卷14，頁394～395。
〔註268〕《隋書》，卷3，〈煬帝本紀〉，頁65。
〔註269〕《舊唐書》，卷72，〈褚亮傳〉，頁2578～2579。
〔註270〕《隋書》，卷67，〈虞世基傳〉，頁1569。
〔註271〕《隋書》，卷67，〈虞世基傳〉，頁1569、1572。
〔註272〕《隋書》，卷67，〈虞世基傳〉，頁1569、1572。
〔註273〕《隋書》，卷58，〈許善心傳〉，頁1424。

朝的大臣，他直接轉任隋的通直散騎常侍，官職被降轉的較少。許善心獻
〈神雀頌〉獲得隋文帝封賞，仁壽元年（601）遷黃門侍郎，隔年加攝太常少
卿，秘書丞等如故。隋文帝崩，隋煬帝更易留守官員，許善心因而被任命為
巖州刺史，此任命因遇到漢王楊諒造反之故，許善心並沒有前去上任。直到
隋煬帝大業元年（605），許善心才擔任為禮部侍郎，加授學官〔註274〕。許善
心別於前面的陳臣，是隋文帝時代就獲得重用，其得以獲得重用的根本在
於，文章寫得很好。許善心雖被隋文帝拔擢，也被隋煬帝起復為禮部侍郎，
備受禮遇。

　　大體而言，隋朝與陳朝的局面是不一樣的，隋朝是關隴集團，這是陳寅
恪提出的。陳朝是殘存的門閥士族，加上南方土豪勢力所組成〔註275〕。以地
域上來看，隋朝握有天下，有九州，而陳朝僅有江南的荊、揚、交、廣四
州。在用人上來看隋朝要以關隴集團為主，兼用其他山東、江南地區的人。
陳朝用人僅限於江南的士族與地方土豪酋帥。隋滅陳統一天下，陳朝本身
就是被滅亡的政權，其臣子要在隋朝仕宦本屬不易，從前面可以看到，陳臣
基本上文章寫得好，才有機會被隋煬帝拔擢，本文的主角褚亮也擅長文章
〔註276〕。隋朝很短暫，緊接著為唐朝，很多隋臣入唐為官，褚遂良父子就是
其中之一。

　　唐代是個大一統的國家，因此我們以《新唐書・宰相世系表》來看，唐
朝有宰相369人，有98個家族〔註277〕。褚家的褚遂良就是369人的其中一
人，這98個家族，除關隴、山東、江南等家族外，另有其他外族，如北魏元
家的後裔的元稹、高麗李正己、烏家的烏重胤、代北沙陀的李國昌、雞田州
的李光顏等〔註278〕。

　　江南人士要在隋唐仕官，最大的優勢是文章寫的好，像前面提到的虞世
基、許善心在隋代仕宦的根本就是文章寫得好，緊接著我們以李世民的十八
學士來探討，理由有二，其一都以文學仕進，符合江南人士的優勢，其二、

〔註274〕《隋書》，卷58，〈許善心傳〉，頁1425、1427。
〔註275〕呂春盛，《陳朝的政治結構與族群問題》，台北：稻鄉出版社，2001年，頁
　　　　19、115、122、135～136。
〔註276〕《舊唐書》，卷72，〈褚亮傳〉，頁2578。
〔註277〕《新唐書》，卷75下，〈宰相世系表〉，頁345。
〔註278〕《新唐書》，卷75下，〈宰相世系表〉，頁3401、3448、3465、3423、3452。
　　　　烏重胤以下為節度使，帶宰相銜，今列入是為了凸顯李唐大一統，有多族的
　　　　宰相，本文並未要探討朝內宰相與節度使所帶宰相的部分。

本文主角褚亮正是十八學士之一，關於十八學士：

（李）世民以海內浸平，乃開館於宮西，延四方文學之士，出教以
王府屬杜如晦、記室房玄齡、虞世南、文學褚亮、姚思廉、主簿李
玄道、參軍蔡允恭、薛元敬、顏相時、諮議典籤蘇勗、天策府從事
中郎于志寧、軍諮祭酒蘇世長、記室薛收、倉曹李守素、國子助教
陸德明、孔穎達、信都蓋文達、宋州總管府戶曹許敬宗，並以本官
兼文學館學士，分爲三番，更日直宿，供給珍膳，恩禮優厚。世民
朝謁公事之暇，輒至館中，引諸學士討論文籍，或夜分乃寢。又使
庫直閻立本圖像，褚亮爲贊，號十八學士。士大夫得預其選者，時
人謂之「登瀛洲」〔註279〕。

十八學士是因爲李世民，爲了延攬四方文學之士而設。褚亮能爲十八學士圖
寫贊，其一可反映李世民的重用，其二褚亮的文學屬於佼佼者，所以才能力
壓十八學士寫贊，亦或著褚亮本身極擅長寫贊類文體。

李世民的十八學士反映了李唐大一統的局面，我們將十八學士的籍貫整
理成表 2-3-1：

表 2-3-1　天策府十八學士籍貫表

姓　名	籍　貫	出　　處	姓　名	籍　貫	出　　處
杜如晦	京兆杜陵	《舊唐書》卷 66	蘇　勗	雍州武功	《新唐書》卷 125
房玄齡	齊州臨淄	《舊唐書》卷 66	于志寧	雍州高陵	《舊唐書》卷 78
虞世南	越州餘姚	《舊唐書》卷 72	薛　收	蒲州汾陰	《舊唐書》卷 73
褚　亮	杭州錢塘	《舊唐書》卷 72	李守素	趙州 山東名族	《舊唐書》卷 72
姚思廉	雍州萬年，父姚察 自吳興始遷關中	《舊唐書》卷 73	陸德明	蘇州吳縣	《舊唐書》卷 139
李玄道	本隴西人，世居鄭 州，山東冠族	《舊唐書》卷 72	孔穎達	冀州衡水	《舊唐書》卷 73
蔡允恭	荊州江陵	《舊唐書》卷 190 上	蓋文達	冀州信都	《舊唐書》卷 189 上
薛元敬	蒲州汾陰	《舊唐書》卷 73	許敬宗	杭州新城	《舊唐書》卷 82
顏相時	雍州萬年	《舊唐書》卷 73	蘇世長	雍州武功	《舊唐書》卷 75

〔註279〕《通鑑》，卷 189，高祖武德 4 年（621），頁 5931～5932。

從表 2-3-1 來看，我們分為關中、山東、江南三個區塊，在北周時代，這三塊分屬於北周、北齊、陳，而後北周滅北齊，隋篡北周後滅陳，統一天下。表 2-3-1 出身關中的有杜如晦、顏相時、蘇勖、于志寧、蘇世長，共 5 人。出身山東的有房玄齡、李玄道、薛元敬、薛收、李守素、孔穎達、蓋文達共 7 人。出身江南的有褚亮、虞世南、姚思廉、蔡允恭、陸德明、許敬宗共 6 人。基本上關中、山東、江南三地的優秀文人比例約 1：1：1，並未因江南文風鼎盛，江南的人就錄用的比較多。十八學士為李世民的幕僚，是他的儲備人才，因此他在選用上盡可能每個地方的人都用。

我們再看到，玄武門之變後，李世民為太子，他所用的幕僚：

> 以宇文士及為太子詹事，長孫無忌、杜如晦為左庶子，高士廉、房玄齡為右庶子，尉遲敬德為左衛率，程知節為右衛率，虞世南為中舍人，褚亮為舍人，姚思廉為洗馬〔註280〕。

我們僅看文官的部分，除表 2-3-1 外，新增了宇文士及、長孫無忌、高士廉。宇文士及，雍州長安人，宇文述之子，宇文化及之弟〔註281〕，屬於關隴集團。長孫無忌，長孫晟之子，文德皇后即其妹也〔註282〕，文德皇后為李世民的皇后，屬於關隴集團的一份子。高士廉，渤海蓚人，其妹生子長孫無忌及女〔註283〕。李世民當太子新增的三人，長孫無忌跟高士廉都是親戚，宇文士及亦出自關隴集團。值得關注的是表 2-3-1 中江南人的 6 人有三人擔任太子李世民的僚佐，也就是擔任太子中舍人、太子舍人、太子洗馬。這其中褚亮是其中之一，可見褚亮有受到李世民的信任。

我們在看到唐朝用人，特別是李世民用人，在即位前，盡可能的每個地方的人都用，然當李世民即位後，李世民從統御太子府的官員，變成統御整個朝廷。不可避免的要用些唐高祖所遺留的人，以安定朝局，因此江南人的比例相對就會降低。以褚亮為例，李世民當太子時，他是太子舍人，太子的幕僚，李世民即位後，褚亮放到整個朝廷後，遷官弘文館學士〔註284〕。雖李世民仍重用褚亮，然重要性大不如前。

我們回到褚亮，褚遂良父子，重頭開始看兩人的履歷：褚亮出生於陳高

〔註280〕《通鑑》，卷 191，高祖武德 9 年（626），頁 6013。
〔註281〕《舊唐書》，卷 63，〈宇文士及傳〉，頁 2409。
〔註282〕《舊唐書》，卷 65，〈長孫無忌傳〉，頁 2446。
〔註283〕《舊唐書》，卷 65，〈高士廉傳〉，頁 2441。
〔註284〕《舊唐書》，卷 72，〈褚亮傳〉，頁 2582。

祖永定 3 年（559）〔註285〕，褚遂良生於隋文帝開皇 15 年（595）〔註286〕，褚亮前半生在陳作官，後半生則在隋唐作官，褚遂良則只有隋唐兩代。褚亮善屬文，喜好談論，在 18 歲那年曾經去謁見當時的尚書僕射徐陵，徐陵深異褚亮之文。陳後主因而召見褚亮，並讓其賦詩，在座的江總等諸人，無不稱讚。陳後主禎明初，褚亮擔任尚書殿中侍郎，當時的褚亮約 28～29 歲。褚亮 30 歲時遭遇了陳朝的滅亡，入隋之後褚亮擔任東宮學士。隋煬帝大業中，褚亮被拔擢為太常博士，此時的褚亮年約 52 歲左右〔註287〕。

　　褚亮在太常博士任上，遇到了隋煬帝想要改置宗廟，褚亮上書建議設置天子七廟。然而此事尚在商議，就因為受到楊玄感叛亂的影響，被貶官為西海郡司戶〔註288〕。楊玄感叛亂，發生在隋煬帝大業 9 年（613）6 月至 8 月〔註289〕，此時褚亮 54 歲。同受楊玄感牽連的還有京兆郡博士潘徽，他與褚亮同行，在隴山病卒，褚亮「親加棺斂，瘞之路側」，褚亮「慨然傷懷」因而在路邊的樹上題詩，被好事者傳誦到了京城長安一帶〔註290〕。

　　薛舉在隋恭帝義寧元年（617）於隴西起兵，自稱西秦霸王，改元秦興〔註291〕。此時褚亮 58 歲，被薛舉徵辟為黃門侍郎，委以機務。薛舉與薛仁杲的這個割據勢力，在唐高祖武德元年（618）11 月被李世民給平定了，褚亮被李世民禮遇，徵辟為秦王府文學〔註292〕，此時褚亮 59 歲，正式進入唐朝作官。

　　褚亮常跟隨李世民出征，褚亮常對李世民從容諷議，對李世民多有裨益。李世民在軍中有設宴席，必定請褚亮出席。褚亮在秦王府與杜如誨等人同為十八學士。李世民在武德 9 年（626）被立為太子〔註293〕，67 歲的褚亮被遷官太子舍人，又再遷太子中允。太宗貞觀元年（627），68 歲的褚亮遷官

〔註285〕《舊唐書》，卷 72，〈褚亮傳〉，頁 2582。褚亮卒年 88，但未書卒年，這裡得參考《舊唐書·褚遂良傳》，傳中記載褚遂良於貞觀 21 年（647）丁父憂，故褚亮卒於該年，以卒年反推得知。

〔註286〕《舊唐書》，卷 80，〈褚遂良傳〉，頁 2739。褚遂良卒於高宗顯慶 3 年（658），卒年 63，反推得知。

〔註287〕《舊唐書》，卷 72，〈褚亮傳〉，頁 2578～2579。

〔註288〕《舊唐書》，卷 72，〈褚亮傳〉，頁 2581。

〔註289〕《隋書》，卷 4，〈煬帝本紀〉，頁 84～85。

〔註290〕《舊唐書》，卷 72，〈褚亮傳〉，頁 2581。

〔註291〕《通鑑》，卷 183，隋恭帝義寧元年（617），頁 5724～5725。

〔註292〕《通鑑》，卷 186，唐高祖武德元年（618），頁 5822。

〔註293〕《舊唐書》，卷 2，〈太宗本紀〉，頁 29。

弘文館學士〔註294〕，因爲褚亮檢校館務，被稱爲館主，後成爲故事〔註295〕。
褚亮擔任此官至貞觀9年（635），他76歲時，遷官員外散騎常侍，封陽翟縣
男，再遷通職散騎常侍。貞觀16年（642），83歲褚亮進爵爲侯，而後致仕
〔註296〕。

　　褚遂良，在22歲時與父親同爲薛舉效力。武德元年（618）薛舉、薛仁杲
勢力被平定後，入唐爲官，擔任秦州都督府鎧曹參軍事。在23～41歲這段期間
擔任了祕書郎，太宗貞觀10年（636），41歲的褚遂良擔任起居郎〔註297〕。
在褚遂良42歲時，遇到了虞世南的過世〔註298〕，這跟褚遂良有什麼關係呢？
因爲虞世南擅長書法，與褚遂良、歐陽詢、薛稷合稱初唐四大書法家。虞世
南過世，唐太宗就對魏徵說：「無人可以論書了」，魏徵回答說：「褚遂良下筆
遒勁，甚得王逸少體」，太宗因而讓褚遂良侍書。此外由於李世民喜愛王羲之
的書法，花費很多錢來求購，當時天下爭相敬獻，但都不能夠辨別眞假。褚
遂良鑑定後，「一無舛誤」〔註299〕。

　　褚遂良擅長書法，黃緯中有寫過一篇文章加以探討。褚遂良曾跟虞世南
與歐陽詢學過書法，後來才有自己的變化，褚遂良曾跟史陵學過書法。史陵
的字以「瘦」爲特色。史陵是宮中善書的人物，唐太宗、漢王元昌、褚遂良
都曾向史陵學習過書法，褚遂良深得史陵眞傳，所以他對史陵說：「此法更不
得教人」。褚遂良向史陵學習書法的時間，應該在貞觀16年（642）以後，因
爲他在貞觀15至16年寫的〈伊闕佛龕碑〉與〈孟法師碑〉還沒有出現明顯
瘦勁的特徵〔註300〕。因爲褚遂良善書的關係，與唐太宗之間又增加了一層，
一起學書法的關係。

　　貞觀15年（641），46歲的褚遂良擔任諫議大夫、兼起居事。貞觀17年
（643）褚遂良參與擁立晉王李治爲太子一事：

　　　太子承乾以罪廢，魏王泰入侍，太宗面許立爲太子，因謂侍臣曰：「昨
　　　青雀自投我懷云：『臣今日始得與陛下爲子，更生之日也。臣唯有一

〔註294〕《舊唐書》，卷72，〈褚亮傳〉，頁2582。
〔註295〕（唐）杜佑，《通典》，北京：中華書局，2007年，卷21，頁559。
〔註296〕《舊唐書》，卷72，〈褚亮傳〉，頁2582。
〔註297〕《舊唐書》，卷80，〈褚遂良傳〉，頁2729。
〔註298〕《舊唐書》，卷72，〈虞世南傳〉，頁2570。
〔註299〕《舊唐書》，卷80，〈褚遂良傳〉，頁2729。
〔註300〕黃緯中，〈關於褚遂良的老師──史凝的一些推論〉，《中華書道季刊》第43
　　　　期，2004年，頁75～77。

子，臣百年之後，當爲陛下殺之，傳國晉王。』父子之道，故當天性，我見其如此，甚憐之。」遂良進曰：「陛下失言。伏願審思，無令錯誤也。安有陛下百年之後，魏王執權爲天下之主，而能殺其愛子，傳國於晉王者乎？陛下昔立承乾爲太子，而復寵愛魏王，禮數或有踰於承乾者，良由嫡庶不分，所以至此。殷鑒不遠，足爲龜鏡。陛下今日既立魏王，伏願陛下別安置晉王，始得安全耳。」太宗涕泗交下曰：「我不能。」即日召長孫無忌、房玄齡、李勣與遂良等定策，立晉王爲皇太子〔註301〕。

李治被擁立爲太子，是褚遂良的重要經歷之一。

　　關於太宗親征高麗，褚遂良勸太宗不要親征，派將領率軍出征即可，但太宗沒有接受〔註302〕。貞觀18年（644），49歲的褚遂良拜黃門侍郎，參綜朝政。51歲加銀青光祿大夫，貞觀21年（647）52歲，檢校大理寺卿，丁父憂去職，隔年回任中書令。褚遂良擔任太宗的託孤大臣，這極爲重要。太宗寢疾，召褚遂良與長孫無忌入內，對他們說：「卿等忠烈，簡在朕心。昔漢武寄霍光，劉備託葛亮，朕之後事，一以委卿。太子仁孝，卿之所悉，必須盡誠輔佐，永保宗社」。又回頭對太子李治說：「無忌、遂良在，國家之事，汝無憂矣」。交代完之後，讓褚遂良草擬遺詔〔註303〕。長孫無忌與褚遂良對於李治，有擁立之功，又是顧命大臣，與高宗不可說不親密。

　　高宗即位，褚遂良封爵爲河南縣公，永徽元年（650）封爲郡公。永徽3年（652），57歲的褚遂良，擔任吏部尚書，監修國史，加光祿大夫，兼太子賓客。隔年，代張行成爲尚書右僕射，依舊參知政事。58歲的褚遂良來到了人生的最高峰，擔任了尚書右僕射，兩年後就貶落凡塵。

　　王皇后被廢，改立武則天一事，亦是褚遂良的重要經歷。關於這件事情，前輩學者已有著墨，然褚遂良作爲褚家的一份子，還是得在探討一下。黃永年認爲王皇后被廢，是唐高宗個人爲了擺脫顧命重臣長孫無忌、褚遂良等人，之後花了六年時間將兩人勢力掃除乾淨〔註304〕。且不管武后是主使者也好，參與者也好，褚家都因爲這件事情嚴重得罪了武則天，使褚家遭受到打擊，這是不爭的事實。回到這件事《舊唐書·褚遂良傳》記載：

〔註301〕《舊唐書》，卷80，〈褚遂良傳〉，頁2731～2731。
〔註302〕《舊唐書》，卷80，〈褚遂良傳〉，頁2734～2735。
〔註303〕《舊唐書》，卷80，〈褚遂良傳〉，頁2738。
〔註304〕〈說永徽6年廢立皇后事眞相〉，頁82、85、87。

高宗將廢皇后王氏，立昭儀武氏爲皇后，召太尉長孫無忌、司空李
勣、尚書左僕射于志寧及遂良以籌其事。將入，遂良謂無忌等曰：「上
意欲廢中宮，必議其事，遂良今欲陳諫，眾意如何？」無忌曰：「明
公必須極言，無忌請繼焉。」及入，高宗難於發言，再三顧謂無忌
曰：「莫大之罪，絕嗣爲甚。皇后無胤息，昭儀有子，今欲立爲皇
后，公等以爲何如？」遂良曰：「皇后出自名家，先朝所娶，伏事先
帝，無愆婦德。先帝不豫，執陛下手以語臣曰：『我好兒好婦，今將
付卿。』陛下親承德音，言猶在耳。皇后自此未聞有愆，恐不可廢。
臣今不敢曲從，上違先帝之命，特願再三思審。愚臣上忤聖顏，罪
合萬死，但願不負先朝厚恩，何顧性命。」遂良致笏於殿陛，曰：
「還陛下此笏。」仍解巾叩頭流血。帝大怒，令引出。長孫無忌曰：
「遂良受先朝顧命，有罪不加刑。」翌日，帝謂李勣曰：「冊立武昭
儀之事，遂良固執不從。遂良既是受顧命大臣，事若不可，當且止
也。」勣對曰：「此乃陛下家事，不合問外人。」帝乃立昭儀爲皇后，
左遷遂良潭州都督〔註305〕。

從褚遂良傳來看，褚遂良力爭阻止廢后，甚至不惜有激烈的行爲，先是把奉
還笏，然後解開頭巾，叩頭到流血，不惜威脅皇帝，導致皇帝大怒，令人把
他拖出去。長孫無忌這時候才幫他求情，然後最終這件事情，由於李勣所說：
「此乃陛下家事，不合問外人。」，最終褚遂良被貶爲潭州都督。

　　《舊唐書‧褚遂良傳》的記載是整個反對立武后事件是褚遂良主導，長
孫無忌附和，最終高宗不顧褚遂良的勸諫，立武氏爲后。但《舊唐書‧長孫
無忌傳》的記載卻不一樣：

（高宗）將立昭儀武氏爲皇后，（長孫）無忌屢言不可，帝乃密遣使
賜無忌金銀寶器各一車、綾錦十車，以悅其意。昭儀母楊氏復自詣
無忌宅，屢加祈請。時禮部尚書許敬宗又屢申勸請，無忌嘗屬色折
之。帝後又召無忌、左僕射于志寧、右僕射褚遂良，謂曰：「武昭儀
有令德，朕欲立爲皇后，卿等以爲如何？」無忌曰：「自貞觀二十三
年後，先朝付託遂良，望陛下問其可否。」帝竟不從無忌等言而立
昭儀爲皇后。皇后以無忌先受重賞而不助己，心甚銜之〔註306〕。

〔註305〕《舊唐書》，卷80，〈褚遂良傳〉，頁2738～2739。
〔註306〕《舊唐書》，卷65，〈長孫無忌傳〉，頁2454～2455。

高宗為了立武昭儀為后，數次說服長孫無忌不成，就賜金、銀、寶器各一車，綾錦十車，希望能讓長孫無忌改變想法。武昭儀之母楊氏與禮部尚書許敬宗也多加勸說，長孫無忌都沒有答應。當高宗朝見群臣，長孫無忌卻說：「自先帝將陛下託付給褚遂良後，請陛下詢問褚遂良吧」，然後有《舊唐書・褚遂良傳》的記載。最終高宗立了武昭儀為后，武后因長孫無忌受重賞卻沒有幫她，深深的記恨此事。

由於反對立武昭儀為后，長孫無忌、褚遂良、韓瑗都被許敬宗與李義府誣陷〔註307〕。于志寧在立后事件上，獨無言以持兩端，但之後許、李二人誣陷長孫無忌謀反時，能被誣構黨附長孫無忌，然後被免職〔註308〕。

在永徽6年（655）廢王后，改立武后事件上，褚遂良被貶為潭州都督。褚遂良在高宗顯慶2年（657），62歲的褚遂良先貶桂州都督，然後再貶愛州刺史，隔年病死〔註309〕。褚遂良先被貶潭州都督時，韓瑗上疏救之：

> 疏奏，帝（高宗）謂（韓）瑗曰：「遂良之情，朕亦知之矣。然其悖戾犯上，以此責之，朕豈有過，卿言何若是之深也！」瑗曰：「遂良可謂社稷忠臣，臣恐以諛佞之輩，蒼蠅點白，損陷忠貞。昔微子去之而殷國以亡，張華不死而綱紀不亂，國之欲謝，善人其衰。今陛下富有四海，八紘清泰，忽驅逐舊臣，而不垂省察乎！伏願遵彼覆車，以收往過，垂勸誡於事君，則羣生幸甚。」帝竟不納。瑗以言不見用，憂憤上表，請歸田里，詔不許〔註310〕。

韓瑗上疏不被高宗接受，反而以褚遂良「悖戾犯上」，貶斥他。韓瑗因上疏不被接受辭歸田里，但高宗卻不許。顯慶2年（657），韓瑗因營救褚遂良，得罪了武后，故許敬宗與李義府誣奏，褚遂良擔任桂州都督的任命，是因桂州是用武之地，韓瑗想要引為外援。由於誣奏褚遂良被貶愛州刺史，韓瑗亦被貶振州刺史〔註311〕。然而這件事情卻還沒落幕，到了高宗顯慶4年（659），高宗採信許敬宗的誣陷，以長孫無忌謀反，先將其流放黔州，而後逼死〔註312〕。褚遂良已死，仍受到此謀反案的影響，追削官爵，子孫配流愛

〔註307〕《舊唐書》，卷82，〈許敬宗傳〉，頁2763。

〔註308〕《舊唐書》，卷78，〈于志寧傳〉，頁2700。

〔註309〕《舊唐書》，卷80，〈褚遂良傳〉，頁2738～2739。

〔註310〕《舊唐書》，卷80，〈韓瑗傳〉，頁2740～2741。

〔註311〕《舊唐書》，卷80，〈韓瑗傳〉，頁2742。

〔註312〕《舊唐書》，卷65，〈長孫無忌傳〉，頁2455～2456。

州〔註313〕。韓瑗已死，被開棺驗屍，籍沒其家，子孫流放嶺南〔註314〕。

　　《通鑑》的記載更慘，褚遂良之子褚彥沖、彥甫，被流放愛州後，在路上被殺〔註315〕。褚遂良、韓瑗、長孫無忌三家被籍沒，子孫被流放嶺南為奴婢〔註316〕。這裡講一下愛州，褚遂良被貶到這裡，子孫也被流放到這裡。愛州在交趾（越南），距離長安8800里〔註317〕，在嶺南以南。褚遂良的子孫被貶到了愛州為奴婢，褚彥沖、彥甫又在路上被殺，褚遂良家受到相當大的打擊，直到高宗弘道元年（683），高宗死後的遺詔才讓褚家能放還本郡，離開愛州〔註318〕，以褚遂良過世那年為基準，褚遂良家已經待在愛州23年。

　　褚遂良的選擇錯誤，對褚家在政治上的發展有極大的影響。然而他的失勢與許敬宗密不可分，而兩人又極為相似，因此來探討一下褚遂良與許敬宗的比較。兩人都來自江南，都是陳朝的遺民，隋末都曾投降其他勢力，而後歸唐。褚遂良生於開皇15年（595），許敬宗生於開皇11年（591）〔註319〕，兩人年齡差四歲。因此筆者做表2-3-2整理兩人的官歷：

表2-3-2　褚遂良與許敬宗官歷比較表〔註320〕

年　號	西元	褚遂良	許敬宗
隋恭帝義寧元年	617	在薛舉那擔任通事舍人	投降李密，擔任管記
唐高祖武德元年	618	歸唐後，擔任秦州府都督鎧曹參軍事	秦府學士
唐太宗貞觀8年	634	秘書郎	著作郎，兼修國史，遷中書舍人
貞觀10年	636	從秘書郎遷為起居郎	長孫后崩，許敬宗因笑歐陽詢被貶洪州都督府司馬
15年	641	諫議大夫，兼起居事	同上

〔註313〕《舊唐書》，卷80，〈褚遂良傳〉，頁2739。
〔註314〕《舊唐書》，卷80，〈韓瑗傳〉，頁2742。
〔註315〕《通鑑》，卷200，高宗顯慶4年（659），頁6314。
〔註316〕《通鑑》，卷200，高宗顯慶4年（659），頁6316。
〔註317〕《舊唐書》，卷41，〈地理志下〉，頁1752。
〔註318〕《舊唐書》，卷80，〈褚遂良傳〉，頁2739。
〔註319〕《舊唐書》，卷82，〈許敬宗傳〉，頁2764。以卒年反推。
〔註320〕依據《舊唐書》兩人的列傳整理。

17 年	643	支持立李治爲太子	修武德、貞觀實錄成，被封爲高陽縣男，黃門侍郎，擔任太子右庶子
18 年	644	黃門侍郎，參綜朝政	同上
19 年		同上	太宗伐高麗，太子在定州監國，與高士廉共知機要。岑文本死，爲中書侍郎。
20 年	646	加銀青光祿大夫	同上
21 年	647	大理卿，丁父憂	加銀青光祿大夫
23 年	649	與長孫無忌同爲顧命大臣	同上
高宗即位	649	河南縣公	代于志寧爲禮部尚書，貶鄭州刺史
永徽元年	650	進封郡公，出爲同州刺史	同上
3 年	652	吏部尚書，同中書門下，兼修國史，加光祿大夫，兼太子賓客	衛尉卿，加弘文館學士，兼修國史
4 年	653	代張行成爲尚書右僕射，依舊知政事	同上
6 年	655	反對立武后，被貶潭州都督	禮部尚書，支持立武后
			加太子賓客，侍中，兼修國史
顯慶 2 年	657	從桂州都督，貶爲愛州刺史	同上
3 年	658	卒	加封郡公，代李義府爲中書令
龍朔 2 年	662		右相
咸亨元年	670		致仕
3 年	672		卒

　　許敬宗與褚遂良都是陳朝的後裔，許敬宗之父爲許善心，許善心在隋朝擔任禮部侍郎〔註321〕。許善心之父許亨，與褚亮之父褚玠都在陳朝仕官，並都被列在《陳書·文學傳》中。可以說許敬宗與褚遂良兩人，祖父輩都在陳朝做官，父輩在隋朝做官，自身在唐朝仕宦，兩人年齡又相近。褚遂良與許敬宗兩人，據表2-3-2來看，官歷極爲相近，都擅長文學，兼修過國史。兩人最早都投降過其他隋末勢力，而後歸唐。貞觀8年（634），一個擔任秘書郎，一個擔任著作郎，都是很清的官。兩人前後年都生爲黃門侍郎，兩人在太宗

〔註321〕《舊唐書》，卷82，〈許敬宗傳〉，頁2761。

朝，要不就參綜朝政，要不就共知機要，可以說在太宗朝，兩人官都做得不錯。太宗死前，褚遂良因為長孫無忌的關係，能夠當顧命大臣，許敬宗稍差一些。在高宗一朝，褚遂良先後擔任吏部尚書，尚書右僕射，可以說永徽 6 年（655）以前褚遂良在政治生涯的最高峰。此時，許敬宗卻過得不怎樣，先擔任禮部尚書，但是被貶鄭州刺史，然後到永徽 3 年（652）才回朝任官，永徽 6 年（655）才回復到被貶官以前的位置。可以說沒有廢后事件，許敬宗，始終被褚遂良壓著，無法升遷，更進一步。

據表 2-3-2，廢后事件後，褚遂良就一貶再貶，自高宗顯慶年間開始，而許敬宗，因為支持武后，先加太子賓客，侍中，而後又擔任中書令，擔任了唐朝的宰相之列。以官歷上來看許敬宗取代了褚遂良，在政壇上綻放光芒。筆者以為兩人一直是競爭關係，以許敬宗的立場來看，褚遂良擋到了他的升遷。許敬宗早在貞觀 10 年（636）就得罪了褚遂良，因為在長孫皇后過世之時，許敬宗嘲笑了褚遂良的書法老師兼父親的友人 [註 322] ——歐陽詢，兩人關係怎麼可能會好。長孫皇后過世，許敬宗在場合上嘲笑歐陽詢，因而被貶洪州都督府司馬，洪州在江南，也就是現在的江西。許敬宗被貶官，他會對長孫無忌有好感嗎？連帶的他會喜歡跟長孫無忌親近的褚遂良嗎？所以筆者以為，許、褚兩人的結怨，從貞觀 10 年（636）就開始了。許敬宗最終選擇支持武后，來打擊敵對的長孫無忌勢力，並獲得了政治上的高峰。

〔註 322〕《舊唐書》，卷 80，〈褚遂良傳〉，頁 2729。

第三章　褚家的政治生命

　　本章主要探討褚家在政治上的表現與努力。褚家跟瑯琊王氏相比，只是非主流，而褚家選擇依附主流。從褚㸤開始就依附主流的瑯琊王氏，依附王導的政治勢力。到了褚裒時期政治立場較偏王氏，而非與之競爭的庾氏。褚家在政治上的貢獻在於，第一在東晉時期，將政治權力由瑯琊王氏、外戚庾氏，與同一時期桓家並列，揚州與荊州的軍頭，最後過渡到謝家。筆者補充了褚家與謝家的聯姻關係，作為田餘慶《東晉門閥政治》一書的一點補充，將之構成本章的第一節。緊接探討將褚家由劉宋過渡到蕭齊的褚淵，褚家依附主流的典型與佼佼者。最後探討在政局變遷下，舊有的士族黨附援引都不存在時。褚家如何憑著當事人自身的才能，第三度的崛起。

第一節　褚家的重要性

　　東晉常發生荊揚之爭，前輩學者也關注到這個問題。傅樂成認為因為荊州轄全國半數的領土，握強兵，遙制朝廷，因此有王敦、桓玄兇頑之輩，外戚庾亮兄弟，也與中央對立，在這情形下，謝安成立北府兵增加揚州的中央實力[註1]。田餘慶關注到郗鑒對於京口，也就是之後北府的重要性[註2]。同時對於穆帝永和年間，有所關注，他關注到何充居於中央，方鎮以徐兗的褚裒與荊梁的桓溫為重，褚裒北伐敗亡後，繼任者忠於中央，豫州也在謝氏

〔註 1〕傅樂成，〈荊州與六朝政局〉，《漢唐史論集》，台北：聯經出版社，1995 年，頁 93～94。
〔註 2〕《東晉門閥政治》，頁 70～71。

手中，支持朝廷〔註3〕。然前輩學者的觀點如此，筆者提出一些看法。

東晉是門閥政治，田餘慶對此多有著墨，本節就田氏之觀點再補充。東晉由瑯琊王氏開啓門閥的局面，繼而是庾家，然後是桓家與謝家，最後是太原王家，這是田餘慶的看法。筆者以爲褚家的重要性在於，與桓家同一個時期，褚家將權力過渡給了謝家。褚家與謝家的關係，要從褚裒與謝尚兩人談起，兩人是姻親關係，褚裒娶了謝尚之妹謝眞石〔註4〕。褚裒之女爲褚蒜子，嫁給康帝，爲康獻皇后〔註5〕，康獻皇后爲謝尚之甥〔註6〕。穆帝朝的政局爲中央司馬昱擔任錄尚書事，地方分爲兩大區塊，荊州的桓溫與揚州的褚裒。褚裒北伐敗亡後，由荀羨等人接手，後桓溫奪取了京口勢力，荊揚的武力都落入桓溫手中〔註7〕，桓溫死後桓沖掌握荊州，謝安借褚太后權柄，逼退桓沖退出揚州，取得了徐兗，進而成立北府兵〔註8〕。謝安爲褚太后從舅，故而可獲得幫助，可補充田餘慶的看法。

關於褚家支持謝家的事情，我們可以看到下面這個案例，謝尚濫殺縣令，卻因褚太后的緣故，免除了濫殺之罪：

> 時南中郎將謝尚領宣城內史，收涇令陳幹殺之，有司以尚違法糾黜，詔原之。（顧）和重奏曰：「尚先劾姦贓罪，入甲戌赦，聽自首減死。而尚近表云幹包藏姦猾，輒收行刑。幹事狀自郡，非犯軍戎，不由都督。案尚蒙親賢之舉，荷文武之任，不能爲國惜體，平心聽斷，內挾小憾，肆其威虐，遠近怪愕，莫不解體。尚忝外屬，宥之有典，至於下吏，宜正刑辟。」尚，皇太后舅，故寢其奏〔註9〕。

引文是彰顯顧和伸張正義，卻意外保留褚太后幫助謝尚的事實。此事被收錄在《晉書‧顧和傳》，而非《晉書‧謝尚傳》，其他關於褚家幫助謝家的記載寥寥無幾。

田餘慶關注到謝家的崛起，在簡文帝、孝武帝之際〔註10〕。正值褚太后

〔註3〕《東晉門閥政治》，頁160。
〔註4〕趙超，《漢魏南北朝墓誌彙編》，天津，天津古籍出版社，2008年，頁18。謝鯤墓誌提到「息（謝）尚，（字）仁祖，女眞石」。
〔註5〕《晉書》，卷32，〈褚太后傳〉，頁975。
〔註6〕《晉書》，卷79，〈謝尚傳〉，頁2071。
〔註7〕《東晉門閥政治》，頁175。
〔註8〕《東晉門閥政治》，頁202～205。
〔註9〕《晉書》，卷83，〈顧和傳〉，頁2165。
〔註10〕《東晉門閥政治》，頁201。

臨朝，褚太后在孝武帝寧康元年（373）再度臨朝攝政〔註11〕。褚太后在穆帝朝支持舅舅謝尚，在孝武帝朝支持從舅謝安，謝安跟謝尚是從兄弟關係〔註12〕。正史上沒有明載，褚家對謝家的幫助，然以邏輯上來看，褚太后與謝尚、謝安的姻親關係，對謝家的崛起是有幫助的。

　　褚裒除娶謝眞石爲妻外，另將女兒褚蒜子嫁給了瑯琊王司馬岳〔註13〕（東晉康帝）。司馬岳大褚蒜子2歲〔註14〕。此次聯姻讓褚家成了皇室的姻親，然褚裒卻被外任江州的豫章太守〔註15〕。這任命有兩個重要性，其一、爲開啓未來「褚公故事」這個模式，即皇室姻親不在朝內爲官，而外任地方官員。其二、豫章爲江州的重要地方，江州是很多流民聚集之地〔註16〕，褚家自褚裒開始，以流民帥的身分打入東晉朝廷。流民帥的身分，對褚裒接任豫章太守是有所幫助的，因能獲得江州流民的支持。褚裒後來會再任江州刺史，因此褚裒兩度在江州任官。順帶一提，褚裒流民帥的身分，也讓其子褚希也官至豫章太守〔註17〕，這代表著褚家二人，擔任江州地方官三次。

　　褚裒爲東晉皇室的外戚，卻戒愼恐懼的外任官員，不留在朝廷，形成「褚公故事」的原因。筆者以爲是受到庾亮的影響。庾亮之妹嫁給東晉明帝，庾亮也因外戚身分掌握東晉大權。明帝死前，以庾亮、王導輔政，此時成帝年幼，因此以庾太后臨朝，政事「一決於亮」〔註18〕。歷史不會重演，卻一再驚人的相似，成帝幼主即位，庾太后輔政，政事由庾亮做主。之後的穆帝即位，褚太后輔政，政事本由褚裒做主，但褚裒讓給了司馬昱〔註19〕，形成「褚公故事」，亦即外戚（后父）在外領方鎮，不在朝內掌政。庾亮在掌握朝政後，逼反了蘇峻、祖約，引發蘇峻之亂〔註20〕。蘇峻之亂爆發時，褚裒還在擔任郗鑒麾下的參軍〔註21〕。褚裒是親身經歷過蘇峻之亂，看著庾亮是如何「幾

〔註11〕　《晉書》，卷9，〈孝武帝本紀〉，頁225。
〔註12〕　《晉書》，卷79，〈謝安傳〉，頁2072。
〔註13〕　《晉書》，卷93，〈褚裒傳〉，頁2415。
〔註14〕　《晉書》，卷7，〈康帝本紀〉，頁187。《晉書》，卷32，〈褚太后傳〉，頁978。
　　　　　以兩人卒年反推生年。
〔註15〕　《晉書》，卷93，〈褚裒傳〉，頁2415。
〔註16〕　《通鑑》，卷94，成帝咸和四年（329），頁2970～2971。
〔註17〕　《晉書》，卷77，〈褚裒傳〉，頁2033。
〔註18〕　《晉書》，卷73，〈庾亮傳〉，頁1917～1918。
〔註19〕　《晉書》，卷93，〈褚裒傳〉，頁2415。
〔註20〕　《晉書》，卷73，〈庾亮傳〉，頁1918。
〔註21〕　《晉書》，卷93，〈褚裒傳〉，頁2415。

於敗國」〔註22〕，堂兄褚翜在蘇峻之亂時，負責統兵平亂。王師兵敗後，褚翜接受王導的命令，護衛在成帝旁邊，一同面對蘇峻的叛軍，當叛軍無禮之時，怒斥叛軍，之後尋找機會固守苑城，抵禦叛軍〔註23〕。反觀庾亮除貽誤戰績外，又帶著弟弟們乘船逃跑〔註24〕。兩相對照下，褚家跟庾家立場就不一樣了，褚家支持王家的王導。

蘇峻之亂平定後，庾亮求外鎮自效，先任豫州刺史，進而擔任江、荊、豫三州刺史，都督江、荊、豫、益、梁、雍六州諸軍事〔註25〕。庾亮控制上游荊、江兩州，嚴重威脅到建康朝廷，本節於前段有提到東晉荊揚之爭，荊州在庾亮手中，形成了王導、庾亮之爭。關於王庾之爭，田餘慶在《東晉門閥政治》一書中，有大篇幅論述〔註26〕。前面提過，褚家支持王家，在本文第二章第二節還提到褚翜積極重建京城，支持王導的不遷都之議。

提到褚家支持王家，還可以看到何充。何充是王庾之爭的產物，在立場上偏袒王家〔註27〕。根據《晉書·何充傳》〔註28〕：何充是王導姐姐之子，王導與庾亮共同推薦何充擔任吏部尚書，王導死後，何充與庾冰同為錄尚書事，共掌朝政。成帝死後，何充支持立成帝之子司馬丕（哀帝），庾冰支持立康帝，這次繼位之爭，由庾冰勝出。康帝死後，何充支持穆帝，庾家支持司馬昱（簡文帝），由何充勝出。何充在庾冰、庾翼死後，以桓溫來取代庾爰之，剪除庾家在荊州的勢力。何充曾薦褚裒擔任錄尚書事，褚裒後讓給司馬昱。何充支持王家，讓當時的局勢「內委何褚諸君，外託庾桓數族」〔註29〕。此外褚裒的外甥東晉穆帝，所娶的何皇后也是何充的姪女〔註30〕。何充與褚家關係這麼密切，立場又偏王家，這可以當作褚家支持王家的旁證。

褚家在政治立場上支持王家，同時也支持建康朝廷，因此褚裒擔任外鎮的區域就僅限於徐兗、江州兩個區塊，不可能擔任荊州刺史。先不說庾家、桓家先後掌握荊州，褚家難以融入，褚家的政治基礎來自建康朝廷，褚家以

〔註22〕 《晉書》，卷93，〈外戚傳〉，頁2410。〈外戚傳〉的引言部分。
〔註23〕 《晉書》，卷77，〈褚翜傳〉，頁2032～2033。
〔註24〕 《晉書》，卷73，〈庾亮傳〉，頁1918。
〔註25〕 《晉書》，卷73，〈庾亮傳〉，頁1921。
〔註26〕 《東晉門閥政治》，頁107～123。
〔註27〕 《東晉門閥政治》，頁119～120。
〔註28〕 《晉書》，卷77，〈何充傳〉，頁2028～2030。
〔註29〕 《晉書》，卷77，〈殷浩傳〉，頁2044。
〔註30〕 詳細論述可以看後面章節〈褚家與佛教的關係〉，這裡就不贅述。

效忠朝廷打入朝廷中央，所以權力範圍僅只於揚州一帶。

回到「褚公故事」，褚裒雖爲外戚受到庾亮的影響，屢請外任〔註31〕：第一次在嫁女兒給司馬岳的時候，外任豫章太守。第二次在康帝即位，被徵回朝擔任侍中，遷尚書。褚裒又請外任建威將軍、江州刺史。第三次從江州回朝擔任衛將軍、領中書令，然後請外任爲左將軍、兖州刺史、都督兖州、徐州之瑯琊諸軍事。第四次是最大也是最重要的，外孫穆帝即位，女兒褚太后臨朝稱制，以褚裒爲侍中、衛將軍、錄尚書事如故。這次是以朝廷最高的宰相權位給褚裒，褚裒依舊請外任爲衛將軍、徐兖二州刺史、都督徐、兖、青、揚州之晉陵、吳國諸軍事。第五次是最有名的，就是徵褚裒擔任揚州刺史、錄尚書事，褚裒把位置讓給了司馬昱，開啓了褚家與司馬昱合作的先例，這也是褚裒最後一次請外鎮。經過褚裒讓中央官請外鎮，特別是最後一次，就形成了褚裒的「褚公故事」。

依循「褚公故事」的還有外戚王蘊。褚公故事是皇后的父親在外擔任刺史，所以當朝廷要王蘊回朝擔任尚書左僕射時，王蘊苦請外任會稽內史：

> 王蘊字叔仁，孝武定皇后父……定后立，以后父，遷光祿大夫，領五兵尚書、本州大中正，封建昌縣侯。蘊以恩澤賜爵，非三代令典，固辭不受。朝廷敦勸，終不肯拜，乃授都督京口諸軍事、左將軍、徐州刺史、假節，復固讓。謝安謂蘊曰：「卿居后父之重，不應妄自菲薄，以虧時遇，宜依褚公故事，但令在貴權於事不事耳。可暫臨此任，以紓國姻之重。」於是乃受命，鎮於京口。頃之，徵拜尚書左僕射，將軍如故，遷丹楊尹，即本軍號加散騎常侍。蘊以姻戚，不欲在內，苦求外出，復以爲都督浙江東五郡、鎮軍將軍、會稽內史，常侍如故〔註32〕。

王蘊起初不接受，謝安以褚公故事，力勸王蘊接受。

回到褚裒的第五次讓官，這次是讓給司馬昱，這次讓權，讓司馬昱一直擔任錄尚書事，直至桓溫廢海西公擁立司馬昱，成爲簡文帝爲止，關於讓官：

> 永和初，復徵（褚）裒，將以爲揚州、錄尚書事。吏部尚書劉遐說裒曰：「會稽王令德，國之周公也，足下宜以大政付之。」裒長史王胡之亦勸焉，於是固辭歸藩，朝野咸歎服之〔註33〕。

〔註31〕《晉書》，卷93，〈褚裒傳〉，頁2415～2416。
〔註32〕《晉書》，卷93，〈王蘊傳〉，頁2421。
〔註33〕《晉書》，卷93，〈褚裒傳〉，頁2416。

褚裒獲得很高的聲望，同時也跟司馬昱產生了連結。司馬昱是重要的，特別
是對褚家而言。

　　東晉元帝司馬睿，最重要的兩個兒子爲長子——明帝司馬紹與幼子——
簡文帝司馬昱。明帝司馬紹 27 歲英年早逝〔註34〕，明帝長子司馬衍即位時，
年僅 4 歲〔註35〕，即成帝。弟弟司馬岳此時 3 歲〔註36〕，明帝幼弟司馬昱此
時 5 歲〔註37〕。明帝的早逝，留下年紀相仿的兩個兒子與幼弟。司馬昱第一
個優勢是年紀小，因爲與成帝年紀差距不大，所以明帝不用擔心有人擁立司
馬昱，而斬草除根，讓司馬昱得以成長，逐漸掌握權力。明帝早逝，所以他
安排他的小舅子庾亮與王導一同輔政〔註38〕。

　　東晉元帝以下分爲兩個系統，前者爲明帝系統，後者爲簡文帝系統，同
出於元帝之後，即前面提到的司馬紹與司馬昱兩個系統。司馬紹系統，傳了
成帝、康帝、穆帝、哀帝、海西公五個皇帝，司馬昱因桓溫廢海西公後擁立，
所以奪得大位，進而傳了孝武帝、安帝、恭帝，東晉就亡於恭帝。桓溫廢立
事件就是一個重要的關鍵。

　　在廢立的過程中，宗教的部分常被人所輕忽。明帝好尚佛法，本身極擅
畫如來的佛像，以畫佛聞名〔註39〕。在東晉皇宮之中，亦有佛屋可供禮佛，
在桓溫廢立事件中，褚太后就是在佛屋燒香時，桓溫將廢立的奏書上呈褚太
后〔註40〕。筆者以爲明帝好佛法，所以可能在明帝時期在皇宮中，就已有佛
屋，以供禮佛，褚太后所燒的佛屋可能是明帝所立的。

　　明帝與褚太后都信佛，穆帝與其皇后也信佛〔註41〕，除哀帝好黃老，服

〔註34〕《晉書》，卷 6，〈明帝本紀〉，頁 165。
〔註35〕《晉書》，卷 7，〈成帝本紀〉，頁 169、183。成帝於咸康 8 年（342）崩，年
　　　　22。反推得知成帝於元帝太興 4 年（321）出生，成帝即位是在明帝太寧 3 年
　　　　（325），所以是 4 歲。
〔註36〕《晉書》，卷 7，〈康帝本紀〉，頁 187。康帝崩於建元 2 年（344），年 23。反
　　　　推得知康帝於元帝永昌元年（322）出生。
〔註37〕《晉書》，卷 9，〈簡文帝本紀〉，頁 223。簡文帝於咸安 2 年（372）崩，年 53。
　　　　反推得知簡文帝於元帝太興 3 年（320）出生。
〔註38〕《晉書》，卷 7，〈成帝本紀〉，頁 169。
〔註39〕湯用彤，《漢魏兩晉南北朝佛教史》上冊，收在湯一介編，《湯用彤全集》，台
　　　　北：佛光文化，2001 年，頁 215。湯用彤引習鑿齒〈致道安書〉：「（明帝）手
　　　　畫如來之容」，湯認爲東晉明帝以佛畫知名。
〔註40〕《通鑑》，卷 103，簡文帝咸安元年（371），頁 3249～3250。
〔註41〕可參看本文〈褚家與佛教的關係〉一節。

食長生藥致死〔註42〕，明帝與所傳的成、康、穆、海西，極可能信仰都偏向佛教，若這假說成立。那簡文帝司馬昱尚道教一事就極爲重要，因爲要獲得宗教上的支持。關於司馬昱尚道教，陳寅恪已有關注，他在〈天師道與濱海地域之關係〉一文中提到：天師道與政治社會有關，例如東晉孫恩作亂，劉宋的劉劭弑逆等。陳寅恪提到晉代天師道傳播於世胄高門，像東晉的簡文帝字「道萬」，其子「道生」「道子」，從名諱中看出處於天師道環境中。他還提到六朝注重家諱，而「之」與「道」等字不再此限，所以名字中出現這就可能與天師道有關〔註43〕。

　　陳寅恪只關注到司馬昱與天師道有關，然筆者卻發現，一個道教的新支派——上清派，他的成立卻與司馬昱有很深的關係。道教的區分，胡孚琛依據道教的信眾階級作了區分，分爲下階級的民間符水道教與上階層的神仙道教〔註44〕，前者爲天師道，後者爲東晉以後開始流行的上清派與靈寶派。前者以《上清經》爲核心，講求對人體精、氣、神的修練，是以知識分子爲主的道派，在隱士間獲得傳播。靈寶派以《靈寶》諸經爲主，重視符籙、科教、齋戒儀軌〔註45〕。天師道與上清教、靈寶派分別爲下階層與上階層信奉。司馬昱本身信奉天師道，而上清教又與他有很深的關係。

　　上清教的成立，與楊、許的降眞有關。楊許指的是楊羲與許謐父子，這三人被上清派尊爲第二代玄師、第三、第四代玄師〔註46〕。楊許降眞的時間是哀帝興寧 3 年（365）3 月，至簡文帝司馬昱稱帝爲止，地點爲建康、句容的楊家或茅山許家的山館〔註47〕。楊許降眞的整個過程，中間歷經了桓溫廢海西公，擁立司馬昱這個事件。楊羲、許謐都是司馬昱的部下，司馬昱的長史許謐，將楊羲推薦給司馬昱，司馬昱以楊羲爲公府舍人自隨，簡文帝即位後，「不復見有跡出」〔註48〕。楊羲、許謐的身分，降眞的時間，都與司馬昱

〔註42〕《晉書》，卷 8，〈哀帝本紀〉，頁 208～209。
〔註43〕陳寅恪，〈天師道與濱海地域之關係〉，頁 7、9。
〔註44〕胡孚琛，《魏晉神仙道教《抱朴子內篇》研究》（台北：台灣商務，1992 年），頁 10。
〔註45〕《魏晉神仙道教《抱朴子內篇》研究》，頁 69、71。
〔註46〕鍾國發，《茅山道教上清宗》，台北：東大出版社，2003 年，頁 217。取自茅山上清宗傳承表。
〔註47〕（梁）陶弘景，趙益點校，《眞誥》，北京：中華書局，2011 年，頁 1。前言提到了《眞誥》流傳的過程。
〔註48〕《眞誥》，卷 20，頁 355。

脫不了干係，司馬昱就是背後主使者。

若楊許降眞這宗教行爲是司馬昱主導的，那他背後的目的就是爲了對抗，支持明帝一系的佛教徒。明帝信奉佛教，司馬昱先信奉了天師道，覺得影響力不夠，另立一支派上清派，用以拉攏上階層的士族信奉。那司馬昱在桓溫廢帝擁立事件中，司馬昱取的了宗教上的支持，道教方面的支持，得以對抗支持的明帝一系的佛教。

褚家是明帝一系的外戚，褚裒是明帝的親家，褚蒜子是明帝的媳婦，康帝的皇后，本身又支持著王家的政治勢力。那褚裒爲何要讓權給司馬昱，讓給另一系的皇族。成帝咸康 5 年（339）王導過世，隔年庾亮過世，王導死了由何充整握他的位置，擔任錄尚書事〔註49〕。庾亮過世，荊州刺史由弟弟庾翼代鎭〔註50〕。庾亮另一弟庾冰一直在朝內擔任中書監、揚州刺史、都督揚、豫、兗三周諸軍事〔註51〕。成帝晚期中央由庾冰、何充掌政，庾冰因爲有荊州庾翼的支持，所以在成帝死後，何充主張立成帝長子，瑯琊王司馬丕（哀帝），庾冰、庾翼主張立康帝，由二庾獲勝〔註52〕。康帝即位後中央由庾冰、何充掌控〔註53〕，荊州的庾翼支持庾冰，徐兗的桓溫動向不明。

康帝過世後，庾冰庾翼支持司馬昱，何充支持穆帝即位，由何充獲勝〔註54〕。何充能獲勝的原因在於，褚裒兩任徐兗〔註55〕，支持何充，當庾冰、庾翼過世後，何充力主以桓溫掌握荊州〔註56〕。自此何充主政，有徐兗的褚裒支持，何充曾引褚裒擔任錄尚書事〔註57〕，但褚裒將錄尚書事讓給司馬昱，司馬昱的支持著爲桓溫。何充在永和 2 年（346）過世〔註58〕。

褚裒讓錄尚書事一職給司馬昱，主要是自庾冰、庾翼於康帝死後，支持司馬昱一事可看出，荊州勢力支持的對象是司馬昱，而穆帝一系的支持者爲外公褚裒的徐兗，與中央的何充。當時的政治格局是，荊州與徐兗分別在朝

〔註49〕 《晉書》，卷 7，〈成帝本紀〉，頁 181～182。

〔註50〕 《晉書》，卷 73，〈庾翼傳〉，頁 1932。

〔註51〕 《晉書》，卷 73，〈庾冰傳〉，頁 1927。

〔註52〕 《晉書》，卷 77，〈何充傳〉，頁 2029。

〔註53〕 《晉書》，卷 7，〈康帝本紀〉，頁 184。

〔註54〕 《晉書》，卷 77，〈何充傳〉，頁 2030。

〔註55〕 《晉書》，卷 93，〈褚裒傳〉，頁 2415～2416。

〔註56〕 《晉書》，卷 77，〈何充傳〉，頁 2030。

〔註57〕 《晉書》，卷 77，〈何充傳〉，頁 2030。

〔註58〕 《晉書》，卷 77，〈何充傳〉，頁 2031。

中有個掌權者，故褚裒若入主中央，就會造成荊州勢力在中央無人的局面，因此基於政治平衡的原則，褚裒也必須讓錄尚書事給司馬昱。

　　穆帝朝的政治格局是何充與徐兗的褚裒一組，司馬昱與荊州的桓溫一組，但何充死後朝政就由司馬昱掌控，褚太后以父親褚裒爲外援，同時有舅舅謝尚擔任豫州刺史，中央的錄尚書事司馬昱有桓溫支持。褚太后與司馬昱既是合作關係，同時也互相制衡。褚裒在永和 5 年（349）北伐，此舉打破了政治局面，若褚裒成功的話，揚州的話語權會增加，荊州勢力相形萎縮，形成揚州大於荊州，若失敗則可以維持荊揚平衡。褚裒此次北伐失敗，對褚太后而言，除了失去父親以外，褚家直接喪失了對徐兗的控制。雖徐兗的接任者郗曇、荀羨、殷浩都是支持中央的〔註 59〕。政治格局變成中央以司馬昱獨尊，與褚太后合作，分掌實、名，司馬昱一方面獲得桓溫支持，另一方面以荀羨、殷浩來制衡桓溫。

　　褚裒作爲外戚，在地方掌握軍權，在穆帝朝的政治格局中是重要的。褚裒將女兒嫁給康帝司馬岳，極有眼光的投資，除了開啓自身的外戚生涯以外，進而讓女兒褚蒜子長居後宮，三度臨朝。司馬岳本身身體是有問題的，他「諒陰不言」〔註60〕，是個啞巴。當時太原王氏將女兒嫁給司馬丕（哀帝），庾冰將女兒嫁給司馬奕（海西公）〔註61〕，褚家與太原王氏、庾家相比是不如的，但褚裒燒冷灶成功。因爲庾冰、庾翼的支持康帝即位了，而後由於何充的支持外孫穆帝也即位了，褚裒成了重要的外戚。

　　褚裒爲外戚，雖不如庾亮兄弟顯赫，然亦極爲尊貴：

> 初，（褚）裒總角詣庾亮，亮使郭璞筮之。卦成，璞駭然，亮曰：「有不祥乎？」璞曰：「此非人臣卦，不知此年少何以乃表斯祥？二十年外，吾言方驗。」及此二十九年而康獻皇太后臨朝，有司以裒皇太后父，議加不臣之禮，拜侍中、衛將軍、錄尚書事，持節、都督、刺史如故〔註62〕。

郭璞占卜褚裒的結果，爲非人臣之卦，而後褚裒被群臣議加「不臣之禮」，符

〔註59〕《晉書》，卷 77，〈殷浩傳〉，頁 2045。司馬昱以殷浩爲心膂，以抗桓溫。又《晉書》，卷 75，〈荀羨傳〉，頁 1981。荀羨被褚裒引爲長史，又被殷浩居以重任，所以在政治立場上與桓溫相異。
〔註60〕《晉書》，卷 7，〈康帝本紀〉，頁 184。
〔註61〕《晉書》，卷 32，〈后妃傳〉，頁 978～979。
〔註62〕《晉書》，卷 93，〈褚裒傳〉，頁 2415。

合占卜的結果。

褚裒的過世，改變的東晉的格局，在穆帝朝褚太后抱著年幼的穆帝而後臨朝稱制〔註63〕。穆帝朝的一些改變影響著東晉，首先是何充在穆帝永和2年（346）過世〔註64〕。穆帝永和元年（345）原本朝中是何充領政，何充引褚裒一同領政，但褚裒讓給了司馬昱，變成何充與司馬昱二人領政。何充的外援為徐兗的褚裒，因此司馬昱就拉了荊州的桓溫作為外援。桓溫入主荊州是因為穆帝永和元年（345）庾翼過世了，何充讓桓溫入荊州奪取庾家在荊州的勢力，同時司馬昱也默許此事，並未依劉惔的意見，自領荊州：

> 庾翼既卒，朝議皆以諸庾世在西藩，人情所安，宜依翼所請，以庾爰之代其任。何充曰：「荊楚，國之西門，戶口百萬；北帶強胡，西鄰勁蜀，地勢險阻，周旋萬里。得人則中原可定，失人則社稷可憂，陸抗所謂『存則吳存，亡則吳亡』者也，豈可以白面少年當之哉！桓溫英略過人，有文武器幹。西夏之任，無出溫者。」議者又曰：「庾爰之肯避溫乎？如令阻兵，恥懼不淺。」充曰：「溫足以制之，諸君勿憂。」丹楊尹劉惔每奇溫才，然知其有不臣之志，謂會稽王昱曰：「溫不可使居形勝之地，其位號常宜抑之。」勸昱自鎮上流，以己為軍司，昱不聽；又請自行，亦不聽。庚辰，以徐州刺史桓溫為安西將軍、持節、都督荊、司、雍、益、梁、寧六州諸軍事、領護南蠻校尉、荊州刺史，爰之果不敢爭〔註65〕。

庾家在荊州的勢力為桓溫所鯨吞，連庾翼臨終安排的庾爰之都為桓溫所逼，而不敢與桓溫爭荊州。雖然桓溫為何充推薦，司馬昱默許，然最晚在何充死後，桓溫就轉而支持司馬昱。為何桓溫會選擇跟司馬昱合作，其理由在於，穆帝即位前，庾翼兄弟支持的是司馬昱，而何充支持的是穆帝，最終穆帝獲勝，這在本節前面已有論述。桓溫吃掉了庾家的勢力，在立場是會與司馬昱較近。

何充死掉了，繼任者為蔡謨，然蔡謨應該與褚太后關係較近，實際上卻不然。蔡謨自永和2年（346）開始輔政，與司馬昱一同輔政〔註66〕。但蔡謨自永和4年起至6年（348～350）被罷廢為止，中間屢請乞骸骨退休

〔註63〕《晉書》，卷32，〈褚太后傳〉，頁975。
〔註64〕《晉書》，卷8，〈穆帝本紀〉，頁192。
〔註65〕《通鑑》，卷97，穆帝永和元年（345），頁3066～3067。
〔註66〕《晉書》，卷8，〈穆帝本紀〉，頁192。

〔註67〕。褚太后一直不許，直到永和 6 年（350）蔡謨被廢爲庶人〔註68〕爲止。蔡謨讓穆帝空等一事，司馬昱與群臣都跳出來批評蔡謨，蔡謨不得已到皇宮來領罪，此事在本文第四章第一節有詳述。蔡謨跟褚太后、褚裒決裂的最大因素在於石虎死了之後，是否要北伐的問題。褚裒是支持北伐的，甚至因此而身死，但蔡謨是堅決反對北伐的，因此在此事之後，蔡謨開始積極的乞骸骨退休〔註69〕。就褚太后的立場來看，她是支持父親褚裒的，否則難以解釋爲什麼蔡謨會這麼堅定的乞骸骨退休，甚至連讓皇帝空等的事情都做得出來，褚太后與蔡謨之間必然有事件導致兩人關係決裂。

　　褚太后仍然積極希望蔡謨能回頭，否則早就同意蔡謨的乞骸骨退休，何以讓蔡謨自永和 4 年起至 6 年（348～350）這段期間屢請骸骨。蔡謨是接替何充的，因此當褚太后臨朝稱制，司馬昱掌握朝政，兩人分掌名、實，這在本文第四章第一節有所詳述。對褚太后來說，多一個站在她那邊的蔡謨，一方面可以牽制司馬昱，另外一方面可以讓褚太后有部分朝臣作爲助力，再連結到父親褚裒，褚太后在朝內外都有助益。然褚裒的北伐失敗，造成了褚太后對徐兗的軍力控制力下降，因爲不會有人比她的父親更支持褚太后，在朝內造成與蔡謨關係的決裂，最終兩人不歡而散。褚太后退居後宮，司馬昱掌握朝政，筆者以爲這是褚太后與司馬昱更爲合作的原因。

　　在這檢視褚家的姻親——謝家，在穆帝永和至升平年間的表現。關於陳郡謝氏，田餘慶觀察到謝尚自永和 2 年至升平元年（346～357），這 12 年掌握豫州，同時在豫州樹立了謝氏家族的勢力，田餘慶認爲謝家在朝中無族黨，不會破壞士族門戶的平衡，所以讓謝家掌握方鎮〔註70〕。筆者提出一些補充，謝尚的姊妹謝眞石與褚裒聯姻，所以穆帝褚太后掌政時，褚太后就是謝尚後面最大的力量，這力量比族黨還大。穆帝朝褚裒掌握徐兗的軍隊實力，而謝尚掌握豫州的軍力，整個揚州，朝廷中央所掌握的軍力都控制在褚裒、謝尚手中，至於荊州的桓溫支持的是司馬昱。在本節前面有論述到，褚裒北伐兵敗，褚太后對徐兗的控制力就下降了，畢竟不會有比自己父親控制，更來的妥當。

　　這裡我們以《通鑑》來看穆帝永和 8 年至升平元年（352～357），謝家

〔註67〕《晉書》，卷 77，〈蔡謨傳〉，頁 2039。
〔註68〕《晉書》，卷 8，〈穆帝本紀〉，頁 196。
〔註69〕《晉書》，卷 77，〈蔡謨傳〉，頁 2039。
〔註70〕《東晉門閥政治》，頁 195～197。

的表現。首先是穆帝永和 8 年（352）正月殷浩北伐，兵出許昌、洛陽，謝尚與荀羨擔任督統，屯駐於壽春。駐守許昌的張遇，因謝尚撫慰不力，反叛〔註71〕。同年 8 月，謝尚與姚襄攻打許昌的張遇，前秦苻健派兵增援，雙方於 8 月丁亥日在潁水的誡橋大戰，謝尚慘敗，損兵 15000 人，奔還淮南，殷浩也退回壽春，謝尚降號建威將軍〔註72〕。此時褚裒已經過世，徐兗由殷浩接任〔註73〕，殷浩雖爲褚裒所推薦，但他卻爲司馬昱所用，司馬昱爲了對抗桓溫，引他爲心腹〔註74〕。

殷浩是司馬昱的人，而謝尚是褚太后的人，殷浩北伐，卻因謝尚兵敗潁水而中止，筆者認爲司馬昱雖與褚太后同屬一個政治集團，但難免會落井下石。在《晉書‧謝尚傳》提到，謝尚爲張遇所敗，被收付廷尉，因褚太后臨朝，爲謝尚的外甥，特令降號爲建威將軍〔註75〕。此次兵敗，謝尚被下廷尉，而後被褚太后所救，這證明謝尚是褚太后的人。

永和 8 年（352）8 月謝尚自枋頭迎回的傳國璽抵達建康〔註76〕，東晉洗脫了白版天子的稱號〔註77〕，東晉開始有了玉璽可用。穆帝有了傳國玉璽可蓋，對褚太后與穆帝來說，聲望會有所增加，因爲玉璽爲正統的所在。之前白版天子時期，畢竟有點名不正、言不順。筆者認爲傳國璽入東晉，對褚太后與後來的穆帝掌政是有幫助的，對於立下此功的舅舅（對穆帝來說則是舅公）謝尚，兩人應該銘記在心。永和 8 年（352）8 月殷浩再度北伐，10 月謝尚遣將領攻克許昌，謝尚因而被徵爲給事中，戍守石頭城〔註78〕。

隔年 10 月殷浩北伐兵敗〔註79〕，12 月以謝尚都督江西、淮南諸軍事，豫州刺史，鎮歷陽〔註80〕。永和 10 年（354）殷浩被免爲庶人〔註81〕。

永和 10 年（354）5 月發生江西流民投降姚襄，導致京城震撼，召謝尚自

〔註71〕《通鑑》，卷 99，穆帝永和 8 年（352），頁 3123。
〔註72〕《通鑑》，卷 99，穆帝永和 8 年（352），頁 3127～3128。
〔註73〕《晉書》，卷 77，〈殷浩傳〉，頁 2045。
〔註74〕《晉書》，卷 77，〈殷浩傳〉，頁 2044～2045。
〔註75〕《晉書》，卷 79，〈謝尚傳〉，頁 2071。
〔註76〕《通鑑》，卷 99，穆帝永和 8 年（352），頁 3129。
〔註77〕《通鑑》，卷 99，穆帝永和 8 年（352），頁 3127。胡三省註。
〔註78〕《通鑑》，卷 99，穆帝永和 8 年（352），頁 3130～3131。
〔註79〕《通鑑》，卷 99，穆帝永和 9 年（353），頁 3135。
〔註80〕《通鑑》，卷 99，穆帝永和 9 年（353），頁 3136。
〔註81〕《通鑑》，卷 99，穆帝永和 10 年（353），頁 3138。

歷陽還衛京城，固江備守〔註82〕。這反映了兩件事，其一、姚襄對東晉已經是威脅了，其二謝尚是朝廷中央唯一能夠信任的武力，不然也不會讓他還戍京城，其三能夠讓褚太后安心的，唯有他的舅舅謝尚。永和11年（355）10月以豫州刺史謝尚督并、冀、幽三州，鎮壽春〔註83〕。永和12年（356）桓溫北伐，8月拜姚襄，入洛陽金墉城，詔謝尚為都督司州諸軍事，鎮洛陽，由於謝尚未至，以毛穆之等人暫守〔註84〕。12月，以王胡之代謝尚鎮洛陽〔註85〕。穆帝升平元年（357）這一年非常重要，因為其一，穆帝親政了，褚太后歸政給穆帝，其二謝尚卒於這年〔註86〕，謝尚的過世，象徵著謝家失去了豫州的控制權，因為後任的謝奕、謝萬都無法掌握豫州。謝萬更因北伐兵敗，被貶為庶民〔註87〕，這發生在穆帝升平3年（359），據謝尚過世僅有2年，故筆者認為謝奕、謝萬無法掌握豫州。

　　謝萬北伐失敗，不僅僅是謝家遭受到重大的打擊，對褚太后與穆帝而言也是一個重大的打擊：

> （升平3年（359））十月，詔謝萬軍下蔡，郗曇軍高平以擊燕。萬矜豪傲物，但以嘯詠自高，未嘗撫眾。兄（謝）安深憂之，謂萬曰：「汝為元帥，宜數接對諸將以悅其心，豈有傲誕如此而能濟事也！」萬乃召集諸將，一無所言，直以如意指四坐云：「諸將皆勁卒。」諸將益恨之。安慮萬不免，乃自隊帥以下，無不親造，厚相親託。既而萬帥眾入渦、潁以援洛陽，郗曇以病退屯彭城。萬以為燕兵大盛，故曇退，即引兵還，眾遂驚潰。萬狼狽單歸，軍士欲因其敗而圖之，以安故而止。既至，詔廢萬為庶人，降曇號建武將軍。於是許昌、潁川、譙、沛諸城相次皆沒於燕〔註88〕。

謝萬兵敗，被免為庶人。對謝家來說則是失去了豫州的勢力，對穆帝與褚太后來說，此次兵敗失去了最後制衡桓溫的機會，穆帝陣營失去了豫州的軍權，僅剩下徐兗的郗曇。謝萬兵敗而不死，筆者以為褚太后與穆帝、謝家應

〔註82〕　《通鑑》，卷99，穆帝永和10年（353），頁3141。
〔註83〕　《通鑑》，卷100，穆帝永和11年（354），頁3150。
〔註84〕　《通鑑》，卷100，穆帝永和12年（356），頁3157。
〔註85〕　《通鑑》，卷100，穆帝永和12年（356），頁3160。
〔註86〕　《晉書》，卷79，〈謝尚傳〉，頁2071。
〔註87〕　《通鑑》，卷100，穆帝升平3年（359），頁3176。
〔註88〕　《通鑑》，卷100，穆帝升平3年（359），頁3176～3177。

該付出很大的努力，不然之前謝尚兵敗都差點免官了，殷浩兵敗被廢爲庶人，謝萬損兵折將，又失去許昌等大片土地，比殷浩的狀況更糟，照理應該比殷浩獲得更重的處分，但僅止於廢爲庶人，足見穆帝與褚太后、謝家的努力。

謝萬是褚太后的從舅，那來談論另外一個從舅謝安。謝安自少年就深受王導器重，揚州刺史庾冰，與吏部尚書范汪先後徵辟謝安，謝安不是拒絕，就是答應後做一個月就辭官〔註89〕。謝安累辟不就，司馬昱就曾說：「安石（謝安）既與人同樂，必不得不與人同憂，召之必至」〔註90〕當時謝萬擔任豫州刺史，然謝安的名望不在謝萬之下，有公輔之望〔註91〕。前面提到謝萬的兵敗，此次兵敗使得謝安開始有仕進的志向，此時謝安已經40歲了〔註92〕。這時候我們分析一下謝安崛起的過程：

> 征西大將軍桓溫請爲司馬，將發新亭，朝士咸送，中丞高崧戲之曰：「卿累違朝旨，高臥東山，諸人每相與言，安石不肯出，將如蒼生何！蒼生今亦將如卿何！」安甚有愧色。既到，溫甚喜，言生平，歡笑竟日。既出，溫問左右：「頗嘗見我有如此客不？」溫後詣安，值其理髮。安性遲緩，久而方罷，使取幘。溫見，留之曰：「令司馬著帽進。」其見重如此……尋除吳興太守。在官無當時譽，去後爲人所思。頃之，徵拜侍中，遷吏部尚書、中護軍。簡文帝疾篤，溫上疏薦安宜受顧命〔註93〕。

桓溫對謝安極爲重視，先是請爲司馬，而後又厚待謝安。簡文帝病危時，桓溫還推薦謝安擔任顧命大臣。

謝安整個仕進的過程，從穆帝升平3年（359）擔任桓溫司馬開始至簡文帝咸安2年（372）擔任顧命大臣，中間僅過13年的時間。中間擔任吳興太守、門下侍中、吏部尚書，前者爲地方太守，後兩者爲朝中的重臣，至於中護軍將軍，爲皇宮的禁衛。筆者以爲正是因爲謝安爲褚太后的從舅，才有這機會擔任禁衛中的中護軍將軍。在本節前段提到，謝萬兵敗，免爲庶人，謝安就馬上將謝家從谷底帶起。從《晉書‧謝安傳》來看好像都是出自桓溫之

〔註89〕《晉書》，卷79，〈謝安傳〉，頁2072。
〔註90〕《晉書》，卷79，〈謝安傳〉，頁2072。
〔註91〕《晉書》，卷79，〈謝安傳〉，頁2073。
〔註92〕《晉書》，卷79，〈謝安傳〉，頁2073。
〔註93〕《晉書》，卷79，〈謝安傳〉，頁2073。

助，但請不要忘記謝安與褚太后的親戚關係。

　　還有桓溫是司馬昱的人，若司馬昱厭惡謝安，桓溫是不可能這麼支持謝安的。若司馬昱欣賞謝安，則桓溫的幫助就會讓謝安更上層樓，因此筆者認爲司馬昱是支持謝安的。司馬昱好清談，曾引韓伯爲談客，韓伯這人清和有思理，留心文藝〔註94〕。張憑這人清言彌日，司馬昱曾召他見面，之後感嘆說：「張憑勃窣爲理窟」〔註95〕。劉惔與王濛同爲司馬昱談客，爲司馬昱所賓禮〔註96〕。司馬昱這人喜歡清談可參看他的談客韓伯、張憑、劉惔這三人。因此謝安也好清談，自然爲司馬昱所喜。在前面有提到司馬昱要徵召謝安，綜上所述，筆者以爲謝安的仕進之快，無非出於褚太后、司馬昱、桓溫三人之助。

　　在桓溫死後，田餘慶關注到，謝安借褚太后之助，力壓荊州的桓沖〔註97〕。謝安與褚太后是親戚，因此兩人關係應該不錯，若關係很僵，則褚太后是不可能幫助謝安，去壓制桓沖的。筆者以爲褚太后幫助謝安是有的，至於幫助有多大就很難說了，只能說最低是不看僧面看佛面，多少幫了謝安一點忙。還有在中護軍將軍的任命上，可以看出端倪，褚太后信任謝安，所以讓他擔任中護軍，且司馬昱、桓溫都沒有反對。從另一個層面來看，謝安的交際手腕也相當高明，可以讓三個高層都信任他。

　　褚太后能幫助謝尚與謝安這兩位舅舅的時間都是在她臨朝稱制這段時間。前者是褚太后親生兒子穆帝年幼時期，爲親政前，亦即穆帝的永和年間。後者爲孝武帝親政前的寧康年間。褚太后的臨朝稱制是暫代皇帝之權，當皇帝親政后就必須歸還，這在本文第四章第一節有所提及。

第二節　跨越朝代的政治延續

　　褚淵在劉宋尚公主，被拜爲駙馬都尉，然他的釋褐官是著作佐郎。在 26 歲以前〔註98〕，歷經太子舍人、太宰參軍、太子洗馬、祕書丞。褚淵在祕書丞任上，因父親之死去職，此時是孝武帝大明四年（460）〔註99〕。褚淵在 26

〔註94〕《晉書》，卷 75，〈韓伯傳〉，頁 1993。
〔註95〕《晉書》，卷 75，〈張憑傳〉，頁 1992。
〔註96〕《晉書》，卷 75，〈劉惔傳〉，頁 1990～1991。
〔註97〕《東晉門閥政治》，頁 203～204。
〔註98〕以褚湛之卒年得知，當時褚淵 26 歲。
〔註99〕《宋書》，卷 52，〈褚湛之傳〉，頁 1506。

歲以前，筆者以爲以太子舍人與太子洗馬兩官歷最爲重要，劉子業是孝武帝的太子，也就是之後的前廢帝，褚淵這兩官歷都沾到了劉子業的邊，理應之後會是劉子業的黨羽，但褚淵卻是劉彧（宋明帝）的黨羽，這在本節將會探討。

褚淵復官後，在 31 歲以前〔註100〕，歷經中書郎、司徒右長史、吏部郎。此時歷經孝武帝晚期與前廢帝時期，褚淵歷經當時的政治環境，作爲一個歷經者的角色。在前廢帝時期的政治中，要特別提到戴法興這人，他掌握著前廢帝朝的朝政，而他本人是恩倖，與褚淵剛好是相反的類型。褚淵出身士族，家裡經濟不錯，家族有很多人尚公主，有幾度掌握朝政，往來的都是僑姓，重視家庭超過國家；戴法興家貧，他爸是賣紵的，而他本人年少時也在山陰市賣葛。戴法興踏入政壇是從孝武帝任江州刺史時，以他的典籤的身分正式踏入，孝武帝起兵後，戴法興一路追隨，是這樣起家的〔註101〕。

戴法興是第一個被記載在恩倖傳的，恩倖這類人〔註102〕：在當時由於施行九品中正制度，導致政治爲士族壟斷，而相對於士族的卑庶，有另外一條從政的道路，也就是恩倖。由於必須依附人君，「恩由倖生，信尤恩固」，對於君主來說這類人，「外無逼主之嫌，內有專用之功」，雙方各取所需。在宋孝武帝與明帝兩朝，由於君主要掌握權力，因此把權力收歸己身，導致「事歸近習」，讓爲君主所用的恩倖分享權力：

> 主威獨運，官置百司，權不外假，而刑政糾雜，理難遍通，耳目所寄，事歸近習。賞罰之要，是謂國權，出內王命，由其掌握，於是方塗結軌，輻湊同奔〔註103〕。

相反的士族，雖爲君主所用，但並不能夠像恩倖一樣，讓君主能夠指揮，可能會受到家族、團體等因素影響，例如褚家在劉宋受到的待遇頗佳，數度能尚公主，但還是反支持蕭齊建國，保家勝於忠君，特別是一姓之君。恩倖對於君主來說是重要的，而戴法興是載於《宋書》史冊的第一人。

戴法興〔註104〕在孝武帝親覽朝政後，因爲是「腹心耳目」〔註105〕，且

〔註100〕《南齊書》，卷23，〈褚淵傳〉，頁425。這是褚淵在宋明帝即位前的任官，宋明帝於泰始元年（465）即位，故推知。

〔註101〕《宋書》，卷94，〈恩倖傳〉，頁2302～2303。

〔註102〕《宋書》，卷94，〈恩倖傳〉，頁2301～2302。

〔註103〕《宋書》，卷94，〈恩倖傳〉，頁2302。

〔註104〕《宋書》，卷94，〈恩倖傳〉，頁2304。

「頗知古今」〔註106〕而受到重用。在前廢帝即位，當時太宰江夏王義恭，為錄尚書事理應掌握朝政，但由於戴法興、巢尚之長期掌權，導致「威行內外」〔註107〕朝臣劉義恭等人「積相畏服，至是懾憚尤甚」〔註108〕。在前廢帝未親政以前，凡「詔敕施為，悉決法興之手」〔註109〕，並專斷尚書省大小事務。在前廢帝年紀漸長後，戴法興「每相禁制」〔註110〕，還常跟前廢帝說：「官所為如此，欲作營陽耶？」〔註111〕前廢帝相當不滿，加上寵信的閹人華願兒，跟他說：

> 外間云宮中有兩天子，官是一人，戴法興是一人。官在深宮中，人物不相接，法興與太宰、顏、柳一體，吸習往來，門客恒有數百，內外士庶，莫不畏服之。法興是孝武左右，復久在宮闈，今將他人作一家，深恐此坐席非復官許〔註112〕。

華願兒的話，點出了戴法興把持朝政，而兩天子之說更是讓前廢帝猜忌。前廢帝要除掉戴法興，拉攏了另一個恩倖巢尚之，最終獲得成功。

褚淵在宋明帝即位後，此時褚淵31歲，加領太子屯騎校尉，沒有接受。褚淵遷為侍中，知東宮事。後轉吏部尚書，不久後加領太子右衞率，但沒接受加領〔註113〕。宋明帝即位後，首先遇到的是子勛之亂，劉子勛是孝武帝的子嗣，而明帝則是文帝的子嗣，這場戰爭的癥結在與兩系的子嗣爭位。益州刺史蕭慧開對將佐的對話可以看出端倪：

> 湘東（明帝），太祖（文帝）之昭；晉安（子勛），世祖（孝武帝）之穆；其於當璧，並無不可。但景和（前廢帝）雖昏，本是世祖之嗣；不任社稷，其次猶多。吾荷世祖之眷，當推奉九江（子勛）〔註114〕。

蕭慧開之言代表著子勛一派的看法，認為前廢帝不好，應該是由孝武帝系子

〔註105〕《宋書》，卷94，〈恩倖傳〉，頁2304。
〔註106〕《宋書》，卷94，〈恩倖傳〉，頁2304。
〔註107〕《宋書》，卷94，〈恩倖傳〉，頁2304。
〔註108〕《宋書》，卷94，〈恩倖傳〉，頁2304。
〔註109〕《宋書》，卷94，〈恩倖傳〉，頁2304。
〔註110〕《宋書》，卷94，〈恩倖傳〉，頁2304。
〔註111〕《宋書》，卷94，〈恩倖傳〉，頁2304。
〔註112〕《宋書》，卷94，〈恩倖傳〉，頁2304。
〔註113〕《南齊書》，卷23，〈褚淵傳〉，頁425。
〔註114〕《通鑑》，卷131，泰始二年（466），頁4096～4097。

嗣中擇一爲君，而不是讓文帝的子孫嗣位。

　　明帝時期，褚淵 30～37 歲這段時間，褚淵擔任了侍中，領右衛將軍，遷散騎常侍，丹陽尹，出爲吳興太守〔註115〕。明帝泰始七年（471）明帝寢疾，因爲太子年幼，所以深忌諸弟，於是先殺劉休祐，又殺劉休仁，最後再因劉休若「和厚，能諧緝物情，恐將來傾奪幼主」〔註116〕，殺之〔註117〕。37 歲的褚淵參與了這件事情，並有所規諫：

> 初，上在藩與褚淵以風素相善；及即位，深相委仗。上寢疾，淵爲吳郡太守，急召之。既至，入見，上流涕曰：「吾近危篤，故召卿，欲使著黃襦耳。」黃襦著，乳母服也。上與淵謀誅建安王休仁，淵以爲不可，上怒曰：「卿癡人！不足與計事！」淵懼而從命。復以淵爲吏部尚書。庚午，以尚書右僕射袁粲爲尚書令，褚淵爲左僕射〔註118〕。

首先我們可以看到褚淵在宋明帝當湘東王時，兩人就關係很好。即位後宋明帝又深相委仗，宋明帝疾篤時，又招褚淵，意圖託孤。但兩人在誅殺劉休仁一事上，產生嚴重的矛盾，明帝因而怒罵褚淵爲「痴人」〔註119〕，最終由褚淵低頭從事而解決。

　　明帝死後，遺詔以褚淵爲中書令、護軍將軍，加散騎常侍，與尚書令袁粲同受顧命，輔佐幼主。褚淵「同心共理庶事，當奢侈之後，務弘儉約，百姓賴之。」〔註120〕。這裡提到的奢侈，是因爲明帝「奢費過度，務爲雕侈」〔註121〕，所有的東西，必正御 30 副，御次、副次又各 30，共一物輒造 90 枚〔註122〕。褚淵在顧命後，力主矯正奢靡之風，即是出於此。

　　阮佃夫是恩倖，明帝初出閣時擔任主衣，前廢帝幽禁明帝時，阮佃夫與王道隆等密謀擁立明帝。阮佃夫等人政變成功後，明帝即位，以阮佃夫爲建城縣侯，食邑八百戶。阮佃夫在子勛之亂中，時爲南臺侍御史，阮佃夫率諸軍北上抵禦薛索兒〔註123〕。王道隆，恩倖，曾爲明帝鎭彭城時的典籤，明帝

〔註115〕《南齊書》，卷 23，〈褚淵傳〉，頁 426。
〔註116〕《通鑑》，卷 133，宋明帝泰始七年（471），頁 4160。
〔註117〕《通鑑》，卷 133，宋明帝泰始七年（471），頁 4157、4159～4160。
〔註118〕《通鑑》，卷 133，宋明帝泰始七年（471），頁 4160。
〔註119〕《通鑑》，卷 133，宋明帝泰始七年（471），頁 4160。
〔註120〕《南齊書》，卷 23，〈褚淵傳〉，頁 426。
〔註121〕《宋書》，卷 8，〈明帝本紀〉，頁 170。
〔註122〕《宋書》，卷 8，〈明帝本紀〉，頁 170。
〔註123〕《宋書》，卷 94，〈阮佃夫傳〉，頁 2312～2314。

即位後擔任南臺侍御史。後以破晉陵之功增加食邑百戶，泰始五年（469）出侍東宮，王道隆這人和謹自保，不妄毀傷人，故寵遇在阮佃夫之上〔註124〕。楊運長，善射箭，故明帝爲皇子時，爲明帝射箭的老師，深爲明帝所信任。楊運長個性質木廉正，不事田宅，不受餉遺，唯與寒人潘智、徐文盛厚善，行事必與兩人商議〔註125〕。

阮佃夫、王道隆、楊運長三人，在明帝、後廢帝朝並執權柄，「亞於人主」〔註126〕。這三人都是明帝的心腹，本身並非出身於士族，而是出身寒素。寒素指士、農、工、商、兵，與其他半自由民等〔註127〕。明帝寵信阮佃夫三人，同時也親善褚淵、袁粲等士族，這裡可以從兩人在明帝死後皆爲顧命，觀之。褚淵在遇到王道隆、阮佃夫用事，對於他們「奸賂公行」，褚淵不能禁止。適逢褚淵遇到母喪，離職守孝，哀毀到面容無法辨認，喪期結束後，褚淵被起復爲中軍將軍〔註128〕。

明帝大漸時，以桂陽王劉休範爲司空，褚淵爲護軍將軍，劉勔爲右僕射，以褚淵、劉勔、尚書令袁粲、荊州刺史蔡興宗、穎州刺史沈攸之、右衛將軍蕭道成等爲顧命〔註129〕，後廢帝即位的執政團隊就這樣確定了。這裡要探討的是桂陽王劉休範，他是文帝第十八子。本身「凡訥，少知解」，所以不受到其他兄長的齒遇。明帝甚至說，他幸爲我弟，所以生下來就富貴的話，足見輕視。故在明帝晚期誅殺兄弟，而得以倖存〔註130〕。

劉休範造反了，可趁之機是後廢帝年幼年僅10歲〔註131〕。《宋書・劉休範傳》所給的造反理由是，素族當權，近習秉政，劉休範認爲自己理應居於宰輔，但卻沒當到。〔註132〕筆者以爲，這理由只是其中一個理由，主要理由還是在於宋明帝。宋明帝搶了侄子的皇位，並且與侄子劉子勛交戰，並獲得勝利。宋明帝無疑給了劉休範一個示範，再說劉子勛會起兵叛亂，也是鄧琬

〔註124〕《宋書》，卷94，〈王道隆傳〉，頁2317。

〔註125〕《宋書》，卷94，〈楊運長傳〉，頁2317～2318。

〔註126〕《宋書》，卷94，〈阮佃夫傳〉，頁2314。

〔註127〕毛漢光，《中國中古社會史論》（台北：聯經出版社，1997年），頁34。

〔註128〕《南齊書》，卷23，〈褚淵傳〉，頁426。

〔註129〕《通鑑》，卷133，宋明帝泰豫元年（472），頁4170。

〔註130〕《宋書》，卷79，〈劉休範傳〉，頁2046。

〔註131〕《宋書》，卷9，〈後廢帝本紀〉，頁187。元徽五年（477），後廢帝被殺，時年十五。所以元徽元年（472），後廢帝僅十歲。

〔註132〕《宋書》，卷79，〈劉休範傳〉，頁2046。

以孝武帝為示範，認為都是第三子，都於尋陽起兵，會獲得勝利。所以說有人帶頭示範，難保後面的人不會追尋。回頭看到《宋書‧劉休範傳》所給的理由，素族指的是褚淵、袁粲，而近習指的是阮佃夫、王道隆等人。

劉休範於元徽二年（473）五月起兵，率眾兩萬，兵發尋陽，晝夜兼行。〔註133〕此時朝廷倉促無準備，得知劉休範起兵後，不到一個晚上，劉休範軍已經抵達新林。朝廷方面以蕭道成屯於新亭壘；劉勔、沈懷明屯於石頭城，褚淵與袁粲、劉秉入衛宮省。〔註134〕褚淵等人的入衛「鎮集眾心」〔註135〕，因為當時非常倉促，來不及分發武器，只能開南北兩座武器庫，讓將士任意取拿。局面對劉休範方大好，然而劉休範卻率領數十人步行至臨滄觀，反被黃回詐降斬殺〔註136〕。

劉休範雖身死，但同黨杜墨蠡、丁文豪、杜耳，在消息遮蔽的狀況下，按照原計畫攻打朱雀門〔註137〕。此時右軍將軍王道隆率領羽林精兵戍守於朱雀門內，又急召劉勔增援。劉勔與王道隆率軍出戰，劉勔甚至率兵渡過朱雀桁，進擊劉休範的部隊。劉勔敗死，劉休範軍在杜黑騾率領下趁勝追擊，斬殺王道隆。此時中外大震，到處傳言「臺城陷落」，白下，石頭的軍隊潰散。張永、沈懷明逃回宮中，回報新亭失陷的消息，太后拉著後廢帝的手說：「天下敗矣」〔註138〕。

在這危及的時刻，褚淵之弟褚澄開東府門接納劉休範的部隊，並擁戴劉休範之子劉準入據東府，此時「宮省怔憂，眾無鬥志」。局面對劉休範部大好，但劉休範的死訊卻在此時傳開，軍心惶惑。朝廷方面，蕭道成率陳顯達、張敬兒等入衛宮省，袁粲甚至慷慨激勵眾將：「今寇賊已逼而眾情離沮，孤子受先帝付託，不能綏靖國家，請與諸君同死社稷」，披甲上陣。雙方激戰於杜姥宅，在激戰中，陳顯達還被射瞎一目，足見戰況激烈，張敬兒率軍斬殺杜黑騾與丁文豪，進而平定東府叛軍〔註139〕。

褚淵在這場戰亂中，是堅定不移的站在朝廷一方，雖其列傳僅書他入衛

〔註133〕《宋書》，卷79，〈劉休範傳〉，頁2046～2047。

〔註134〕《宋書》，卷79，〈劉休範傳〉，頁2050～2051。

〔註135〕《南齊書》，卷23，〈褚淵傳〉，頁426。

〔註136〕《宋書》，卷79，〈劉休範傳〉，頁2051。

〔註137〕《宋書》，卷79，〈劉休範傳〉，頁2051。

〔註138〕《通鑑》，卷133，後廢帝元徽二年（474），頁4179～4180。

〔註139〕《通鑑》，卷133，後廢帝元徽二年（474），頁4181～4182。

宮省。筆者以爲褚淵在此亂中必有所貢獻，理由是褚澄開門納叛軍投降，事後還能被拔擢爲吳郡太守〔註140〕。若褚淵沒有貢獻，怎麼能保住褚澄。再者，褚淵在此亂平定後，與袁粲、劉秉、蕭道成並爲四貴〔註141〕。若褚淵投向或傾向叛軍，何以能在亂後得以保持權位？至於褚澄的開門納叛軍，筆者以爲是兩手手段，一方面褚淵保朝廷，另一方面，褚澄接納叛軍，若叛軍方得勝，褚家仍能保住權勢。這可看任遐對褚淵的評價：「惜身保妻子」〔註142〕。褚淵是一個重視自身與家庭的人，可以推測褚家應有重視家庭的思想，在這前提下，爲了保家兒有兩手手段是有可能的，故筆者以此做爲間接證據。

　　褚淵對蕭道成的關注，在《南齊書‧褚淵傳》的記載，最早是在褚淵任丹陽尹與吳興太守時期，應是褚淵37歲以前〔註143〕：

　　（褚）淵初爲丹陽，與從弟炤同載出，道逢太祖（蕭道成），淵舉手指太祖車謂炤曰：「此非常人也。」出爲吳興，太祖餉物別，淵又謂之曰：「此人材貌非常，將來不可測也。」及顧命之際，引太祖豫焉〔註144〕。

褚淵任吳興太守時，蕭道成贈送東西鑑餞別。宋明帝臨終時，褚淵拉蕭道成進來成爲顧命大臣，可見兩人早有往來。

　　後廢帝一朝，在平定桂陽王劉休範之後，朝政上有四貴分別是蕭道成、褚淵、袁粲、劉秉〔註145〕。在四貴中，蕭道成與褚淵一組，袁粲、劉秉是一組〔註146〕。後廢帝對蕭道成不滿，曾磨著武器說：「明日殺蕭道成！」陳太妃罵他：「蕭道成有功於國，若害之，誰復爲汝盡力邪！」〔註147〕，蕭道成相當憂懼，所以與褚淵、袁粲密謀廢帝。袁粲說：「主上幼年微過易改，伊、霍之事，非季代所行，縱使功成，亦終無全地。」褚淵默然不語，實則已歸心蕭道成〔註148〕。此時紀僧眞又勸說蕭道成行廢立，於是蕭道成讓王敬則負責發

〔註140〕《通鑑》，卷133，後廢帝元徽二年（474），頁4184。
〔註141〕《通鑑》，卷133，後廢帝元徽二年（474），頁4182。
〔註142〕《通鑑》，卷134，順帝昇明二年（478），頁4218。
〔註143〕前節提到褚淵在明帝泰始七年（471），被任命爲吏部尚書，後遷爲尚書右僕射。在此之前，褚淵任丹陽尹，後轉吳興太守，歷任此二官。
〔註144〕《南齊書》，卷23，〈褚淵傳〉，頁426。
〔註145〕《通鑑》，卷133，後廢帝元徽二年（474），頁4182。
〔註146〕《通鑑》，卷134，順帝昇明元年（477），頁4199。
〔註147〕《通鑑》，卷134，順帝昇明元年（477），頁4194～4195。
〔註148〕《南齊書》，卷23，〈褚淵傳〉，頁428。

動政變，殺了後廢帝〔註149〕。

《通鑑》敘述了是弒君後，蕭道成等的開會情形〔註150〕：王敬則弒君後，蕭道成入宮，以太后令召集了袁粲、褚淵、劉秉，一同開會。蕭道成對劉秉說：「此使君家事，何以斷之？」劉秉默不回答。蕭道成須髯盡張，目光如電的看著劉秉。劉秉才說：「尚書眾事，可以見付；軍旅處分，一委領軍（蕭道成）。」蕭道成讓給袁粲，袁粲不敢當。此時王敬則拔出武器，在牀側跳躍的說：「天下事皆應關蕭公！敢有開一言者，血染敬則刀！」，說完拿白紗帽戴在蕭道成頭上，要讓蕭道成即位。王敬則說：「今日誰敢復動！事須及熱！」，蕭道成笑著說：「卿都自不解！」。袁粲想說話被王敬則制止。此時褚淵說：「非蕭公無以了此。」手取事授道成。蕭道成回答說：「相與不肯，我安得辭！」〔註151〕乃下議，備法駕詣東城，迎立安成王為順帝。由於長刀遮袁粲、劉秉，導致兩人失色而去。

蕭道成擁立順帝即位，褚淵所扮演的是讓權給蕭道成的角色，袁粲與劉秉兩人則是被壓制的那一方。順帝即位後，以蕭道成為司空、錄尚書事、驃騎大將軍；將袁粲遷中書監；褚淵加開府儀同三司；劉秉遷尚書令，加中領軍。蕭道成兼總軍國，「布置心膂，與奪自專」，褚淵素相憑附，秉與袁粲閣手仰成矣。〔註152〕

蕭道成掌大權後，袁粲密謀誅殺蕭道成失敗，他與劉秉兩人皆身死，此事在前節中有敘述過了，此不再贅述。順帝昇明元年（477）十一月，荊州刺史沈攸之反，昇明二年（478）沈攸之兵敗身死於郢州〔註153〕。

沈攸之的起事失敗後，劉宋再無可以對抗蕭道成的人，大權若入蕭道成手中，篡位也只是時間的問題。順帝昇明三年（479），四月，宋順帝禪位給蕭道成，45 歲的褚淵的作為是支持禪代，以《通鑑》所述：褚淵奉著皇帝的璽綬，帥領百官詣見蕭道成勸進；王（蕭道成）辭讓不受，四月甲午，蕭道成於南郊即位，褚淵以此功為司徒〔註154〕。褚淵歷經了劉宋到蕭齊，由於褚

〔註149〕《通鑑》，卷134，順帝昇明元年（477），頁4195～4196、4197。
〔註150〕《通鑑》，卷134，順帝昇明元年（477），頁4197～4198。
〔註151〕《南齊書》，卷23，〈褚淵傳〉，頁428。〈褚淵〉傳中僅書褚淵將書授蕭道成，無前後，所以這邊使用《通鑑》的文本。
〔註152〕《通鑑》，卷134，順帝昇明元年（477），頁4199。
〔註153〕《南齊書》，卷1，〈齊高帝本紀〉，頁11、13。
〔註154〕《通鑑》，卷135，齊高帝建元元年（479），頁4225。

淵支持蕭道成，成功的將褚家由劉宋帶到蕭齊。在朝代易代之際，很容易有家族因此落馬，就好比袁粲所屬的袁家，因爲不支持蕭道成，只有袁彖進入了蕭齊仕官〔註155〕。筆者以爲褚淵的思想是重家庭甚於重視國家，家族是士族延續政治勢力的憑藉，有家族在，朝代更替仍能掌握權勢，所以這是重家庭的觀念。相對而言是重視國家，終於國家的概念，這裡的代表人物是袁粲，袁粲忠於劉宋的觀念，甚於重視家庭，所以他與他的兒子同爲劉宋殉國。

關於褚淵支持禪代一事，並不未獲得褚家人的認同，其弟褚炤從對褚淵之子褚賁的對話：

> 褚淵從弟前安成太守炤謂淵子賁曰：「司空今日何在？」賁曰：「奉璽綬在齊大司馬門。」炤曰：「不知汝家司空將一家物與一家，亦復何謂！」〔註156〕。

褚炤對於褚淵協助蕭道成篡位一事，極爲不滿。還在褚淵的宴會上感嘆：

> 褚炤歎曰：「彥回少立名行，何意披猖至此！門戶不幸，乃復有今日之拜。使彥回作中書郎而死，不當爲一名士邪！名德不昌，乃復有期頤之壽！」〔註157〕。

褚炤感嘆若褚淵早死則爲名士，現在卻聲名俱毀。褚炤的感嘆，讓褚淵固辭司徒不拜，其子褚賁甚至讓封爵給其弟褚蓁，理由是恨褚淵失節於宋室，並且終身不復仕官〔註158〕。

褚淵的行爲，也導致被劉祥所諷刺：

> 司徒褚淵入朝，以腰扇鄣日，（劉）祥從側過，曰：「作如此舉止，羞面見人，扇鄣何益？」淵曰：「寒士不遜。」祥曰：「不能殺袁、劉，安得免寒士？」〔註159〕。

劉祥對於褚淵的支持禪代的行爲相當不滿，還撰寫《宋書》，譏斥禪代，被尚書令王儉密報給齊高帝。褚淵除了被朝臣們諷刺以外，還有輕薄之人，以褚淵的名節譏諷，還以褚淵眼睛的眼白過多，虧爲「白虹貫日」，這是宋室滅亡的象徵。

〔註155〕翻閱《南齊書》，僅袁彖有列傳，故筆者以爲袁家在蕭齊不如劉宋順遂，屬於失勢家族。
〔註156〕《通鑑》，卷135，齊高帝建元元年（479），頁4225。
〔註157〕《通鑑》，卷135，齊高帝建元元年（479），頁4225。
〔註158〕《南齊書》，卷23，〈褚賁傳〉，頁432。
〔註159〕《南齊書》，卷36，〈劉祥傳〉，頁639。

褚淵於齊高帝建元四年（482）七月癸卯日卒〔註160〕，享年 48 歲〔註161〕。齊高帝蕭道成也於該年的三月壬戌日崩於臨光殿，享年 56 歲〔註162〕。褚淵的後半生，可說是與蕭道成息息相關，兩人同年過世，也算是一種君臣相和。

褚淵這人：「美儀貌，善容止，俯仰進退，咸有風則」，所以遇到了朝會，於朝堂之上，眾人莫不「延首目送之」。宋明帝還嘆說：「褚淵能遲行緩步，便持此得宰相矣。」褚淵本人「涉獵談議，善彈琵琶」。個性「雅有器度，不妄舉動」，家裡曾發生火災，濃煙進逼，左右驚擾不已，而褚淵神色怡然，呼人準備車轝，徐徐離去〔註163〕。

褚淵是從劉宋過渡到蕭齊的人物，袁粲與褚淵同期，但卻結束在劉宋時期，未能進入新的王朝。在下來我們要從《宋書》與《南齊書》中，找出，劉宋的統治集團在轉變為蕭齊的統治集團中，延續與消失的兩個部分。因為統治集團會不斷的改組與重組，新的統治集團包含了舊有的部分統治集團（舊血）與新加入的集團（新血），那我們所要探討的正是舊血部分。

在《宋書》中有袁粲、王蘊、劉秉、沈攸之、黃回五人。這五人的共通點是反對蕭道成，或著是被蕭道成除去的。袁粲在前面有提到他，這裡講一下他忠於宋朝，《宋書》的史臣對他的評價：「闢運創基，非機變無以通其務，世之繼體，非忠貞無以守其業」，還提到「袁粲之死，與王經被旌於晉世同美」〔註164〕。史臣讚許袁粲的忠貞，並以其與王經並列。王經效忠於曹魏的高貴鄉公，當時高貴鄉公想要發動政變，因此與侍中王沈、散騎常侍王業、尚書王經同謀，結果王沈、王業密報給司馬昭，司馬昭因而取得政變的勝利，勝利後，以王經「貳於我也」而將其殺害〔註165〕。

裴子野對於袁粲的看法極為苛刻，行為僅止是匹夫之節：

> 裴子野論曰：袁景倩，民望國華，受付託之重；智不足以除姦，權不足以處變，蕭條散落，危而不扶。及九鼎既輕，三才將換，區區斗城之裏，出萬死而不辭，蓋蹈匹夫之節而無棟梁之具矣！〔註166〕

〔註160〕《通鑑》，卷 135，齊高帝建元 4 年（482），頁 4249。
〔註161〕《南齊書》，卷 23，〈褚淵傳〉，頁 430。
〔註162〕《南齊書》，卷 2，〈齊高帝本紀〉，頁 38。
〔註163〕《南齊書》，卷 23，〈褚淵傳〉，頁 429。
〔註164〕《宋書》，卷 89，〈袁粲傳〉，頁 2234。
〔註165〕《晉書》，卷 2，〈文帝本紀〉，頁 36。
〔註166〕《通鑑》，卷 134，宋順帝昇明元年（477），頁 4208。

裴子野主要抨擊的點在於袁粲不能夠機變，無法維護宋氏江山，屬於愚忠。裴子野屬於河東裴氏，起家齊武陵王國左常侍，梁武帝時被任命爲安成王參軍，開始在梁朝仕宦〔註167〕。裴子野歷經齊梁之際，仕於二朝，因此裴子野的觀點與褚淵較爲親近，同屬機變之臣，所以大力抨擊袁粲的能力，而《宋書》的史臣，則是看中於袁粲的行爲，因此出現兩種不同的見解。

第三節　「侯景之亂」前後褚家的政治延續

一、「侯景之亂」前的褚家

褚球年七十，未載生年於梁武帝時卒。褚球在梁武帝中大同元年（546）時被任命爲江夏太守等官，在此之後到致仕之前都還有任官〔註168〕，所以不可能卒於該年，所以以梁武帝最後一年的梁武帝太清三年（549）作爲底線往前推測。在這前提下，以 70 歲的卒年反推得知，褚球約略生於齊高帝建元元年（479），蕭衍建梁時，褚球約 23 歲。褚球在齊末起家仕官，擔任征虜行參軍事，不久就被署爲法曹，遷官右軍曲江公主簿，後出爲溧陽令，在齊最終任平西主簿〔註169〕。由前述官歷可知，褚球在齊末歷任中低層的官員，開啓官宦生涯。

梁武帝在天監元年（502）建梁，由於梁武帝一朝有 47 年，所以褚球的主要官歷都在此時。褚球在梁初任太子洗馬，這是屬於太子的東宮官。遷散騎常侍，兼中書通事舍人。在此官之後，出外爲建康令，此時適逢母親過世，去職回家。服喪完畢後，回朝任北中郎諮議參軍，不久後遷爲中書郎，兼中書通事舍人。又遷雲騎將軍，兼廷尉、光祿卿等如故。褚球升爲御史中丞，因褚球這人性「公強，無所屈撓」，故在御史台一職頗爲稱職〔註170〕。這段是褚球從梁武帝天監元年至普通四年（502～523）這 21 年的官歷，褚球此時約23 至 44 歲時期。

褚球 44 歲，梁武帝普通 4 年（523）轉任北中郎長史、南蘭陵太守。回朝後，任通直散騎常侍，領羽林監。褚球 47 歲，普通 7 年（526）遷爲太府

〔註167〕《梁書》，卷30，〈裴子野傳〉，頁441。
〔註168〕《梁書》，卷41，〈褚球傳〉，頁590。
〔註169〕《梁書》，卷41，〈褚球傳〉，頁590。
〔註170〕《梁書》，卷41，〈褚球傳〉，頁590。

卿，不久後遷爲都官尙書。褚球 67 歲時，中大同元年（546）遷爲臨川王長史，兼江夏太守，但褚球以身體有疾爲由，拒不受官。因此改任光祿大夫，但還未拜官，就復任太府卿，領步兵校尉。不久後遷通直散騎常侍、祕書監，領著作。再遷司徒左長史。

此時褚球是自魏孫禮、晉荀組之後，「以台佐加貂」著。褚球官歷的尾聲，再出爲貞威將軍輕車河東王長史、南蘭陵太守。不久後回朝任爲散騎常侍，領步兵校尉。此時褚球約 70 歲左右，上表請求致仕，但梁武帝不許。並遷官光祿大夫，加給事中，褚球最後卒於此官任上〔註171〕。

褚翔最早爲國子生，舉高第。因其父褚向在中大通 2 年（586）過世，故褚翔丁父憂，服闋後，祕書郎起家，累遷太子舍人、宣城王主簿。中大通 5 年（533），時年 29 歲〔註172〕的褚翔有了個表現的機會。梁武帝宴請群臣於樂遊苑，爲了助興，命王訓與褚翔分別做二十韻詩，並且限時要在三刻（45 分鐘）內作完。褚翔在剛坐下就立刻寫完上奏，讓梁武帝感到驚奇，因而任命褚翔爲宣城王文學，不久遷爲宣城王友〔註173〕。宣城王是蕭大器，梁簡文帝蕭綱的太子，梁武帝中大通 4 年（532）受封宣城王〔註174〕。褚翔受封爲宣城王文學與宣城王友時，因爲蕭綱的身分，比其他諸王的兩個官職高兩等，當時人都以褚翔這兩個官職爲美〔註175〕。

褚翔 29 歲至 44 歲的官歷如下：褚翔在宣城王友之後，遷官爲義興太守，頗有佳績。褚翔在任潔身自愛，並省去對百姓的繁苛、浮費，讓百姓能夠安居樂業，更傳奇的是郡中有古老的枯樹，因褚翔到來而重生枝葉，由此可以看見百姓對褚翔的擁戴，褚翔在離郡之時，百姓扶老攜幼，追送至境外，並「涕泣拜辭」，若不是已獲任命爲吏部侍郎，恐怕百姓還要再請留任〔註176〕。褚翔在義興太守的政績雖有些浮誇，但可見義興百姓的推崇與敬愛。

褚翔在吏部侍郎分上，以「平允」著稱。在朝中因此遷官爲侍中，不久右轉爲散騎常侍，領羽林監，侍奉東宮〔註177〕。當時的東宮太子爲蕭綱，褚

〔註171〕《梁書》，卷41，〈褚球傳〉，頁 590。
〔註172〕《梁書》，卷41，〈褚翔傳〉，頁 586。以褚翔於太清 2 年（548）卒年反推得知。
〔註173〕《梁書》，卷41，〈褚翔傳〉，頁 586。
〔註174〕《梁書》，卷8，〈蕭大器傳〉，頁 172。
〔註175〕《梁書》，卷41，〈褚翔傳〉，頁 586。
〔註176〕《梁書》，卷41，〈褚翔傳〉，頁 586。
〔註177〕《梁書》，卷41，〈褚翔傳〉，頁 586。

翔此官可以說是同時服侍了蕭綱與蕭大器父子。筆者以爲褚翔與蕭綱、蕭大器父子的關係可以算是較爲親近。

褚翔外任晉陵太守，但在任上未做滿任期，就因公事被免官〔註178〕。筆者以爲這可以算是褚翔的一大挫折。褚翔再度復官，爲散騎常侍，侍東宮〔註179〕。筆者以爲褚翔的再度起復，可能助力有二，其一爲太子蕭綱，其二爲表叔謝舉。褚翔的復官，在44歲，也就是太清二年（548），褚翔拜受了人生最終的官歷——吏部尚書。侯景之亂，由於侯景包圍京城，褚翔死於包圍之內〔註180〕。褚翔的死，結束了褚家在梁朝的政治地位，再下來就要等到陳朝時的褚玠，再度延續褚家的政治生命。

褚翔與朝臣的交流，可以看到一個案例，可以讓我們檢視一下：

> 時有魏郡申英好危言高論，以忤權右，常指（朱）异門曰：「此中輻輳，皆以利往，能不至著，惟有大小王東陽。」小東陽，即承弟稺也。當時惟承兄弟及褚翔不至异門，時以此稱之〔註181〕。

當時人皆前往謁見朱异，只有王承兄弟與褚翔不去，而被當時的人稱讚。大小王東陽，指的是王承兄弟，王承是瑯琊王氏，王儉的曾孫〔註182〕，也是王暕之子〔註183〕。王儉與褚淵一起協助蕭道成建齊，並擔任太尉等高官，在前章也探討到王儉曾幫褚淵寫墓誌，兩人又是政治夥伴，關係可謂親密。王暕，在梁曾擔任過尚書僕射〔註184〕等官，可謂是位高權重。王承兄弟，其一、出身瑯琊王氏，是高門，其二、父祖官位都極高，政治勢力雄厚。褚翔出身褚家，雖非王謝高門，但也算士族中較高的位置，所以褚翔與王承兄弟，不需要爲了名利，去走權臣朱异的門路。同時這也可以算是高門與寒素間的隔閡。

朱异就是個寒素，唐長孺也是這麼認爲〔註185〕。以唐長孺之文爲線索，回頭檢視史料。朱异曾說：「我寒士也，遭逢以至今日。諸貴皆恃枯骨見輕，

〔註178〕《梁書》，卷41，〈褚翔傳〉，頁586。
〔註179〕《梁書》，卷41，〈褚翔傳〉，頁586。
〔註180〕《梁書》，卷41，〈褚翔傳〉，頁586。
〔註181〕《梁書》，卷41，〈王承傳〉，頁585。
〔註182〕《梁書》，卷21，〈王暕傳〉，頁321。
〔註183〕《梁書》，卷41，〈王承傳〉，頁585。
〔註184〕《梁書》，卷21，〈王暕傳〉，頁322。
〔註185〕唐長孺，〈南朝寒人的興起〉，《魏晉南北朝史論叢續編》，北京：三聯書店，1973年，頁109。

我下之，則爲蔑尤甚。我是以先之。」〔註186〕南朝陳的徐陵曾提到：「若問梁朝朱領軍异亦爲卿相，此不踰其本分邪？此是天子所拔，非關選序。」〔註187〕徐陵否認朱异爲卿相，所以朱异非高門士族，是寒素。朱异雖爲寒素但因擅長揣摩上意而受寵：

> （朱）异居權要三十餘年，善窺人主意曲，能阿諛以承上旨，故特被寵任。歷官自員外常侍至侍中，四官皆珥貂，自右衛率至領軍，四職並驅鹵簿，近代未之有也〔註188〕。

在梁武帝一朝47年中，朱异掌握朝政30餘年，深獲梁武帝寵信。

朱异生於齊高帝建元4年（482）〔註189〕，21歲時擔任揚州議曹從事史，當時舊制是25歲才能釋褐〔註190〕當官。五經博士明山賓推薦給梁武帝，梁武帝命其講《孝經》與《周易義》，由於朱异講得很好，讓梁武帝極爲讚許。召朱异入直西省，不久又兼太學博士。該年梁武帝講《孝經》，朱异是執讀。朱异遷尚書儀曹郎，入兼中書通事舍人，累遷鴻臚卿，太子右衛率，尋加員外常侍〔註191〕。

梁武帝普通5年（524），當時北魏的元法僧歸降，梁武帝讓42歲的朱异去節度元法僧的部隊。中大通元年（529）47歲的朱异遷爲散騎常侍。朱异處理政事，從落紙到下筆書寫，頃刻間便可完成，所以繁雜的「諸事便了」，因而深受梁武帝重用：

> 自周捨卒後，（朱）异代掌機謀，方鎮改換，朝儀國典，詔誥敕書，並兼掌之。每四方表疏，當局簿領，諮詢詳斷，填委於前，异屬辭落紙，覽事下議，從橫敏贍，不暫停筆，頃刻之間，諸事便了〔註192〕。

朱异也因而掌握了梁武帝的政令所出，並幫其接納四方意見。

大同4年（538）56歲的朱异掌握禁軍，擔任右衛將軍。60歲的朱异又加侍中之職。梁武帝太清元年（547）65歲的朱异遷左衛將軍、領步兵校尉。太清二年（548）66歲的朱异遷爲中領軍〔註193〕。這一年侯景造反，梁

〔註186〕《南史》，卷62，〈朱异傳〉，頁1516。
〔註187〕《陳書》，卷26，〈徐陵傳〉，頁333。
〔註188〕《梁書》，卷38，〈朱异傳〉，頁540。
〔註189〕《梁書》，卷38，〈朱异傳〉，頁539。以卒年反推得知。
〔註190〕《梁書》，卷38，〈朱异傳〉，頁537。
〔註191〕《梁書》，卷38，〈朱异傳〉，頁537～538。
〔註192〕《梁書》，卷38，〈朱异傳〉，頁538。
〔註193〕《梁書》，卷38，〈朱异傳〉，頁538。

武帝有意接納，朱异揣摩上意，支持梁武帝的政策。這件事受到了謝舉的反對〔註194〕，何敬容在對侯景一事上，也保持警惕，還說了侯景若死，是國家之幸。這何敬容也是梁武帝一朝晚期的宰相，最後與謝舉、褚翔同死於侯景之圍之中〔註195〕。侯景一事兩個宰相都反對，只有朱异支持梁武帝，接納侯景。

　　侯景最後造反，打的旗號就是要誅殺朱异。此事是因為朱异接受了侯景的賄賂，但是不幫忙阻止往東魏議和的使著。在侯景謀反之時，壓下侯景造反的事實〔註196〕。太子蕭綱對朱异也是極為不滿：

　　（朱）异之方倖，在朝莫不側目，雖皇太子亦不能平。至是城內咸尤异，簡文為四言愍亂詩曰：「愍彼阪田，嗟斯氛霧。謀之不臧，褻我王度。」又製圍城賦，末章云：「彼高冠及厚履，並鼎食而乘肥。升紫霄之丹地，排玉殿之金扉。陳謀謨之啓沃，宣政刑之福威。四郊以之多壘，萬邦以之未綏。問豺狼其何著？訪虺蜴之為誰？」並以指异。又帝登南樓望賊，顧謂异曰：「四郊多壘，誰之罪歟？」异流汗不能對。慚憤發病卒，時年六十七〔註197〕。

太子蕭綱與城內的人，都認為侯景造反，朱异是元兇。蕭綱還寫詩作賦諷刺朱异。其實朱异代表的是梁武帝的意思，蕭綱在反對朱异，實際上是在對梁武帝表達不滿。其次，朱异是中領軍，掌握著皇城的守軍，朱异一死，實際上禁軍就脫離了梁武帝的控制。朱异之死，筆者以為蕭綱是最大的受益者。

　　太子蕭綱反對接納侯景，謝舉、何敬容也反對，支持接納侯景的是朱异。那褚翔的政治立場，筆者以為是反對接納侯景。因為太子蕭綱與謝舉，都是褚翔的貴人，在褚翔復起一事上都可能有所幫忙。還有當時所有人都去朱异的門下活動，只有王承兄弟，與褚翔不去，這證實了褚翔不但不屬於朱异一派，極有可能是政見相左。因為王承兄弟、謝舉、何敬容、褚翔這四人都出於高門士族，與寒素的朱异不可能屬於同個政治集團。綜上所述，褚翔應該是反對接納侯景。

〔註194〕《梁書》，卷38，〈朱异傳〉，頁539。
〔註195〕《梁書》，卷37，〈何敬容傳〉，頁532～534。
〔註196〕《南史》，卷62，〈朱异傳〉，頁1517～1518。
〔註197〕《南史》，卷62，〈朱异傳〉，頁1518。

二、「侯景之亂」後褚家的政治延續

褚玠歷經了「侯景之亂」，歷經了梁末的混亂，直至陳文帝才開啓仕宦生涯，重要官歷大多在陳宣帝一朝。褚玠是褚家跨越了梁至陳的人物，而其子褚亮則是從陳跨隋至唐的人物。本節主要探討褚玠。

再談到褚玠以前，先談一下南朝陳。陳寅恪提到，陳朝要是以土豪洞主爲主力，與宋、齊、梁依靠南渡的北人不同。這些土豪洞主興起，是侯景之亂的影響之一，他們的方式有二，其一、率兵入援建康，因而坐擁大兵，其次、聚集群眾，利用當地郡主勤王的機會，合法或非法取代其位。侯安都等人都是這樣興起的，這侯安都疑似是俚族，而徐世譜則出自巴族，其他熊曇朗等爲溪人〔註198〕。陳寅恪認爲在陳朝是土著豪族所建立的政權〔註199〕。

呂春盛認爲在陳朝，吳姓雖取代了僑姓的地位，僑姓本身仍有一定地位，反觀新興的土豪酋帥，卻備受壓抑。陳朝同時又是各股勢力糾合重建的政權，例如侯安都是俚人又是土豪，在陳朝的建立有極重要的貢獻，同時也是陳霸先在京口時期，唯一留在身邊的土豪酋帥，然最終因爲恃寵而驕，被繼任的陳蒨賜死〔註200〕。侯安都是研究褚玠的重要敲門磚，所以筆者在陳、呂二人的著作中，特別關注這人的描述。

褚玠這人「剛毅有膽決，兼善騎射」〔註201〕，曾跟著司空侯安都一起在徐州出獵，遇到猛獸，褚玠引弓射之，再發皆中口入腹，不久就射斃猛獸〔註202〕。褚玠文武雙全，武功方面善齊射，文的方面，褚玠畢生所寫章奏雜文兩百多篇，皆切事理，見重於當時〔註203〕。褚玠本身在《陳書》中，也被歸類在〈文學〉卷中。褚玠主要也是以「文」之地位獲載正史，而非政治表現獲載。

褚玠生於梁武帝大通二年（528）〔註204〕少孤，從 9 歲開始，也就是梁

〔註198〕陳寅恪，〈魏書司馬叡傳江東民族條釋證及推論〉，《金明館叢稿初編》，北京：三聯書店，2001 年，頁 107、113～114、117。

〔註199〕萬繩楠整理，《陳寅恪魏晉南北朝史講演錄》，台北：雲龍出版社，2002 年，頁 241～242。

〔註200〕呂春盛，《陳朝的政治結構與族群問題》，台北：稻鄉出版社，2001 年，頁 19、115、122、135～136。

〔註201〕《陳書》，卷 34，〈褚玠傳〉，頁 461。

〔註202〕《陳書》，卷 34，〈褚玠傳〉，頁 461。

〔註203〕《陳書》，卷 34，〈褚玠傳〉，頁 461。

〔註204〕《陳書》，卷 34，〈褚玠傳〉，頁 461。以卒年 52 反推得知。

武帝大同 3 年（549）起爲叔父所養。梁武帝太清 2 年（548），20 歲的褚玠歷經了「侯景之亂」，又知道褚翔死於該亂之中。當然筆者以爲褚玠應該當時不在京城，否則難逃「侯景之亂」的毒手。元帝承聖 2 年（553），25 歲 [註205] 任王府法曹，又遷王府法曹，再遷外兵記室 [註206]。天嘉元年（560）王琳被平定 [註207]，侯安都在這時起，開始招聚文武之士，讓他們射馭馳騁，或讓他們做詩賦，其中文士就包含褚玠 [註208]。褚玠除了文方面的表現，在武方面也有所表現，曾隨侯安都打獵，射死猛獸 [註209]，此時約褚玠 32 歲左右。

　　天嘉中，褚玠約 36 歲，兼任通直散騎常侍，以此官前往北齊，進行交聘的動作。北齊與陳交聘，發生在天嘉 3、5、6 這三年（562、564、565）[註210]，其中天嘉 5 年（564）5 月跟 12 月北齊使者兩次來聘，其餘都是一年一聘。筆者以爲褚玠可能是該年前往北齊交聘，所以北齊才會第二次遣使來聘。褚玠因爲交聘，遷官爲桂陽王友，再遷太子庶子、中書侍郎 [註211]，開始踏入陳朝廷的中央。

　　太建中（575～576），褚玠約 47～48 歲之間，被任命爲山陰令，這任命是受到蔡景歷的推薦：

> 山陰縣多豪猾，前後令皆以贓汙免，高宗患之，謂中書舍人蔡景歷曰：「稽陰大邑，久無良宰，卿文士之內，試思其人。」景歷進曰：「褚玠廉儉有幹用，未審堪其選不？」高宗曰：「甚善，卿言與朕意同。」乃除戎昭將軍、山陰令。縣民張次的、王休達等與諸猾吏賄賂通姦，全丁大戶，類多隱沒。玠乃鑷次的等，具狀啓臺，高宗手勅慰勞，并遣使助玠搜括，所出軍民八百餘戶 [註212]。

這是因爲當時山陰縣發生了問題，前後任的縣令都因爲貪汙被罷免，因此當時的高宗陳宣帝非常介意，再跟中書舍人蔡景歷討論人選。蔡景歷以褚玠「廉

〔註205〕《梁書》，卷38，〈朱异傳〉，頁 537。舊制以 25 歲釋褐，所以以此推斷褚玠最早仕官爲 25 歲。

〔註206〕《陳書》，卷34，〈褚玠傳〉，頁 460。

〔註207〕《陳書》，卷3，〈陳文帝本紀〉，頁 48。

〔註208〕《陳書》，卷8，〈侯安都傳〉，頁 147。

〔註209〕《陳書》，卷34，〈褚玠傳〉，頁 461。

〔註210〕《陳書》，卷3，〈陳文帝本紀〉，頁 55、57～59。

〔註211〕《陳書》，卷34，〈褚玠傳〉，頁 460。

〔註212〕《陳書》，卷34，〈褚玠傳〉，頁 460。

儉有幹用」推薦之。當時山陰縣發生有縣民賄賂當地的吏，隱沒戶口，褚玠到任後，括戶括出了被地方豪強所隱匿的 800 餘戶。這些戶口都是地方收稅的依據，褚玠的行為有功於朝廷。

然而褚玠在山陰令任上，並不是非常平順地渡過，還發生了事情，去官留在山陰縣境內：

> 時舍人曹義達為高宗所寵，縣民陳信家富於財，諂事義達，信父顯文恃勢橫暴。（褚）玠乃遣使執顯文，鞭之一百，於是吏民股慄，莫敢犯著。信後因義達譖玠，竟坐免官。玠在任歲餘，守祿俸而已，去官之日，不堪自致，因留縣境，種蔬菜以自給。或嗤玠以非百里之才，玠答曰：「吾委輸課最，不後列城，除殘去暴，姦吏局蹐。若謂其不能自潤脂膏，則如來命。以為不達從政，吾未服也。」時人以為信然。〔註213〕

褚玠因陳高宗寵信曹義達的毀謗而被免官。

褚玠之後，在皇太子的幫助下，先受贈粟米 200 斛充作旅費，回朝後更被推薦入直殿省〔註214〕。回頭檢視褚玠任山陰縣令前後之事。首先，推薦者是蔡景歷，其次，在宣帝心中，信任曹義達勝過褚玠，所以才會罷免褚玠，其三、真正欣賞褚玠的人是皇太子，皇太子是陳後主〔註215〕。太建 10 年（578）50 歲的褚玠被任命為電威將軍〔註216〕、仁威淮南王長史，不久以此官掌東宮管記。太建 12 年（580），褚玠 52 歲，卒於御史中丞任上。褚玠基本上賞識他的人是陳後主，褚玠的起復是陳後主之功，褚玠 50 歲被任命掌東宮事，也是出自陳後主的安排。呂春盛也以為褚玠的起復是陳後主愛惜人才的表現，是善政〔註217〕。

以上是褚家的表現，那瑯琊王氏、陳郡謝氏、蘭陵蕭氏、陽夏袁氏，僑姓四大姓又如何？在前人研究上，川勝義雄對此有所關注，侯景之亂之後，南朝貴族制走向沒落，川勝義雄反駁岡崎文夫的見解，認為其以為「瑯琊王氏全滅，其他名族逃奔他鄉」等語太過，因為瑯琊王氏、陳郡謝氏兩姓還是有居高位。所以川勝義雄認為是崩潰，由於名族賴以為生的莊園經濟，受到

〔註213〕《陳書》，卷34，〈褚玠傳〉，頁 460～461。
〔註214〕《陳書》，卷34，〈褚玠傳〉，頁 461。
〔註215〕《陳書》，卷6，〈陳後主本紀〉，頁 105。
〔註216〕《陳書》，卷34，〈褚玠傳〉，頁 461。傳中書寫為電威將軍，非錯字。
〔註217〕呂春盛，《陳朝的政治結構與族群問題》，頁 215。

了貨幣經濟的打擊，名族生存的方式，改成了依賴俸祿。這也造成侯景亂後，俸祿成爲梁元帝的江陵政權得以獲得名族支持的理由之一。江陵政權瓦解後，名族再度遭受打擊。由於依賴俸祿生活，在梁高居宰相的謝舉，雖爲陳郡謝氏，仍無力支助同族，而姪子需要依賴典當書籍維生。川勝義雄以爲可以以陳郡謝氏爲例，來看當時一般的北人（名族）。受到侯景之亂的打擊，江陵政權的摧殘，依賴俸祿生活的影響等因素，造就了謝貞的貧困，謝貞最終在貧困中過世。宣帝太建 11 年（579）謝安墳墓遭受破壞，謝哲、謝諼已死，謝諼之子謝儼、謝伷雖在朝仕官，卻與謝貞一樣無力阻止，這象徵貴族的沒落。川勝義雄以爲名族在南朝，像日本幕府時代的公卿一樣，通曉文物典章，但僅只是擺設，用以彰顯陳朝的高尚與文化性而已〔註218〕。

僑姓士族相對於前朝蕭梁時期，權勢較弱。又受到侯景之亂影響，除早早追隨陳霸先的僚佐外，有的都淪落四方，而後才進入陳朝仕官。本文主角褚玠與蕭摩訶更是因爲依附陳朝的重臣侯安都，才得以進入陳朝仕官。至於川勝義雄所說，陳朝的僑姓淪爲像日本幕府時代的公卿，變成空有擺設的大臣，筆者以爲有些過了。

〔註218〕（日）川勝義雄，徐谷梵譯，《六朝貴族制社會研究》，上海，上海古籍，2007年，頁 290～309。

第四章　褚家的婚姻關係

　　本章主要探討的是婚姻與政治的結合。當權派與名家聯姻，才會增加地位，這是權勢與名家的結合。褚家因政治情勢或家族發展之需要，時常與當朝皇族及士族通婚，在晉、宋、齊三朝均有與皇室結爲姻親。「侯景之亂」以後，士族飽受摧殘，褚家在陳、隋、唐三朝就不再，同時也沒資格與皇室聯姻。此外，褚家與陳郡謝氏的聯姻也發生在東晉、劉宋至蕭齊。本章分爲褚家的皇后、駙馬，及與士族的聯姻三個區塊探討。首先，褚家出了三個皇后，分別爲康獻褚皇后、東晉恭帝的褚皇后，蕭齊廢帝（東昏侯）的褚皇后。然三個皇后中，只有康獻褚皇后（褚蒜子）能掌握大權，另外兩個皇后遠遠不及康獻褚皇后。在駙馬方面，因爲劉宋少帝被弒的政變，導致褚秀之三兄弟同死於該年，所以褚秀之之子褚湛之，開啓了褚家的駙馬生涯，並以駙馬的身分在劉宋政權中打拼。最後是褚家與謝家的聯姻，褚家在褚裒與褚淵這兩個時期與謝家聯姻。

第一節　褚家的三位皇后

　　本節主要探討褚家的三位皇后，分別爲東晉康帝的康獻褚皇后、東晉恭帝的褚皇后，蕭齊廢帝（東昏侯）的褚皇后。首先談到康獻褚皇后，褚裒將 3 歲的褚蒜子嫁給了當時還在擔任琅琊王的司馬岳（康帝）爲妃，當時康帝 5 歲，康帝於建元元年（344）崩，得年 23 歲，以該年反推得知康帝於東晉元帝永昌元年（322）出生。褚蒜子嫁給了康帝開啓了褚家新的一頁，褚蒜子臨朝 40 年，自褚裒死後仍掌權 35 年。

一、東晉康獻褚皇后與東晉政治

關於康獻褚皇后（蒜子），在前人研究上，蔡幸娟〔註1〕以及大陸學者有期刊論文加以探討〔註2〕。蔡幸娟主要在探討女主政治與外戚政治二者之間的關係，對象是褚蒜子與桓溫。她認為桓溫因為尚南康公主，因而將桓溫歸類為外戚，進而探討桓溫與褚太后臨朝的關係。她認為褚太后臨朝成功的緩和或阻抑了桓溫威勢的發展〔註3〕。同時她認為桓溫的權勢是基於方鎮，因此無法有效主導宮中政治局面的變化〔註4〕。她也認為桓溫雖為外戚，但實際卻非憑藉著後宮的幫助〔註5〕。筆者以為桓溫是否列入外戚這點是有所爭議的，同時筆者以為桓溫在內朝憑藉著會稽王司馬昱的幫助，因為桓溫之所以得以崛起與重用都是來自於司馬昱。司馬昱身為穆、哀、海西公三朝的錄尚書事，實際上的權力都掌握在他手中。褚太后則是最後蓋章的那個人，本身代表著皇權。

褚太后所掌握的權勢，我們可以先看到《晉書·王彪之傳》的記載：

> （孝武帝）時桓沖及（謝）安夾輔朝政，安以新喪元輔，主上未能親覽萬機，太皇太后（康獻褚皇后）宜臨朝。（王）彪之曰：「先代前朝，主在襁抱，母子一體，故可臨朝。太后亦不能決政事，終是顧問僕與君諸人耳。」〔註6〕

褚太后雖臨朝卻不能決政事，反需顧問朝臣。此事是發生在簡文帝死後，孝武帝初即位時，當時謝安力主褚太后臨朝，而王彪之予以反對。從王彪之的話我們可以看出，太后臨朝是因為皇帝年幼，因此需要太后抱著上朝，然而朝政的實際運作是操縱在朝堂執政，也就是錄尚書事、錄尚書六條事，或尚書令，或尚書僕射之手。太后是不能「決政事」，只負責在詔書發布時，代替皇帝發詔書。然而太后仍可視為是皇權的一部分，所以在司馬皇族之內，有一定的威勢。這可以看到海西公被廢之後，妖道許龍意圖再度擁立，偽稱有

〔註1〕 蔡幸娟，〈東晉褚太后女主政治發展與桓溫〉，《鄭欽仁教授七秩壽慶論文集》（台北：稻鄉出版社，2006年）。

〔註2〕 吳正東、鄔志剛，〈康獻皇后與東晉中期政治〉，《玉溪師範學報》第11期，2005年。

張承宗、蘇利嫦，〈陽翟褚氏與東晉南朝政治〉，《揚州大學學報》，2003年。

〔註3〕 蔡幸娟，〈東晉褚太后女主政治發展與桓溫〉，頁128～129。

〔註4〕 蔡幸娟，〈東晉褚太后女主政治發展與桓溫〉，頁131。

〔註5〕 蔡幸娟，〈東晉褚太后女主政治發展與桓溫〉，頁99。

〔註6〕 《晉書》，卷76，〈王彪之傳〉，頁2011。

太后密詔，海西公一度要接受，而後識破這是偽詔，得保安全〔註7〕。當時是簡文帝剛死，涉及皇位繼承，若褚太后眞下詔書，則海西公就會奉詔，這代表褚太后在宮中仍有一定的話語權。接下來我們從頭檢視一下褚太后。

褚裒與其女褚蒜子曾在朝堂上共處，自褚裒死後，褚家的領頭人換成了褚蒜子。褚蒜子是東晉康帝的皇后，康帝死後其子穆帝即位，在錄尚書事一職，本來是任命褚裒，褚裒面對劉遐與王胡之的勸說：「會稽王令德雅望，國之周公，足下宜以大政授之」〔註8〕，褚裒自請歸藩，改推司馬昱代替他的位置〔註9〕。自此褚裒、褚蒜子、司馬昱就形成了一個統治集團，褚裒死後，就是褚太后與司馬昱兩人共掌朝政。然而在《晉書・后妃傳》中，僅記載褚太后多次臨朝稱制〔註10〕，而實際作爲卻記載簡陋，因此我們必須先探討與褚太后合作的司馬昱。

司馬昱是東晉元帝司馬睿最小的兒子，備受司馬睿寵愛。郭璞曾評爲「興晉祚者必是此人」〔註11〕，郭璞給司馬昱這麼高的評價，然《晉書》本紀的記載卻很少，這是因爲司馬昱即位兩年就過世了，司馬昱在當皇帝時的作爲當然有限，但是司馬昱長期掌握「錄尚書六條事」，尚書事指的是尚書文書〔註12〕，而尚書六條事有兩種解釋，其一爲胡三省的解釋，六條爲六曹，指的是晉初吏部、三公、客曹、度支、左民六個尚書，然渡江後變爲五曹，爲吏部、祠部、左民、五兵、度支這五個尚書。其二爲陳琳國的解釋，爲決定利益分配，掌握榮辱盛衰的六項，包含除暑、功論、封爵、貶黜、八議、疑讞〔註13〕。不管是六曹也好，六項人事權也好，都代表著司馬昱掌握著朝政上的重要權力。穆帝永和元年（345），司馬昱 26 歲時〔註14〕爲撫軍大將軍，錄尚書六條事。隔年 27 歲何充死後，「專總萬機」〔註15〕。

〔註7〕　《晉書》，卷8，〈海西公本紀〉，頁215。

〔註8〕　《通鑑》，卷97，穆帝永和元年（345），頁3065。

〔註9〕　《通鑑》，卷97，穆帝永和元年（345），頁3065。

〔註10〕　《晉書》，卷32，〈褚太后傳〉，頁975～977。

〔註11〕　（唐）房玄齡，《晉書》（北京：中華書局，2003年），卷9，〈簡文帝本紀〉，頁219。

〔註12〕　陳琳國，《魏晉南北朝政治制度研究》，台北：文津出版社，1994年，頁5。

〔註13〕　《魏晉南北朝政治制度研究》，頁43。

〔註14〕　《晉書》，卷9，〈簡文帝本紀〉，頁223。司馬昱53歲過世，以卒年反推生年，司馬昱生於元帝太興3年（320），因此穆帝永和元年（345），司馬昱26歲。

〔註15〕　《晉書》，卷9，〈簡文帝本紀〉，頁220。

　　關於「專總萬機」的解釋，《晉書・庾冰傳》有提到：「古之帝王勤於降納，雖曰總萬機，猶兼聽將相」〔註16〕，「總萬機」指的是古代帝王處理決策任何大小的事情，而司馬昱身為錄尚書事，卻做帝王決策的工作，可見權力之大。筆者以為司馬昱有實無名，褚太后與皇帝則有名無實，兩者合作則名實皆符。

　　就時間先後順序，就褚太后臨朝時所頒布的詔書，觀察其所經歷的重大政治事務，而後探討司馬昱這人。首先是建元二年（344）九月的〈答蔡謨等奏請臨朝詔〉：

> 帝幼沖，當賴群公卿士將順匡救，以酬先帝禮賢之意，且是舊德世濟之美，則莫重之命不墜，祖宗之基有奉，是其所以欲正位于內而已。所奏懇到，形于翰墨，執省未究，以悲以懼。先后允恭謙抑，思順坤道，所以不距群情，固為國計。豈敢執守沖暗，以違先旨。輒敬從所奏〔註17〕。

這道詔書是年僅 2 歲的穆帝即位，蔡謨等人上奏請褚太后攝政，褚太后所下的答詔。從這年開始至升平元年（357）下〈歸政詔〉為止，這 14 年是褚太后第一次的臨朝攝政。

　　在永和元年（345）九月，頒發了〈振恤詔〉，發這詔書是因為該年五月「大雩」，六月又有地震〔註18〕。「大雩」，旱祭也，是為了請雨，當發生這件事，國君需親到南郊，以六事謝過〔註19〕。事隔三、四個月，褚后親下〈振恤詔〉：「今百姓勞弊，其共思詳所以振恤之宜，及歲常調非軍國所急著，并宜停之」〔註20〕。這詔書涉及到了振恤，也就是撫慰百姓，並停收非國家急需的「常調」。晉朝的戶調規定，丁男之戶，每年交絹三匹，綿三斤的調，至於女與次丁男之戶，交一半〔註21〕。因為褚后的〈振恤詔〉免除了該年絹三匹，綿三斤的調。

　　褚太后在永和六年（350）與永和十年（354），對蔡謨分別下了〈免蔡謨

〔註16〕　《晉書》，卷 73，〈庾冰傳〉，頁 1929。
〔註17〕　《晉書》，卷 32，〈褚太后傳〉，頁 975。
〔註18〕　《晉書》，卷 8，〈穆帝本紀〉，頁 192。
〔註19〕　《春秋公羊傳注疏》，收錄在《十三經注疏》（台北：藝文印書館，2011 年），卷 4，頁 53。本文「大雩著何？旱祭也」，與其下注。
〔註20〕　《晉書》，卷 8，〈穆帝本紀〉，頁 192。
〔註21〕　《晉書》，卷 26，〈食貨志〉，頁 790。

爲庶人詔〉〔註22〕與〈以蔡謨爲光祿大夫詔〉〔註23〕。蔡謨這人非常的博學，對於「禮儀宗廟之制多所議定」，有文集傳世，又將應劭以來所注的《漢書》，幫他們做集解〔註24〕。學問是蔡謨可以再起復的根本，然而單憑學問是不夠的，所以來檢視一下他的資歷。蔡謨曾被王敦辟爲從事中郎、司徒左長史，蔡謨立場較親近於王家，但蔡謨跟王導兩人的關係卻又不是很好，兩人因爲女伎之事，蔡謨不悅而去，而王導又不勸止〔註25〕。郗鑒在臨死之前，推薦了蔡謨接任他的位置〔註26〕。郗鑒掌握著京口，是東晉首都附近最重要的軍事勢力，而之後的北府兵正是出自這個地區，郗家掌握京口直至海西公太和4年（369），被桓溫所取代〔註27〕。

田餘慶注意到庾家與王家曾有矛盾，庾家曾密謀廢除王導，是因爲郗鑒支持王導而作罷〔註28〕。庾家是支持北伐的，而郗鑒反對北伐，而前節提到的蔡謨、王羲之、孫綽等人也反對北伐。簡言之，庾家支持北伐，王家較傾向不北伐，以此論證，蔡謨的政治傾向比較親近王家。在前節曾探討到東晉有12次北伐，穆帝時期有5次，哀帝1次，海西公1次，扣掉庾家的2次、劉裕的2次，以及一開始祖逖的那次，東晉的北伐都在穆、哀、海西公三朝，簡言之，褚太后與司馬昱這兩個實際掌權者，是支持北伐的，立場上親近庾家。

王庾之爭，筆者補充一下他的影響。何充，他是王庾之爭的產物，在立場上偏袒王家〔註29〕。根據《晉書·何充傳》〔註30〕：何充是王導姐姐之子，王導與庾亮共同推薦何充擔任吏部尚書，王導死後，何充與庾冰同爲錄尚書事，共掌朝政。成帝死後，何充支持立成帝之子司馬丕（哀帝），庾冰支持立康帝，這次繼位之爭，由庾冰勝出。康帝死後，何充支持穆帝，庾家支持司

〔註22〕《晉書》，卷77，〈蔡謨傳〉，頁2040。「謨先帝師傅，服事累世。且歸罪有司，內訟思愆。若遂置之於理，情所未忍。可依舊制，免爲庶人。」
〔註23〕《晉書》，卷77，〈蔡謨傳〉，頁2040。「前司徒謨，以道素著稱，軌行成名，故歷事先朝，致位臺輔。以往年之失，用致黜責。自爾以來，闔門思愆，誠合大臣罪己之義。以謨爲光祿大夫、開府儀同三司。」
〔註24〕《晉書》，卷77，〈蔡謨傳〉，頁2041。
〔註25〕《晉書》，卷77，〈蔡謨傳〉，頁2041。
〔註26〕《晉書》，卷67，〈郗鑒傳〉，頁1801。
〔註27〕田餘慶，《東晉門閥政治》（北京：北京大學出版社，2012年），頁95。
〔註28〕《東晉門閥政治》，頁67、68、93。
〔註29〕《東晉門閥政治》，頁119～120。
〔註30〕《晉書》，卷77，〈何充傳〉，頁2028～2030。

馬昱（簡文帝），由何充勝出。何充在庾冰、庾翼死後，以桓溫來取代庾爰之，剪除庾家在荊州的勢力。何充曾薦褚裒擔任錄尚書事，褚裒後讓給司馬昱。何充支持王家，讓當時的局勢「內委何褚諸君，外託庾桓數族」〔註31〕。褚太后獲得了何充的支持，讓穆帝既位，而褚裒讓錄尚書事，又讓司馬昱專總萬機，緩解了跟庾家支持的司馬昱之間的不愉快。

回到蔡謨，蔡謨支持王家，而褚太后再讓司馬昱專總萬機後，傾向了庾家的那一邊，所以穆、哀、海西公三朝，北伐變成國策。反戰的蔡謨與褚太后之間就產生了嚴重的摩擦，褚太后以蔡謨爲侍中，蔡謨固讓不止，從太和4年（348）冬天讓到太和5年年底（349）。太和六年，穆帝再度徵辟蔡謨：

> 自旦至申，使者十餘反，而（蔡）謨不至。時帝年八歲，甚倦，問左右曰：「所召人何以至今不來？臨軒何時當竟？」君臣俱疲弊。皇太后詔：「必不來者，宜罷朝。」〔註32〕

但蔡謨卻沒有來，讓穆帝空等半天，最後由褚太后下詔退朝。

爲此司馬昱說話了：「蔡公傲違上命，無人臣之禮。若人主卑屈於上，大義不行於下，亦不知復所以爲政矣。」〔註33〕，至於其他公卿更是上奏曰：

> 司徒（蔡）謨頃以常疾，久逋王命，皇帝臨軒，百僚齊立，俯僂之恭，有望於謨。若志存止退，自宜致辭闕庭，安有人君卑勞終日而人臣曾無一酬之禮！悖慢傲上，罪同不臣。臣等參議，宜明國憲，請送廷尉以正刑書〔註34〕。

蔡謨悖慢皇帝，以司馬昱爲首的朝臣們，抨擊蔡謨的行爲。爲此蔡謨率子弟素服「詣闕稽顙，躬到廷尉待罪」。稽顙是古代一種跪拜禮儀，屈膝下跪，以額觸地，褚后因此下了〈免蔡謨爲庶人詔〉。蔡謨被廢之後，「杜門不出，終日講誦，教授子弟」，四年後，褚太后又下了〈以蔡謨爲光祿大夫詔〉準備重新啓用蔡謨，但蔡謨「遂以疾篤，不復朝見」，蔡謨不願意再當官，至於蔡謨不願意再仕官的原因，已於本文第三章第一節探討。

穆帝在升平元年（357）元服，從這年開始親政。根據東晉的禮儀，皇帝要行冠禮時，以金石宿設，文武百僚陪位，又在大殿上，鋪上大牀。由御府

〔註31〕《晉書》，卷77，〈殷浩傳〉，頁2044。
〔註32〕《晉書》，卷77，〈蔡謨傳〉，頁2039～2040。
〔註33〕《晉書》，卷77，〈蔡謨傳〉，頁2039～2040。
〔註34〕《晉書》，卷77，〈蔡謨傳〉，頁2039～2040。

令奉「冕、幘、簪導、袞服」，由太尉加幘，太保加冕。太尉跪讀祝文曰：「令月吉日，始加元服。皇帝穆穆，思弘袞職。欽若昊天，六合是式。率遵祖考，永永無極。眉壽惟祺，介茲景福。」加冕完畢後，由侍中繫玄紞，侍中脫帝絳紗服，加袞服冕冠。事畢，由太保率領群臣奉觴上壽，王公以下三稱萬歲才退下〔註35〕。穆帝冠禮之後，褚太后下了〈歸政詔〉：

> 昔遭不造，帝在幼沖，皇緒之微，眇若贅旒。百辟卿士率遵前朝，勸喻攝政。以社稷之重，先代成義，俛僶敬從，弗遑固守。仰憑七廟之靈，俯仗群后之力，帝加元服，禮成德備，當陽親覽，臨御萬國。今歸事反政，一依舊典〔註36〕。

這詔書主要是讓穆帝親政，因為他已經元服了，所以「歸事反政」褚太后下詔後，奉還朝政，遷居崇德宮，並在崇德宮下手詔，〈歸崇德宮手詔群公〉：

> 昔以皇帝幼沖，從群后之議，既以暗弱，又頻丁極艱，銜恤歷祀，沈憂在疚。司徒親尊德重，訓救其弊，王室之不壞，實公是憑。帝既備茲冠禮，而四海未一，五胡叛逆，豺狼當路，費役日興，百姓困苦。願諸君子思量遠算，戮力一心，輔翼幼主，匡救不逮。未亡人永歸別宮，以終餘齒。仰惟家國，故以一言托懷〔註37〕。

褚太后在崇德宮下詔，其目的主要是重申歸政的決心，同時表達之前是因為皇帝年幼，不得已臨朝。未來將朝政託付給穆帝與朝臣們，褚太后則居於崇德宮內。

　　褚太后歸政後，詔書出自穆帝，然而朝政仍掌握在錄尚書事司馬昱之手。這可看到穆帝升平二年（358），司馬昱稽首歸政，但穆帝不許〔註38〕。司馬昱要將權力交出來，皇帝應該接受，但皇帝不許的原因，筆者以為這是虛應故事，實際權力在司馬昱手中，司馬昱以退為進，稽首歸政，實際上是告訴穆帝，權力在我手上，所以穆帝只能不許。

　　穆帝在親政五年後，於升平五年（361）五月在顯陽殿駕崩，享年19歲〔註39〕。在穆帝病危之時，曾請于法開幫穆帝看病，把脈「知不起」，就不再入宮。褚太后為此下了〈收于法開令〉：「帝小不佳，昨呼于公視脈，但到門

〔註35〕《晉書》，卷21，〈禮下〉，頁663～664。
〔註36〕《晉書》，卷32，〈褚太后傳〉，頁976。
〔註37〕《晉書》，卷32，〈褚太后傳〉，頁976。
〔註38〕《晉書》，卷8，〈穆帝本紀〉，頁203。
〔註39〕《晉書》，卷8，〈穆帝本紀〉，頁205。

不前，種種辭憚。宜收付廷尉」，穆帝死，于法開得以放還〔註40〕。穆帝死後，褚太后出面下了〈以瑯邪王丕奉大統令〉〔註41〕，以司馬丕接任皇帝，是爲哀帝。

司馬丕這皇位從咸康8年（342）成帝駕崩〔註42〕，等到升平五年（361），足足等了16年。哀帝即位後，雅好黃老，實施斷穀，服食長生藥。吃長生藥吃到中毒，在興寧二年（364）吃到「不識萬機」，由褚太后再度臨朝稱制〔註43〕。筆者認爲哀帝應該是蓄意吃長生藥，試想一下朝政都掌握在司馬昱手中，後面還有個褚太后在旁邊看，這皇帝豈不是內外交迫，又康帝的帝位是從哀帝手上搶來的，褚太后是康帝的老婆，兩者之間不可能沒有嫌隙。

哀帝之後是廢帝海西公司馬奕於興寧三年（365）即位，褚太后結束的第二次的臨朝稱制，下了〈以瑯邪王奕承大統詔〉：

> 帝遂不救厥疾，艱禍仍臻，遺緒泯然，哀慟切心。瑯邪王奕，明德茂親，屬當儲嗣，宜奉祖宗，纂承大統。便速正大禮，以寧人神〔註44〕。

該詔書主要是因爲哀帝過世，由瑯邪王司馬奕即位，也就是廢帝（海西公）。廢帝即位後，此時錄尚書事司馬昱掌握朝權已經21年，廢帝掌握「名」，而司馬昱掌握「實」。廢帝掌政期間，太和四年（369）桓溫北伐大敗於枋頭。前節曾論及此戰的戰爭過程，這裡不贅述。此役的政治意義有二，其一，太和四年（369）〔註45〕桓溫得郗超之助〔註46〕，併吞了京口的勢力，同時掌握東晉荊州與揚州的軍事實力。其二、由於此役大敗，不僅是朝廷的挫折，從此役後東晉朝廷40年未北伐，同時也是桓溫此生的最後一次北伐。其三，導

〔註40〕　（梁）釋慧皎，《高僧傳》，收錄在《大藏經》，台北：新文豐出版社，1996年，卷4，頁350。
〔註41〕　《晉書》，卷8，〈哀帝本紀〉，頁205。「帝奄不救疾，胤嗣未建。瑯邪王丕，中興正統，明德懋親。昔在咸康，屬當儲貳。以年在幼沖，未堪國難，故顯宗高讓。今義望情地，莫與爲比，其以王奉大統。」
〔註42〕　《晉書》，卷7，〈成帝本紀〉，頁183。
〔註43〕　《晉書》，卷8，〈哀帝本紀〉，頁208～209。
〔註44〕　《晉書》，卷8，〈海西公本紀〉，頁210。
〔註45〕　《通鑑》，卷102，海西公太和四年（369），頁3213～3214。
〔註46〕　《晉書》，卷67，〈郗超傳〉，頁1803。「時（郗）愔在北府，徐州人多勁悍，溫恒云『京口酒可飲，兵可用』，深不欲愔居之。而愔暗於事機，遣牋詣溫，欲共獎王室，修復園陵。超取視，寸寸毀裂，乃更作牋，自陳老病，甚不堪人間，乞閒地自養。溫得牋大喜，即轉愔爲會稽太守。」

致桓溫謀廢廢帝，扶立司馬昱爲帝。

桓溫自枋頭大敗後「威名頓挫」，所以只能謀廢立，來增長威權〔註47〕。桓溫與郗超密謀廢立〔註48〕。整個廢立過程：首先桓溫在11月癸卯先屯於白石，筆者認爲是率兵屯於白石。其次於丁未日，詣闕，因圖廢立，誣陷帝海西公在藩王時期，夙有痿疾（性方面疾病），由相龍、計好、朱靈寶等「參侍內寢」，所以和二美人田氏、孟氏共生三男。桓溫因諷褚太后，贊同桓溫做伊尹、霍光之舉（廢立皇帝）。其三到己酉，集百官于朝堂，宣崇德太后〈以廢帝奕爲東海王令〉〔註49〕：

> 王室艱難，穆哀短祚，國嗣不育，儲宮靡立。瑯邪王奕親則母弟，故以入纂大位。不圖德之不建，乃至於斯。昏濁潰亂，動違禮度。有此三孽，莫知誰子。人倫道喪，醜聲遐布。既不可以奉守社稷，敬承宗廟，且昏孽并大，便欲建樹儲藩。誣罔祖宗，傾移皇基，是而可忍，孰不可懷！今廢奕爲東海王，以王還第，供衛之儀，皆如漢朝昌邑故事。但未亡人不幸，罹此百憂，感念存歿，心焉如割。
> 社稷大計，義不獲已。臨紙悲塞，如何可言〔註50〕。

這廢帝詔書主要是表達因爲廢帝子嗣混亂，並非是他的子嗣，這是桓溫誣陷廢帝的主張。該詔書由桓溫草詔，最後兩句是褚太后所書，出自《晉書·褚太后傳》：

> 桓溫之廢海西公也，（褚）太后方在佛屋燒香，內侍啓云「外有急奏」，太后乃出。尚倚戶前視奏數行，乃曰「我本自疑此」，至半便止，索筆荅奏云：「未亡人罹此百憂，感念存沒，心焉如割。」溫始呈詔草，慮太后意異，悚動流汗，見于顏色。及詔出，溫大喜〔註51〕。

這段引文表示廢除海西公的詔書是出自桓溫所安排的，而由褚太后增補了最後一小段。

筆者認爲褚太后所說「我本自疑此」，這表示第一、桓溫造謠造的很成功，第二、褚太后這話並非出自本心，而是迫於桓溫的聲勢而說出來的，第三、褚太后與海西公關係不睦，又或著褚太后本身就對廢海西公之事，不置

〔註47〕《晉書》，卷8，〈海西公本紀〉，頁214～215。
〔註48〕《晉書》，卷67，〈郗超傳〉，頁1804。
〔註49〕《晉書》，卷8，〈海西公本紀〉，頁214。
〔註50〕《晉書》，卷8，〈海西公本紀〉，頁214。
〔註51〕《晉書》，卷32，〈褚太后傳〉，頁976。

可否。桓溫擔心褚太后不答應，筆者認爲這是因爲「名」始終掌握在褚太后與皇帝之手，若褚太后不答應，「名」無法轉移。桓溫爲什麼大喜，因爲司馬昱掌握「實」，得到褚太后所掌握的「名」，桓溫就可以藉推司馬昱登皇位，藉此以「名」換「實」。

東晉政權是「王與馬共天下」，形成了東晉門閥的政治格局，皇帝是士族利用的工具，而非效忠對象〔註52〕。筆者以爲「王與馬共天下」是「名」、「實」分掌，由司馬家掌握「名」，而代表「實」的實權掌握在王導爲首的士族手中。褚太后與司馬昱共掌朝政時期，是「名」、「實」的顛倒，士族代表褚太后（與皇帝們）掌握「名」，司馬昱掌握「實」。桓溫的此次廢立，又顛倒了格局，司馬昱掌握「名」，而桓溫掌握「實」。桓溫之後則是謝安、桓沖〔註53〕，謝安掌握中樞與京口，桓沖掌握荊州地區勢力。讓我們再回到這次的廢立事件。

桓溫宣褚太后詔書後，百官進入太極前殿，桓溫讓散騎侍郎劉享收海西公的玉璽印綬。海西公穿著白帢單衣，走下了西堂，乘坐犢車出神獸門。此時群臣拜辭，莫不歔欷。侍御史、殿中監將兵百人衞送至府邸〔註54〕。桓溫以乘輿法駕迎司馬昱於會稽王府，由桓溫宣布〈以會稽王昱承大統詔〉：

> 丞相、錄尚書、會稽王體自中宗，明德劭令，英秀玄虛，神棲事外。
> 以具瞻允塞，故阿衡三世。道化宣流，人望攸歸，爲日已久。宜從
> 天人之心，以統皇極。主著明依舊典，以時施行〔註55〕。

因司馬昱「明德劭令，英秀玄虛，神棲事外」，同時又三朝輔政，人望所歸。故而擁立司馬昱爲帝（簡文帝）。簡文帝即位後桓溫斬殺海西公的二子與其母，奏廢武陵王晞，流放新蔡王晃，桓溫本來是要殺這兩王，因爲簡文帝的關係而減輕，兩人個關係也因此發生改變：

> 初，（簡文）帝以沖虛簡貴，歷宰三世，（桓）溫素所敬憚。及初即
> 位，溫乃撰辭欲自陳述，帝引見，對之悲泣，溫懼不能言。至是，
> 有司承其旨，奏誅武陵王晞，帝不許。溫固執至于再三，帝手詔報
> 曰：「若晉祚靈長，公便宜奉行前詔。如其大運去矣，請避賢路。」

〔註52〕《東晉門閥政治》，頁16～26。
〔註53〕《東晉門閥政治》，頁203～204。謝安與桓沖爭鬥，謝安借褚太后之力逼迫桓沖就範，桓沖勢力退出中樞與京口。
〔註54〕《晉書》，卷8，〈海西公本紀〉，頁214。
〔註55〕《晉書》，卷9，〈簡文帝本紀〉，頁220。

溫覽之，流汗變色，不復敢言〔註56〕。

起初簡文帝以「沖虛簡貴」〔註57〕，又歷經三朝輔政的資歷。桓溫非常忌憚簡文帝。當簡文帝剛即位後，桓溫晉見，簡文帝悲泣的對桓溫說話，桓溫嚇到無法言語。等有司要承桓溫之意，殺武陵王司馬晞，簡文帝不答應。桓溫固執的上奏三次，簡文帝下詔書說：「如果晉朝還沒滅亡，就依照我說的去做，如果滅亡了，就按你說的辦」〔註58〕桓溫看到後，不斷冒汗臉色大變，不敢再提要殺司馬晞之事。

桓溫本來很敬憚司馬昱，其一，司馬昱掌握著「實」；其二，桓溫的崛起是隨著司馬昱簡文帝任錄尚書事開始的，沒有司馬昱在後面支持，桓溫如何可以發動這麼多次北伐，而其中更有一次北伐，直接被司馬昱擋了下來。

隨著太和四年（369），桓溫奪得了京口的兵權後，司馬昱就無法找到人來跟桓溫抗衡，因為東晉兩大軍區的部隊都在桓溫手中。在此之前司馬昱曾經以殷浩、荀羨等人來對抗桓溫。從這時候起，司馬昱逐漸無法掌握桓溫了，司馬昱即位為簡文帝後，「實」被桓溫拿走了。這時候簡文帝僅能憑藉著以前的威望，讓桓溫「懼不能言」，或著「流汗變色，不復敢言」。簡文帝在即位9個月後，在咸安二年（372）七月崩於東堂，遺詔桓溫輔政，依諸葛亮與王導故事〔註59〕。

簡文帝死後，由孝武帝即位，但孝武帝尚未元服，仍由褚太后臨朝稱制，褚太后下了〈答群臣奏請臨朝詔〉：

> 王室不幸，仍有艱屯。覽省啟事，感增悲嘆。內外諸君，并以主上春秋沖富，加蒸蒸之慕，未能親覽，號令宜有所由。苟可安社稷，利天下，亦豈有所執，輒敬從所啟。但暗昧之闕，望盡弼諧之道〔註60〕。

王室不幸又遇艱難，故褚太后依據群臣的奏請臨朝稱制。這是褚太后最後一次臨朝，直至太元元年（376）孝武帝元服為止，那時褚太后下了〈歸政詔〉：「皇帝婚冠禮備，遐邇宅心，宜當陽親覽，緝熙惟始。今歸政事，率由舊典。」9年後，褚太后崩於顯陽殿，享年61歲，在位40年〔註61〕。褚太后最後的9

〔註56〕《晉書》，卷9，〈簡文帝本紀〉，頁220～221。
〔註57〕《晉書》，卷9，〈簡文帝本紀〉，頁220～221。
〔註58〕《晉書》，卷9，〈簡文帝本紀〉，頁220～221。
〔註59〕《晉書》，卷9，〈簡文帝本紀〉，頁223。
〔註60〕《晉書》，卷32，〈褚太后傳〉，頁977。
〔註61〕《晉書》，卷32，〈褚太后傳〉，頁977。

年應該是平靜的度過，因史料並未再紀載褚太后的事情。

褚太后在孝武帝一朝的臨朝，有下了幾道詔書，其一是寧康2年（374）的〈拯恤詔〉：

> 頃玄象或愆，上天表異，仰觀斯變，震懼于懷。夫因變致休，自古之道，朕敢不克意復心，以思厥中？又三吳奧壤，股肱望郡，而水旱并臻，百姓失業，夙夜惟憂，不能忘懷，宜時拯恤，救其雕困。三吳義興、晉陵及會稽遭水之縣尤甚者，全除一年租布，其次聽除半年，受振貸者即以賜之〔註62〕。

此次的詔書是因應三月時，天將降異象而頒發。隔年十二月甲申，神獸門出現天災，褚太后下〈賜米窮民詔〉：「頃日蝕告變，水旱不適。雖克己思救，未盡其方。其賜百姓窮者米人五斛。」〔註63〕以上是褚太后在政治上的記載。

褚太后與司馬昱分掌名、實，若要在實際探討東晉政治，則必須探討司馬昱，因為他專總萬機，掌握著實際的政權。這裡可以看到涉及褚家與司馬昱的事件，也就是殷浩的徵辟：

> 簡文帝（司馬昱）時在藩，始綜萬幾，衛將軍褚裒薦（殷）浩，徵爲建武將軍、揚州刺史。浩上疏陳讓，并致牋於簡文，具自申敘……
> 浩頻陳讓，自三月至七月，乃受拜焉〔註64〕。

褚裒將殷浩推薦給司馬昱，讓他擔任建武將軍、揚州刺史。但殷浩屢屢拒絕，最後不得已才接受任命。殷浩是受到褚太后之父褚裒的推薦，但殷浩上疏陳讓不是上書給臨朝稱制的褚太后，卻是上書給專總萬機的司馬昱。這說明人事的任命權是掌握在司馬昱手中，司馬昱與褚太后和諧的共掌朝政，起碼就史料上來看，並未看出褚太后有什麼異聲。

褚太后在宮中的狀態，然後接著探討褚太后與謝家的部分，最後探討司馬昱的人際關係，作為褚太后與司馬昱合作的延伸關係網。首先探討《晉書‧后妃傳》〔註65〕：元帝虞皇后、明帝庾皇后、成帝杜皇后三位皇后都在康帝即位前過世，分別於成帝咸康元年（335）、咸和3年（328）、咸康7年（340）。康帝於咸康8年（342）6月即位〔註66〕，此時在宮中僅只有成帝所納的章太

〔註62〕《晉書》，卷9，〈孝武帝本紀〉，頁226。
〔註63〕《晉書》，卷9，〈孝武帝本紀〉，頁226。
〔註64〕《晉書》，卷77，〈殷浩傳〉，頁2044～2045。
〔註65〕《晉書》，卷32，〈后妃傳〉，頁971～984。
〔註66〕《晉書》，卷7，〈康帝本紀〉，頁184。

妃周氏，入宮較褚太后早，但其傳僅記載生了哀帝與海西公，哀帝即位時被尊爲皇太妃，儀服與褚太后同。筆者認爲穆、哀、海西三朝，大概也只有這章太妃周氏，可能是褚太后的競爭對手，然而太后與太妃畢竟差了一截，周氏始終未能封后，可能是競爭輸給了褚太后。

　　《晉書・后妃傳》〔註67〕自褚太后傳後面，僅接著是穆帝何皇后、哀帝王皇后、海西公庾皇后。穆帝何皇后是何準之女，爲廬江何充姪女〔註68〕，何充是擁立穆帝的功臣，即可能也因爲這層婚姻關係。穆帝何皇后在哀帝即位後，居於永安宮。哀帝王皇后，是太原王濛之女，哀帝興寧2年（364）就過世了，哀帝也在這一年吃藥吃到神智不清，由褚太后臨朝攝政。海西公庾皇后，爲庾冰之女，庾家在穆帝一朝漸漸爲桓溫所壓制，並無法對於庾皇后有所幫助，其傳僅記載海西公廢，也同被追貶爲海西公夫人。

　　《晉書・后妃傳》〔註69〕再下來是與司馬昱有關的，首先是簡文帝之母鄭太后，於成帝咸和元年（326）過世。再下來是簡文帝的王皇后，在穆帝永和4年（348），被簡文帝幽廢，王皇后因此憂薨。孝武帝之母李太后，孝武帝即位時被尊爲淑妃，太元3年（378）進爲貴人，太元九年（384）又進爲夫人，這一年褚太后過世，太元12年（387）被封爲皇太妃，19年（392）被尊爲皇太后。在褚太后最後的九年，孝武帝之母李太后，頻頻提升宮中的地位，在褚太后死後，逐步被尊爲皇太后。筆者以爲褚太后在位時獨掌後宮，而其晚期才出現李夫人，即未來的李太后。當時宮內無人可以與褚太后競爭，須待褚太后死後，後宮才由李太后掌政。

　　褚太后在宮中，而在外朝中褚太后的兄弟褚歆有任官，歷任散騎常侍、秘書監〔註70〕。褚歆僅列在《晉書・褚裒傳》的附傳，也僅只有一行，其餘具體事蹟皆無，筆者認爲褚歆在朝中影響有限。褚歆之子爲褚爽，褚爽曾任義興太守，但早卒〔註71〕。褚爽三件重要的事情，其一、爲恭帝褚皇后之父；其二，謝安非常看重褚爽，曾說：「若期生（褚爽）不佳，我不復論士矣」〔註72〕；其三、其子褚裕之等人，支持劉宋建國〔註73〕。褚太后在朝中的親

〔註67〕　《晉書》，卷32，〈后妃傳〉，頁971～984。
〔註68〕　《晉書》，卷93，〈外戚傳〉，頁2417。
〔註69〕　《晉書》，卷32，〈后妃傳〉，頁971～984。
〔註70〕　《晉書》，卷93，〈褚裒傳附傳〉，頁2416。
〔註71〕　《晉書》，卷93，〈褚爽傳〉，頁2422。
〔註72〕　《晉書》，卷93，〈褚爽傳〉，頁2422。

族只有褚歆與褚爽，但兩人應無太大助益，筆者認爲褚太后應支持的是陳郡謝氏。

二、東晉恭帝褚皇后

褚靈媛初爲瑯琊王妃，司馬德文（恭帝）被封爲瑯琊王是在太元十七年（390）〔註74〕，司馬德文 7 歲時〔註75〕，故褚靈媛最早在此時封妃。褚靈媛死於宋文帝元嘉十三年（436），享年 53 歲〔註76〕，反推出生於太元九年（384）。褚靈媛之父褚爽早卒，未載卒年〔註77〕，筆者若褚靈媛的婚事是由褚爽做主，則褚爽最少活到太元九年（384）。孝武帝太元九年（385）年，東晉打贏淝水之戰的後一年，此時東晉朝廷謝安仍掌握大權，因爲在這年九月謝安都督揚、江等十五州軍事，褚太后與謝安的合作最晚也在這年結束〔註78〕。褚家爲了增強與王室的關係，在這一年將褚靈媛嫁給司馬德文。

恭帝元熙 2 年（420），東晉恭帝讓位給劉裕。《晉書·安帝本紀》〔註79〕：六月壬戌，劉裕到建康，傅亮接到劉裕的密旨，諷恭帝禪位給劉裕，請恭帝書讓位詔書，恭帝說：「晉氏久已失之，今復何恨」。甲子日退居瑯琊王府，劉裕改封爲零陵王，仍居秣陵（宮）。《宋書·武帝本紀》〔註80〕：四月時徵劉裕入輔，六月劉裕抵達京城，恭帝禪讓詔給劉裕，先寫詔草讓恭帝寫，恭帝邊寫邊說：「桓玄之時，天命已改，重爲劉公所延，將 20 載。今日之事本所甘心」。劉裕上表陳讓，恭帝已退居瑯琊王府，表不獲通。陳留王等 270 人與宋台群臣上表勸進，劉裕仍不許，太史令駱達以天文祥瑞數十條陳之，加上群臣固請，劉裕才受禪讓。基本上，劉裕做做姿態後，還是篡位了。劉裕篡位的理由是，當時劉裕之子，劉義符才 14 歲〔註81〕，劉義眞 13 歲〔註82〕，

〔註73〕《宋書》，卷 52，〈褚裕之傳〉，頁 1502～1505。

〔註74〕《晉書》，卷 9，〈孝武帝本紀〉，頁 239。

〔註75〕《晉書》，卷 10，〈恭帝本紀〉，頁 269。恭帝於元熙 2 年（420）被弑，享年 36 歲，以此推知恭帝生於孝武帝太元 8 年（383），封王時應爲 7 歲。

〔註76〕《晉書》，卷 32，〈小褚后傳〉，頁 984。

〔註77〕《晉書》，卷 93，〈褚爽傳〉，頁 2422。

〔註78〕《晉書》，卷 9，〈孝武帝本紀〉，頁 233。6 月時，褚太后過世，所以褚太后與謝安的合作最晚在此時結束。

〔註79〕《晉書》，卷 10，〈恭帝本紀〉，頁 269。

〔註80〕《宋書》，卷 2，〈高祖本紀〉，頁 45～48。

〔註81〕《宋書》，卷 4，〈少帝本紀〉，頁 63、66。少帝劉義符於東晉安帝義熙二年（406）出生，於景平二年（424）被殺，享年 19 歲。

劉義隆也 13 歲〔註83〕。劉裕的小孩還太小，必須篡位，劉裕的權勢才可以讓其子嗣繼承。

劉裕於恭帝元熙二年（420）六月，直接改元永初元年（420），劉裕擔任皇帝期間非常短暫，於永初三年（422）五月崩與西殿，僅在位兩年半。劉裕在永初二年（421）九月丁丑日殺害已經退位，三十六歲的零陵王司馬德文〔註84〕，劉裕開啟了篡位殺害前朝國君的惡例。筆者以爲劉裕非殺司馬德文的理由，因爲劉裕年老，子嗣又太小，而司馬德文正值 36 歲壯年，若劉裕過世，則很可能司馬德文再度恢復政權。

在劉宋建國與恭帝被殺這兩件事上，對褚家的影響。首先是劉宋建國後，褚秀之被徙爲太常，終於此官任上〔註85〕；褚淡之爲侍中，後爲會稽太守，終於此官任上〔註86〕；褚裕之爲右衛將軍，永初三年（422）出爲雍州刺史，終於此官任上〔註87〕。接著是恭帝被殺這件事情，此事是褚淡之動的手：

> （褚）淡之兄弟並盡忠事高祖，恭帝每生男，輒令方便殺焉，或誘賂內人，或密加毒害，前後非一。及恭帝遜位，居秣陵宮，常懼見禍，與褚后共止一室，慮有酖毒，自煮食於床前。高祖將殺之，不欲遣人入內，令淡之兄弟視褚后，褚后出別室相見，兵人乃踰垣而入，進藥於恭帝。帝不肯飲，曰：「佛教自殺者不得復人身。」乃以被掩殺之。後會稽郡缺，朝議欲用蔡廓，高祖曰：「彼自是蔡家佳兒，何關人事，可用佛。」佛，淡之小字也。乃以淡之爲會稽太守〔註88〕。

褚淡之兄弟毒殺東晉恭帝的子嗣，在恭帝遜位後將其殺害。褚淡之更因弒君之功，被任命爲會稽太守。這件事情反映了褚家關係的尷尬，褚家是晉朝的姻戚，爲了家族利益，一邊幫晉，一邊幫宋。以劉裕的立場來看，褚家必須弒君，如此一來斬斷與晉朝的關係，可以徹底綁在劉裕的陣營當中。褚家也

〔註82〕《宋書》，卷 61，〈劉義眞傳〉，頁 1638。劉義眞被殺於少帝景平二年（424），享年 18 歲。

〔註83〕《宋書》，卷 5，〈文帝本紀〉，頁 71。劉義隆生於東晉安帝義熙三年（407）。

〔註84〕《晉書》，卷 10，〈恭帝本紀〉，頁 269。

〔註85〕《宋書》，卷 52，〈褚秀之傳〉，頁 1503。

〔註86〕《宋書》，卷 52，〈褚淡之傳〉，頁 1503～1504。

〔註87〕《宋書》，卷 52，〈褚裕之傳〉，頁 1505。

〔註88〕《宋書》，卷 52，〈褚淡之傳〉，頁 1503～1504。

必須以弒君來宣示忠於新朝。從褚家兄弟傳可以看到一些紀載,首先是「雖晉氏姻戚,而盡心於高祖」〔註89〕。然後是《宋書‧褚裕之傳》:

> 高祖以其(褚)名家,而能竭盡心力,甚嘉之,乃下詔曰:「夫賞不遺勤,則勞臣增勸;爵必疇庸,故在功咸達。叔度南北征討,常管戎要,西夏不虔,誠著嶺表,可封番禺縣男,食邑四百戶。」〔註90〕

劉裕以褚家為名家,又竭盡心力的為他辦事,感到很滿意已爵位來酬庸褚裕之。

至於殺害東晉恭帝的原因,可能是因為少帝的皇后為司馬茂音,是恭帝之女海鹽公主〔註91〕,而海鹽公主正是褚靈媛所生〔註92〕。筆者以為少帝是褚家外甥女的丈夫,劉裕難免會擔心褚家會逐漸架空少帝,因為褚太后的例子就發生在前面,所以要斬除可能的因素。褚家與劉宋關係密切,因為劉裕先後將兩個女兒下嫁給褚秀之之子褚湛之〔註93〕。劉裕對少帝很好,先幫他娶恭帝的女兒,安撫前朝的勢力,又讓褚家弒君避免少帝的威脅,另外一方面劉裕所選的顧命大臣,基本上都是忠於劉宋的:

> 上(劉裕)疾甚,召太子誡之曰:「檀道濟雖有幹略,而無遠志,非如兄韶有難御之氣也。徐羨之、傅亮當無異圖。謝晦數從征伐,頗識機變,若有同異,必此人也。小卻,可以會稽、江州處之。」
> 〔註94〕

劉裕對少帝的建議,少帝並未遵從,以至於最終死於謝晦等人之手。

三、齊廢帝(東昏侯)褚皇后

褚令璩是褚澄之女,齊明帝建武2年(495)褚澄之女褚令璩,被立為太子(東昏侯)妃。〔註95〕褚澄死於齊武帝永明元年(483)〔註96〕,褚令璩嫁之前,其父已死,那是何人同意婚配。齊明帝建武3年至4年(496~497)褚蓁擔任太子詹事、度支尚書,領軍將軍。太子詹事是東宮太子的屬官,領

〔註89〕《宋書》,卷52,〈褚裕之傳〉,頁1502。
〔註90〕《宋書》,卷52,〈褚裕之傳〉,頁1505。
〔註91〕《宋書》,卷21,〈少帝后傳〉,頁1283。
〔註92〕《晉書》,卷32,〈小褚后傳〉,頁984。
〔註93〕《宋書》,卷52,〈褚湛之傳〉,頁1505。
〔註94〕《宋書》,卷3,〈高祖本紀〉,頁59。
〔註95〕《南齊書》,卷20,〈褚后傳〉,頁394。
〔註96〕《南齊書》,卷23,〈褚澄傳〉,頁432。

軍將軍屬於禁衛武官，齊明帝是以禁衛發動政變即位，所以格外重視禁衛的官職〔註97〕。褚蓁能夠擔任太子的屬官，又擔任領軍一職，筆者以爲褚蓁與齊明帝關係十分親近，故能擔任這兩個官職。以此官歷在回去檢視褚令璩爲何人所許，筆者以爲褚蓁的機會相當大，他以叔父的身分同意這門親事，且此時褚澄、褚炫、褚賁已死，所以是他。

褚蓁同意這門親事，嫁給了東昏侯蕭寶卷。褚令璩在明帝建武 2 年（495）被立爲太子妃，東昏侯即位後，爲皇后。東昏侯寵幸潘妃，而冷落褚后，連太子蕭誦都是黃淑儀所生。東昏敗亡後，被廢爲庶人〔註98〕。在列傳中，雖僅記載三行，但卻十分重要。對褚家而言，褚令璩是第三個皇后，是褚家與皇室結爲姻親的結束，起與東晉時期的褚蒜子，歷經褚靈媛，終於蕭齊的褚令璩。關於東昏侯與蕭衍的政爭，最後由蕭衍勝出，東昏侯作爲失敗的一方，連累其皇后褚令璩也被廢爲庶人。褚家在蕭齊的投資，起於褚淵支持蕭道成建國，終於蕭衍篡齊，褚家也由政壇核心往邊緣趨近。自褚令璩以後，褚家改變路線，不再與皇室聯姻，可見這次的政治聯姻對褚家衝擊極大。另一種可能是褚家門庭轉衰，不再具備與皇室聯姻的資格。

第二節　褚家的駙馬們

在本節要探討褚家的婚姻，基本上以褚家尚公主的部分爲主，也就是褚家的駙馬們。在探討褚家的駙馬們之前，我們先將褚家的婚姻關係整理出來，將之整理爲表 4-2-1：

表 4-2-1　褚家婚姻表

姓　名	世	朝代	婚姻狀況	聯姻家族	出　　　處
褚裒	三世	東晉	其母爲庾氏	穎川庾氏	《晉書》卷 77
褚裒	三世	東晉	其女褚蒜子嫁給康帝	東晉皇室	《晉書》卷 93
褚裒	三世	東晉	與謝眞石結婚	陳郡謝氏	《晉書》卷 32，《漢魏六朝墓誌彙編》，頁 18。
褚爽	五世	東晉	其女褚靈媛嫁給恭帝	東晉皇室	《晉書》卷 93
褚靈媛	六世	宋	其女司馬茂英嫁給少帝	劉宋皇室	《晉書》卷 32、《宋書》卷 41

〔註97〕《魏晉南北朝禁衛武官制度研究》，頁 504。

〔註98〕《南齊書》，卷 20，〈褚令璩傳〉，頁 394。

褚湛之	七世	宋	尙宋武帝七女與五女	劉宋皇室	《宋書》卷 52
褚淵	八世	齊	尙宋文帝女	劉宋皇室	《南齊書》卷 23
褚澄	八世	齊	其女褚令璩爲東昏后	蕭齊皇室	《南齊書》卷 23
褚淵之女	九世	齊	謝瀹	陳郡謝氏	《南齊書》卷 43
褚賁	九世	齊	尙劉宋公主	劉宋皇室	《梁書》卷 41
褚球	十世	梁	尙劉宋建平王女	劉宋皇室	《梁書》卷 41

從表 4-2-1，我們可以看到褚家聯姻的對象，分別爲東晉、劉宋、蕭齊三朝的皇室，自梁開始，褚家就不再與皇室聯姻。至於士族方面分別跟潁川庾氏、陳郡謝氏聯姻。其中值得關注的是與謝家的婚姻，其一爲褚裒娶謝眞石爲妻〔註99〕，生下康獻褚皇后。褚裒娶妻時，謝家尙未崛起，謝家的崛起要等到穆帝永和元年（345）〔註100〕，此時褚蒜子已經爲太后，而褚裒將爲錄尙書事，但褚裒固讓，外出爲徐兗刺史。此時褚家二人已處於高位，而謝家才剛要崛起。

其二是與謝瀹聯姻，原本褚家是要找瑯琊王氏的王秀之聯姻，但王秀之不肯，王秀之拒絕後，然後才找謝瀹聯姻。王秀之不肯的原因，可能是因爲王秀之自祖父王敬弘開始，就不事權貴，因此對於擔任吏部侍郎的褚淵，產生了拒婚之意〔註101〕。褚家與謝家有兩代聯姻，這是在「正史」中少見的蛛絲馬跡，因此筆者認爲褚家與謝家關係應爲親密。在表 4-2-1 當中最值得關注的是，褚球所娶的建平王女很特別，宋建平王劉景素被誅滅，只有一女得存，因此故吏將該女嫁給了褚球，其目的在爲劉景素延譽〔註102〕。當時劉宋已經滅亡了，褚球也在蕭齊起家仕官，但仍娶了劉宋的皇室女爲妻。

一、褚家的駙馬──褚湛之

接下來探討一下褚湛之、褚淵、褚球三位尙公主的駙馬。褚湛之是褚家第七代，其父爲褚秀之，其姑姑爲東晉恭帝后褚靈媛，其表姊爲海鹽公主〔註103〕，海鹽公主最後嫁給宋少帝爲后〔註104〕。海鹽公主嫁給劉宋皇室，因

〔註99〕趙超，《漢衛南北朝墓誌彙編》，天津：天津古籍出版社，2008 年，頁 18。
〔註100〕《東晉門閥政治》，頁 190。
〔註101〕《南史》，卷 24，〈王秀之傳〉，頁 651～652。
〔註102〕《梁書》，卷 41，〈褚球傳〉，頁 590。
〔註103〕《晉書》，卷 32，〈褚太后傳〉，頁 975。
〔註104〕《宋書》，卷 21，〈少帝后傳〉，頁 1283。

此基於親上加親的原則，褚湛之也娶了宋武帝第七女始安哀公主，始安公主死後尚宋武帝第五女吳郡宣公主〔註105〕。除了褚湛之以外，筆者將褚湛之的連襟找出來整理成表4-2-2：

表4-2-2　宋武帝的公主所尚駙馬表

公主封號	駙　馬	出　處
長女會稽長公主	徐逵之	《宋書》卷71
二女吳興長公主	王偃	《宋書》卷41
四女宣城德公主	周嶠	《宋書》卷82
五女吳郡宣公主	褚湛之	《宋書》卷52
六女富陽公主	徐喬之	《宋書》卷43
七女始安哀公主	褚湛之	《宋書》卷52
幼女豫章康長公主	何瑀	《宋書》卷41

接下來分析褚湛之的這些襟兄弟，首先是徐逵之，徐逵之是徐羨之之姪，由於劉裕諸子年幼因此，將重用徐逵之。因此命徐逵之，參與討伐司馬休之以立功，不料卻使徐逵之戰死。徐逵之死後，遺孤徐湛之為劉裕所養，與江夏王劉義恭「寢食不離於側」〔註106〕。徐逵之在劉宋建國前就已經戰死，留下遺孤徐湛之，所以這個襟兄與褚湛之能否往來還是個問題。

　　其次為王偃：他是瑯琊王氏，王嘏之子，母親為晉孝武帝女鄱陽公主。王偃「少歷顯官」〔註107〕，黃門侍郎，秘書監，侍中。文帝元嘉末，為散騎常侍，右衛將軍，孝武帝即位領義揚王師，常侍如故。王偃於孝建2年（455）卒，年55歲〔註108〕。王偃將女兒嫁給孝武帝為后〔註109〕，親上加親。王偃與褚湛之處於同一時期，生卒年亦相近，褚湛之於孝武帝大明4年（460），年50〔註110〕，王偃年齡比褚湛之稍大。筆者以為褚湛之與王偃應該有較多的互動，但至於政治上是否有所助益則很難說。因為王偃「謙虛恭謹，不以世

〔註105〕《宋書》，卷52，〈褚湛之傳〉，頁1505。
〔註106〕《宋書》，卷71，〈徐逵之傳〉，頁1843。
〔註107〕《宋書》，卷41，〈后妃傳〉，頁1289。
〔註108〕《宋書》，卷41，〈后妃傳〉，頁1290。
〔註109〕《宋書》，卷41，〈后妃傳〉，頁1289。
〔註110〕《宋書》，卷52，〈褚湛之傳〉，頁1506。

事關懷」〔註111〕，王偃不太關懷世事，對褚湛之能否有所幫助很難說。

周嶠，汝南周氏，除了本身尚公主外，還將二女分別嫁給建平王劉宏，與盧江王劉褘。周嶠的歷任顯官，於文帝元嘉末，太子劉劭弒逆時，周嶠擔任吳興太守。因劉劭的任官，與隨王劉誕的起義檄文具至，周嶠素來「懼怯」〔註112〕，在游移不定之季，被部下所殺。由於未決定要支持哪方之前就遇害了，所以保住原本駙馬的身分〔註113〕。周嶠是褚湛之的襟兄，但是個性怯懦，筆者以為在政治上的助益不大。

褚湛之的襟弟為徐喬之，但因為其父的立場，兩人應該往來極少。徐喬之之父為徐羨之，策劃了整起劉宋少帝被廢殺的政變。

褚家在劉宋少帝被廢殺政變中，是受害者。首先少帝是褚家的外甥女婿，褚家是少帝可能的支持者。再下來褚秀之等三兄弟皆死於少帝景平二年（424）〔註114〕，同年死亡非常可疑，褚秀之死前任太常；褚淡之任會稽太守；褚裕之任雍州刺史。褚裕之死後，徐羨之等人要讓到彥之接任雍州刺史，而褚裕之剛好死在那時，豈不是太巧了，故筆者以為褚家三兄弟在政變中受害。褚秀之之子褚湛之，尚公主，並以謹實有意幹，為文帝劉義隆所知，筆者以為被文帝所知才是重點，因為單憑前面的理由，就會被文帝所知，那豈不是只要有點才幹的駙馬，那不是都要被皇帝所知。所以筆者以為是褚湛之是政變的受害者，所以為文帝所知，且文帝也是政變的參與者，要拉攏非徐羨之等人的勢力。

少帝被廢的政變後，褚家在劉宋政壇只有褚湛之資歷還不錯。其他褚家人，例如褚裕之之子褚恬之，僅官至南瑯琊太守；褚寂之，著作佐郎，早卒。褚家在少帝被廢的這場政變，受到了挫折。至於褚湛之的襟弟徐喬之，最後也死於文帝對徐羨之的那場政變之中〔註115〕。

褚湛之的襟兄弟們，分別屬於瑯琊王氏、汝南周氏、東海徐氏、盧江何氏。除東海徐氏是因為與宋武帝打天下外，其餘三者都是東晉以來的僑姓。這些襟兄弟除了徐喬之立場與褚湛之相反外，其餘王偃、周嶠、何瑀三人與褚湛之應都有所往來，但在政治助益上，受到個性的限制，前兩人都不太可

〔註111〕《宋書》，卷41，〈后妃傳〉，頁1290。
〔註112〕《宋書》，卷82，〈周朗傳〉，頁2089。
〔註113〕《宋書》，卷82，〈周朗傳〉，頁2089。
〔註114〕《宋書》，卷52，〈褚裕之等傳〉，頁1503、1504、1505。
〔註115〕《宋書》，卷43，〈徐羨之傳〉，頁1334。

能，只有何瑀或許可以。

二、褚家的駙馬──褚淵（附：褚曖、褚澄）

褚淵生於宋文帝元嘉 11 年（434）﹝註 116﹞，與父親褚湛之都尚公主，為駙馬，褚淵為宋文帝之女南郡獻公主的駙馬。這裡提一下尚公主的事，褚淵因貌美曾被宋孝武之女山陰公主，強迫當她的面首，這面首是因為公主「淫恣」，讓宋前廢帝幫她準備的。而褚淵，也是山陰公主獲得宋前廢帝的允許才這樣做。褚淵侍奉公主十餘日，「備見逼迫」，而「以死自誓」才逃過一劫﹝註 117﹞，此時褚淵 21 歲。山陰公主的駙馬是何戢，在褚淵被逼的時候，褚何兩人同居月餘日，何戢這人貌美，舉止與褚淵相似，因此被稱為「小褚公」﹝註 118﹞。從山陰公主當著駙馬何戢的面，逼褚淵當面首，可知劉宋的公主有蠻橫的一面。

當駙馬最慘的是，因為公主「專妒」，妨礙子嗣的繁衍，導致尚公主的家庭，有的因而「絕嗣」﹝註 119﹞。雖然上面這些例子有些是因為宋明帝的關係，所以略嫌誇張，褚淵一家尚公主，也不一定是這麼美好的，但褚淵卻獲得繼母吳郡宣公主的支持，將其由庶子表為嫡嗣﹝註 120﹞。

褚淵尚文帝的南郡獻公主，那文帝的其他女兒也有尚駙馬，因此褚淵的襟兄弟們，也就是文帝的女婿們，筆者將其整理為表 4-2-3。

表 4-2-3　宋文帝的公主所尚駙馬表

公主封號	駙　馬	出　　處
文帝南郡獻公主	褚　淵	《南齊書》卷 23
文帝長女東陽獻公主	王僧綽	《宋書》卷 71
文帝四女海鹽公主	趙　倩	《宋書》卷 46
文帝四女臨海惠公主	何顒之	《宋書》卷 66
文帝五女長城公主	謝　緯	《宋書》卷 52

﹝註 116﹞（梁）蕭統，《文選》（北京：中華書局，2005 年），卷 58，頁 808。褚淵卒於齊高帝建元 4 年（482）8 月 54 日，春秋四十有八，以卒年反推得知。
﹝註 117﹞《通鑑》，卷 130，宋明帝泰始元年（465），頁 4077。
﹝註 118﹞《南史》，卷 30，〈何戢傳〉，頁 768。
﹝註 119﹞《宋書》，卷 41，〈王藻傳〉，頁 1290～1991。
﹝註 120﹞《宋書》，卷 52，〈褚湛之傳〉，頁 1506。

文帝六女瑯琊貞公主	褚曖	《宋書》卷 52
文帝六女臨川長公主	王藻	《宋書》卷 41
文帝九女淮陽長公主	江恁	《宋書》卷 71
文帝十五女南陽公主	徐桓之	《宋書》卷 71
文帝十六女南郡公主	孟劭	《宋書》卷 66
文帝女盧江公主	褚澄	《南齊書》卷 23

在表 4-2-3 中，因爲褚淵是本文的主角之一，且他所尚的公主，並無記載位次，因此將其列於表中第一。接下來探討褚淵的襟兄弟們，首先是文帝長女所尚的駙馬王僧綽。王僧綽是瑯琊王氏，王曇首之子，王曇首是宋文帝重要的幕僚，因此宋文帝以長女東陽獻公主嫁給王僧綽。在宋文帝元嘉晚期，極力培養王僧綽，讓王僧綽參與朝政大小事，在劉劭巫蠱事件中，宋文帝也詢問了王僧辯的意見，可惜宋文帝猶豫不決，讓劉劭發動了弒君事件，王僧綽也死於此政變中〔註 121〕。

王僧綽雖爲褚淵的襟兄，然不太可能對褚淵有所助益，頂多是對其父褚湛之有所幫助，這是因爲劉劭弒逆之時，褚淵還未當官，或剛仕官不久。褚淵因爲尚公主，被拜爲駙馬都尉，然他的釋褐官是著作佐郎。在 26 歲以前〔註 122〕，歷經太子舍人、太宰參軍、太子洗馬、祕書丞。褚淵在祕書丞任上，因父親之死去職，此時是孝武帝大明四年（460）〔註 123〕。再著在劉劭弒逆的過程中，褚湛之將褚淵的姊姊（妹妹）嫁給始興王劉濬〔註 124〕，所以在政變前期是站在劉劭陣營當中〔註 125〕，因此與王僧綽陣營不同。

趙倩尚文帝四女海鹽公主，趙倩是劉宋的外戚。他祖父趙倫之，是孝穆皇后之弟〔註 126〕。孝穆皇后趙安宗，爲劉裕之母，生下劉裕就死了〔註 127〕。

〔註 121〕《宋書》，卷 71，〈王僧綽傳〉，頁 1850～1851。
〔註 122〕以褚湛之卒年得知，當時褚淵 26 歲。
〔註 123〕《宋書》，卷 52，〈褚湛之傳〉，頁 1506。
〔註 124〕《宋書》，卷 99，〈二兇傳〉，頁 2439。
〔註 125〕《宋書》，卷 99，〈二兇傳〉，頁 2431～2433。褚湛之，爲劉濬妃父。劉駿起兵後，褚湛之先戍守石頭城，在劉劭放棄率領水軍討伐劉駿，而選擇固守京城的決策後，被任命爲後將軍，丹陽尹。劉駿軍攻打到新亭時，褚湛之統帥水軍防禦，在劉劭進攻新亭壘失敗後，褚湛之帶著二子褚淵、褚澄投降劉駿。
〔註 126〕《宋書》，卷 46，〈趙倫之傳〉，頁 1389。
〔註 127〕《宋書》，卷 41，〈后妃傳〉，頁 1280。

趙倫之是劉裕的舅舅，其子趙伯符是劉裕的表兄弟，其孫趙倩尚劉裕的孫女海鹽公主，目的是為了親上加親。然文帝之子劉濬卻因其母受寵，出入皇宮，私通海鹽公主〔註128〕，兄妹亂倫，為了這事情趙倩極為生氣，入宮「肆罵搏擊，引絕帳帶」〔註129〕，文帝為了此事，下詔兩人離婚，並殺海鹽公主生母蔣美人，趙倩之父因而慚懼發病而死〔註130〕。趙倩與海鹽公主離婚，且此事讓劉趙兩家多少產生了嫌隙。私通的劉濬卻是褚湛之的女婿，褚淵的姊（妹）夫，所以筆者以為趙倩跟褚家的關係是緊張的〔註131〕。

何顒之尚文帝四女臨海惠公主，官至通直常侍〔註132〕。何顒之的伯父為何尚之，父親為何悠之，是盧江何氏〔註133〕。這個臨海惠公主，應是海鹽公主改封，因趙倩與海鹽公主離婚，宋文帝將公主改封為臨海惠公主，嫁給何顒之。何顒之值得關注的點在於他的伯父何尚之，在宋文帝朝，自文帝即位後，入朝擔任黃門侍郎、尚書吏部郎、左衛將軍等官，以雅好文義為宋文帝所知〔註134〕。元嘉22年（445）擔任尚書右僕射〔註135〕，元嘉25年（448）遷左僕射〔註136〕，在元嘉30年（453）的劉劭弒君事件中，擔任劉劭麾下的尚書令，劉駿打敗劉劭即位後，何尚之依舊擔任尚書令〔註137〕。何尚之在大明4年（460）過世，年79〔註138〕。何尚之作為至宋文帝，跨越劉劭弒逆，平安過度到孝武帝一朝的重臣。其經歷與褚湛之相似，但褚湛之因劉義宣謀反，因隱匿劉義宣之子，被免官禁錮，而後復官〔註139〕，而何尚之安穩如故。何顒之有其伯父何尚之在，在政治上有相當大的助益，然其官位僅至通直常侍，讓人質疑他是否早卒，抑或著他伯父死後，就難在更進一步。何顒之的狀況與褚淵相似，都有長輩的助益，然這對襟兄弟狀況就兩極，褚淵最終位

〔註128〕《宋書》，卷46，〈趙倫之傳〉，頁1390。
〔註129〕《宋書》，卷46，〈趙倫之傳〉，頁1390。
〔註130〕《宋書》，卷46，〈趙倫之傳〉，頁1390。
〔註131〕自家女婿跟別的女人私通，那個被戴綠帽的老公，應該會恨及這女婿及其家人。
〔註132〕《宋書》，卷66，〈何顒之傳〉，頁1738～1739。
〔註133〕《宋書》，卷66，〈何尚之傳〉，頁1732、1738。
〔註134〕《宋書》，卷66，〈何尚之傳〉，頁1733。
〔註135〕《宋書》，卷66，〈何尚之傳〉，頁1734。
〔註136〕《宋書》，卷66，〈何尚之傳〉，頁1736。
〔註137〕《宋書》，卷66，〈何尚之傳〉，頁1737。
〔註138〕《宋書》，卷66，〈何尚之傳〉，頁1738。
〔註139〕《宋書》，卷52，〈褚湛之傳〉，頁1506。

極人臣，何顒之卻止步於通直常侍，在政治上對褚家幫助不大。

　　謝緯尚文帝五女長城公主，謝緯為陳郡謝氏，父親謝述為謝景仁之弟，謝述本身受劉義康拔擢，是劉義康的心腹，在劉義康受牽連被貶時，還感嘆早卒的謝述，若其在則可避免此罪，宋文帝也認為如此〔註140〕。謝緯上有二兄謝綜、謝約，但謝緯素為謝綜所憎恨，所以當謝綜與舅舅范曄〔註141〕謀逆被誅時，謝緯得以保全性命〔註142〕。謝緯要到孝武帝孝建年間才返回京師，最終在明帝泰始朝擔任至正員郎中〔註143〕。謝緯雖尚文帝公主，但在文帝晚期受舅舅范曄連累而被貶，最終未能因駙馬身分而保有榮祿，其孝武、明帝朝的仕宦，有可能受到褚湛之、褚淵之助。謝緯比較可能是受到褚家幫助的人。褚淵將其女許配給謝景仁從孫、謝莊之子謝瀹〔註144〕。謝緯是謝瀹的叔父，褚淵會把女兒嫁給謝瀹，因該也有考慮到與謝家的關係，畢竟之前曾在褚裒之時，褚謝就已經通婚過一次，此次為第二次。

　　褚暖尚文帝六女琅邪貞公主，褚暖做為褚家同輩第二個尚文帝女的駙馬。褚暖是褚淵的堂兄弟，褚寂之的兒子〔註145〕。褚暖與其父褚寂之，有個共同性，都是早卒，所以褚暖止步於太宰參軍〔註146〕。褚暖對褚家來說極為可惜，因為褚暖與琅邪貞公主的婚姻就因褚暖早卒而結束。褚暖這個堂兄弟，兼襟兄弟對於褚淵的幫助甚微。文帝六女分別為琅邪貞公主，與臨川長公主，兩位公主位次都是第六，所以黃旨彥認為可能兩人為同一人轉封〔註147〕。

　　王藻尚文帝六女臨川長公主，王藻是琅邪王氏，孝武帝劉駿的小舅子，孝武帝王皇后的兄長〔註148〕。在宋文帝將女兒許配給王藻時，劉駿還是武陵王，而後王氏嫁給劉駿為武陵王妃，劉駿是宋文帝第三子〔註149〕，對宋文帝來說，王藻是女婿，而王妃為媳婦，雙方關係很親密。然王藻雖尚公主，但

〔註140〕《宋書》，卷52，〈謝述傳〉，頁1495、1497。謝景仁弟謝純，謝純弟謝述。
〔註141〕謝氏與范氏聯姻。
〔註142〕《宋書》，卷52，〈謝緯傳〉，頁1497。
〔註143〕《宋書》，卷52，〈謝緯傳〉，頁1497。
〔註144〕《南史》，卷20，〈謝瀹傳〉，頁549、553、560。
〔註145〕《宋書》，卷52，〈褚暖傳〉，頁1505。
〔註146〕《宋書》，卷52，〈褚暖傳〉，頁1505。
〔註147〕黃旨彥，《公主政治——魏晉南北朝政治史的性別考察》，台北：稻鄉出版社，2013年，頁304。表5-3-4第12欄。
〔註148〕《宋書》，卷41，〈后妃傳〉，頁1289～1290。
〔註149〕《宋書》，卷6，〈孝武帝本紀〉，頁109。

受不了臨川長公主的個性，也就是善妒，所以王藻另有小三，為了這事情，公主上報給前廢帝，王藻因而死於獄中〔註150〕。筆者以為也有可能是因為臨川長公主先尚了褚暖，而後嫁給王藻，所以王藻在先天上對公主難以釋懷。臨川長公主後來改嫁庾沖遠，婚禮未成，新郎就死了〔註151〕，筆者真懷疑新郎的死因。王藻在前廢帝朝死，所以仕官止步於東陽太守〔註152〕。前廢帝將王藻下獄，前廢帝為孝武王皇后所生〔註153〕，所以王藻是他的舅舅，而臨川長公主則是他的姑姑，為了姑姑將舅舅下獄死，這真是令人無言。對褚家來說，這個襟兄弟是幫不上忙的，因為前廢帝朝就死了，褚湛之死於孝武帝朝，而褚淵要崛起是在明帝朝，前廢帝朝剛好卡在中間，所以筆者認為這襟兄弟對褚家幫助不大。

江恁尚文帝九女淮陽長公主，徐桓之尚十五女南陽公主。這兩人可以一起看，因為這兩人能得以尚公主，都是因為父親的緣故，分別為江湛、徐湛之。江湛與徐湛之在宋文帝晚期掌握權力，居於要職，世稱「江、徐」〔註154〕，兩人同在劉劭弒君事件中被殺〔註155〕。江恁尚公主，官至著作佐郎，在劉劭弒君事件中被殺〔註156〕。徐桓之，因為早卒〔註157〕所以躲過此災。這兩位駙馬筆者以為是宋文帝為了攏絡江湛、徐湛之而許配的，然劉劭弒君事件，結束了江恁與公主的婚姻關係。對褚家來說，這兩人對褚家的幫助不大，因為褚湛之將女兒許配給劉濬，本身就較親近劉劭的集團，與江湛、徐湛之立場不一致，而孝武帝稱帝後，褚湛之、褚淵父子仍能延續權勢，江湛、徐湛之與江恁卻已遇害，僅只得到撫卹〔註158〕。

孟劭尚十六女南郡公主，孟劭是平昌安丘人，父親為孟顗，歷任侍中、僕射等官，孟顗的子女都與劉宋皇室聯姻，孟劭尚公主，孟顗的女兒分別尚彭城王劉義康與巴陵王劉休若〔註159〕。劉義康與劉休若為文帝之子，劉義康

〔註150〕《宋書》，卷41，〈后妃傳〉，頁1290。
〔註151〕《宋書》，卷41，〈后妃傳〉，頁1290。
〔註152〕《宋書》，卷41，〈后妃傳〉，頁1290。
〔註153〕《宋書》，卷41，〈后妃傳〉，頁1289。
〔註154〕《宋書》，卷71，〈江湛傳〉，頁1847。
〔註155〕《宋書》，卷71，〈徐湛之傳〉，頁1848。《宋書》，卷71，〈江湛傳〉，頁1849。
〔註156〕《宋書》，卷71，〈江湛傳〉，頁1848～1849。
〔註157〕《宋書》，卷71，〈徐湛之傳〉，頁1848。
〔註158〕《宋書》，卷71，〈徐湛之傳〉，頁1848。
〔註159〕《宋書》，卷66，〈孟顗傳〉，頁1737。

死於宋文帝朝〔註160〕，劉休若被宋明帝所殺〔註161〕。孟家的聯姻最終至明帝朝，至於這個襟弟似乎對褚家幫助不大，因爲並無記載孟劭的官職，想必仕途不順。

褚淵的弟弟褚澄，也尚文帝女盧江公主〔註162〕。褚澄歷官清顯，齊高帝建元元年（479）擔任吳郡太守，遷左民尚書，褚淵死後擔任侍中、領右軍將軍，於齊武帝永明元年（483）過世〔註163〕。褚澄基本上在仕途上，多得褚淵的照顧。這可以看到後廢帝元徽 2 年（474），劉休範造反，褚淵入衛殿省，但褚澄開東府門接納叛軍〔註164〕。此亂平定後，褚澄不但沒是，褚淵還以褚澄爲吳郡太守：

> 司徒左長史蕭惠明言於朝日：「褚澄開門納賊，更爲股肱大郡，王蘊
> 力戰幾死，棄而不收；賞罰如此，何憂不亂！」（褚）淵甚慙〔註165〕。

蕭惠明爲了這事加以批判，認爲褚澄接納叛軍還能，換到大郡擔任太守，而王蘊卻被視而不見，賞罰有失公平，講到褚淵感到慚愧。褚澄的接納叛軍，就因爲褚淵之故，被帶過，故筆者認爲是褚淵在仕途上照顧褚澄。兄弟二人同尚宋文帝的女兒，同爲駙馬。

三、尚劉宋王女的褚球

褚球是褚家最後一個娶劉宋王女的人，因爲此時劉宋已滅亡。褚球的父親褚續尚劉宋的公主，祖父褚曖也尚劉宋公主〔註166〕。褚曖在前面已有提及，褚續官至太子舍人〔註167〕，褚球三代都尚劉宋公主或王女，不過褚球的情形比較特殊：

> 宋建平王景素，元徽中誅滅，惟有一女得存，其故吏何昌寓、王思
> 遠聞（褚）球清立，以此女妻之，因爲之延譽〔註168〕。

褚球娶了劉景素之女，而這個婚姻是劉景素的部下何昌寓、王思遠所辦的，

〔註160〕《宋書》，卷68，〈劉義康傳〉，頁1797。
〔註161〕《宋書》，卷72，〈劉休若傳〉，頁1884。
〔註162〕《南齊書》，卷23，〈褚澄傳〉，頁432。
〔註163〕《南齊書》，卷23，〈褚澄傳〉，頁432。
〔註164〕《通鑑》，卷133，後廢帝元徽2年（474），頁4177～4178、4181。
〔註165〕《通鑑》，卷133，後廢帝元徽2年（474），頁4184。
〔註166〕《梁書》，卷41，〈褚球傳〉，頁590。
〔註167〕《梁書》，卷41，〈褚球傳〉，頁590。
〔註168〕《梁書》，卷41，〈褚球傳〉，頁590。

因爲劉景素早在後廢帝元徽年間就被殺。褚球透過這婚姻、得以「延譽」
〔註169〕。

　　乍看之下就是褚球娶了劉景素的孤女，然實際上要探討一下劉景素，然
後再來看這場婚姻。劉景素是宋文帝的孫子，建平王劉宏之子〔註170〕，宋明
帝時擔任南徐州刺史，宋明帝大行殺戮，所以宋文帝諸子盡歿，孫輩以劉景
素爲長，當後廢帝狂兇失道之際，朝野內外都認爲劉景素該當神器〔註171〕。
劉景素的聲望很高，因此得罪了後廢帝的生母陳氏，與楊運長、阮佃夫等人。
在後廢帝元徽3年（475）劉景素就被誣告過謀反，此事楊運長等要派兵討伐，
袁粲與蕭道成主張保持觀望，後劉景素派遣其世子劉延齡還都申明〔註172〕。
由於陳氏與楊運長等人猜疑，於是劉景素聚集了一群幕僚以爲自保，並多結
納才力之士，以及失志武人〔註173〕。元徽4年（476）垣祗祖以京城潰亂，說
服劉景素造反，劉景素因而起兵。朝廷方面，遣蕭道成屯玄武湖，任農夫等
人率兵討伐，遣蕭道成世子蕭賾駐守東府城，雙方交戰，劉景素敗死，爲張
倪奴所斬殺〔註174〕。

　　劉景素之事平定後，其部下王蝯、何昌寓爲之申訴，訟景素之冤〔註175〕，
沒有成功。所以劉景素部下劉璡，在齊高帝建元年間再度上書，蕭道成不省
〔註176〕。筆者以爲或許是因爲蕭道成有參與平定劉景素之亂，因此不受理此
申訴。此事要到齊武帝〔註177〕下詔：

　　　宋建平王劉景素，名父之子，少敦清尚。雖末路失圖，而原心有本。
　　　年流運改，宜弘優澤，可聽以王禮還葬舊墓〔註178〕。
劉景素因而得以，還葬家族舊墓，大逆罪人的包袱得以洗清。

　　褚球在娶劉景素之女時，應在齊武帝下詔之後，此時劉景素罪名洗清，

〔註169〕《梁書》，卷41，〈褚球傳〉，頁590。
〔註170〕《宋書》，卷72，〈劉景素傳〉，頁1858、1860。
〔註171〕《宋書》，卷72，〈劉景素傳〉，頁1861。
〔註172〕《宋書》，卷72，〈劉景素傳〉，頁1861。
〔註173〕《宋書》，卷72，〈劉景素傳〉，頁1862。
〔註174〕《宋書》，卷72，〈劉景素傳〉，頁1862～1863。
〔註175〕《宋書》，卷72，〈劉景素傳〉，頁1863。
〔註176〕《宋書》，卷72，〈劉景素傳〉，頁1863、1868。頁1863～1868爲劉璡上書的
　　　　內容。
〔註177〕《宋書》，卷72，〈劉景素傳〉，頁1868。今上即位，下詔，沈約修《宋書》
　　　　時，今上爲齊武帝。
〔註178〕《宋書》，卷72，〈劉景素傳〉，頁1868。

何昌寓、王思遠兩人，代替劉景素，將其女許配給褚球。案褚球於梁武帝中大同年間擔任太府卿，其卒年 70〔註179〕。梁武帝中大同年間，約爲西元（546～547），梁武帝於天監 1 年（502）即位，中大同年間，梁武帝已在位 45 年左右。故褚球 70 歲過世，他約 25 歲以前在蕭齊仕宦，約 26 歲以後爲梁武帝臣子。褚球在蕭齊仕宦之時，應在蕭齊的晚期，齊明帝至和帝之間。此時劉景素罪名已洗清，故褚球娶劉景素女，不會受其連累。

何昌寓、王思遠將劉景素女許配給褚球，考量到褚球，祖、父兩代都尚劉宋的公主，所以褚球家有兩位劉宋的公主，可以照顧劉景素之女。褚球家的政治立場比較親宋，因爲褚家對於褚淵，支持蕭道成一事，是有不同聲音的。褚淵堂弟褚炤從對處淵之子褚賁的對話：

> 褚淵從弟前安成太守炤謂淵子賁曰：「司空今日何在？」賁曰：「奉璽綬在齊大司馬門。」炤曰：「不知汝家司空將一家物與一家，亦復何謂！」〔註180〕。

從這段對話，可以看出，褚炤對於褚淵的支持禪代行爲深爲感嘆，褚炤還在褚淵的宴會上感嘆：

> 褚炤歎曰：「彥回少立名行，何意披猖至此！門戶不幸，乃復有今日之拜。使彥回作中書郎而死，不當爲一名士邪！名德不昌，乃復有期頤之壽！」〔註181〕。

褚炤的感嘆，讓褚淵固辭司徒不拜，其子褚賁甚至讓封爵給其弟褚蓁，理由是恨褚淵失節於宋室，並且終身不復仕宦〔註182〕。由此可見，褚家在情感上較多人親近劉宋，何昌寓、王思會將劉景素女許配給褚球。

第三節　褚家與士族的婚姻與往來

一、褚家與士族的婚姻

本節主要探討褚裒與謝眞石聯姻，褚淵之女與謝瀹的聯姻。褚裒之妻謝氏爲尋陽鄉君〔註183〕，謝氏名曰眞石，屬於陳郡謝氏。根據謝鯤的墓誌

〔註179〕《梁書》，卷 41，〈褚球傳〉，頁 590。
〔註180〕《通鑑》，卷 135，齊高帝建元元年（479），頁 4225。
〔註181〕《通鑑》，卷 135，齊高帝建元元年（479），頁 4225。
〔註182〕《南齊書》，卷 23，〈褚賁傳〉，頁 432。
〔註183〕《晉書》，卷 32，〈褚太后傳〉，頁 975。

銘裡面提到「息尙，仁祖，女眞石」〔註184〕。謝鯤之子爲謝尙，字仁祖〔註185〕，所以墓誌所說的意思是「子謝尙繼承，字仁祖，有女謝眞石」。褚裒與謝眞石結婚，所以康獻褚皇后的舅舅就是謝尙〔註186〕，這是褚謝的第一代聯姻。

褚謝第二次聯姻是褚淵之女嫁給了謝瀹〔註187〕。原本褚家是要找瑯琊王氏的王秀之聯姻，王秀之拒絕了，然後才找謝瀹聯姻。在輩分上，褚淵爲八世，王秀之爲九世，謝瀹爲八世〔註188〕，褚淵本意是要找小輩結婚，最後不得已選擇平輩的謝瀹。王秀之不肯的原因，可能是因爲王秀之自祖父王敬弘開始，就不事權貴，因此對於擔任吏部侍郎的褚淵〔註189〕，產生了拒婚之意。

謝瀹的祖父謝弘薇，父親謝莊，四位兄長颺、朏、顥、㴑，世人稱呼他們與謝瀹爲風、月、景、山、水。謝瀹獲得水的評價，當他七歲時，王彧見到他感到訝異，轉而推薦給宋孝武帝，宋孝武帝招見謝瀹時，謝瀹位於人群之中，但謝瀹「舉動閑詳，應對合旨」〔註190〕，宋孝武帝極爲滿意，本要招爲駙馬，但沒有招成。當褚淵在打聽謝瀹時，打聽到謝瀹「年少、清正、不惡」〔註191〕，就招爲女婿，還厚爲資送〔註192〕。

褚家與謝家兩度聯姻，被記載在正史之中，這屬於鳳毛麟角，絕大多數都需要靠墓誌來解決。那我們不禁要問，爲何褚家無法向謝家一樣，多代與姻親聯姻，自褚裒以降，要等到褚淵之時才再度與謝家聯姻。這最大的關鍵在於子嗣上，子嗣多才可以多代聯姻，子嗣少就只能有效投資，以褚家爲例就投資褚裒之女褚蒜子與褚爽之女褚靈媛嫁給東晉皇室。

回頭看到褚謝兩家的比較：褚家子嗣不多，第四、五代，僅褚希、褚歆、褚熙、褚太后（蒜子）、褚爽。謝家四五代有謝琰，謝琰的父、伯、叔：謝攸、

〔註184〕趙超，《漢魏南北朝墓誌彙編》（天津：天津古籍出版社，2008年），頁18。
〔註185〕《晉書》，卷79，〈謝尙傳〉，頁2069。
〔註186〕《晉書》，卷79，〈謝尙傳〉，頁2071，《晉書》，卷83，〈顧和傳〉，頁2165。
兩處都有提到謝尙與褚太后的甥舅關係。
〔註187〕《南齊書》，卷43，〈謝瀹傳〉，頁763。
〔註188〕汪藻，《世說人名譜校箋》，收錄在《世說新語校箋》，頁25、53、97。
〔註189〕《南史》，卷24，〈王秀之傳〉，頁651～652。
〔註190〕《南齊書》，卷43，〈謝瀹傳〉，頁763。
〔註191〕《南齊書》，卷43，〈謝瀹傳〉，頁763。
〔註192〕《南齊書》，卷43，〈謝瀹傳〉，頁763。

謝淵、謝靖、謝玄。姑姑：謝道韞、謝道粲、謝道輝。謝琰的兄弟：謝璵、謝球。謝琰的姊妹：謝令芬、謝令和、謝令范、謝令愛，共計謝家這兩代有14人〔註193〕，遠比褚家的4人多出三倍，這還不計謝奕的兄弟謝安等人的子孫。褚家的子嗣單薄，所以無法像謝家這樣開枝散葉，聯姻僑姓高門，頂多在僑姓中擇四人結爲親家，因爲褚蒜子已嫁給東晉皇室。

二、《世說新語》中褚裒與士族的互動

　　有別於褚翜以流民帥的身分，進而開啓褚家的政治生命，褚裒成功的華麗轉身，打入了士族當中，成爲僑姓家族。在《世說新語》中提到褚裒的有9例，間接提到的有 1 例。那我們就藉由《世說新語》的記載，來看褚裒與士族的互動。本文在這邊爲了展現褚裒的形象，因此引文加以翻譯。首先是《世說新語‧德行第一》：

　　　　謝太傅絕重褚公，常稱：「褚季野雖不言，而四時之氣亦備」〔註194〕
謝安非常敬重褚裒，常對人說褚裒雖然嘴裡不說，但像一年四季的氣象一樣，樣樣具備，氣度弘遠。在《世說新語‧賞譽第八》，也稱讚褚裒：

　　　　桓茂倫（桓彝）云：「褚季野皮裡陽秋」謂其裁中也〔註195〕。
桓彝稱讚褚裒皮裡陽秋，在外表上不置臧否，但內心隱含褒貶，而不說出來，且他的判斷裁中，不會偏頗一邊。皮裡陽秋本爲皮裡春秋，是爲了避諱，避東晉簡文帝之母鄭太后之名〔註196〕。

　　從謝安跟桓彝的稱讚來看，褚裒是個言語謹慎的人，時常把話埋在心裡，不說出來，內心有把尺，自有評斷，簡單來說褚裒的城府有點深。稱讚者是謝安與桓彝。謝安是謝真石的從兄，謝真石是褚裒的老婆，所以謝安跟褚裒是姻親關係，小舅子的關係。所以謝安稱讚褚裒很合理，因爲都是親戚。在官位上來看，謝安從政時，已經 40 歲了〔註197〕，謝安於孝武帝太元 10 年（385）過世〔註198〕，卒年 66〔註199〕。當謝安 40 歲仕宦時，是穆帝升平 4

〔註193〕韓理洲等輯校，《全三國兩晉南朝文補遺》（陝西，三秦出版社，2013 年），頁 228～229，〈謝琰墓誌〉。
〔註194〕楊勇，《世說新語校箋》，（北京：中華，2009 年），〈德行第一〉，頁 33。
〔註195〕《世說新語校箋》，〈賞譽第八〉，頁 407。
〔註196〕《世說新語校箋》，〈賞譽第八〉，頁 407。校箋 1。
〔註197〕《晉書》，卷 79，〈謝安傳〉，頁 2073。
〔註198〕《晉書》，卷 9，〈孝武帝本紀〉，頁 234。
〔註199〕《晉書》，卷 79，〈謝安傳〉，頁 2076。

年（360），而褚裒已於穆帝永和 5 年（349）過世〔註200〕了。

　　當謝安稱讚褚裒之時，應該屬於還未仕宦的時期，因此謝安稱讚褚裒，可以拉攏親戚關係，傳出去對褚裒與謝安兩人都好。桓彝是桓溫之父，擔任宣城內史，死於蘇峻之亂〔註201〕。蘇峻之亂發生於成帝時期，此時褚裒還在擔任郗鑒的參軍〔註202〕。桓彝對褚裒的稱讚相當的早，屬於褚裒年輕的時期，且褚裒自少就被人稱讚有「簡貴」之風〔註203〕。由此可見褚裒相當年輕就打入了士族的圈子當中，並獲得讚賞。

　　褚裒早有名聲在外傳播，但本人卻很少被人認出，產生了相見不相識的狀況。在《世說》中保留了兩例的趣事，先是《世說新語・雅量第六》：

　　褚公於章安令遷太尉記室參軍，名字已顯而位微，人未多識，公東出，乘估客船，送故吏數人投錢唐亭住，爾時吳興沈充爲縣令，當送客過浙江，客出，亭吏驅公移牛屋下，潮水至，沈令起彷徨，問：「牛屋下是何物？」吏云：「昨有一傖父來寄亭中，有尊貴客，權移之」令有酒色，因遙問「傖父欲食餅不？姓何等？可共語」褚因舉手答曰：「河南褚季野」遠近久承公名，令於是大遽，不敢移公，便於牛屋下修刺詣公，更宰殺爲饌，具於公前，鞭撻亭吏，欲以謝慚，公與之酌宴，言色無異，狀如不覺，令送公至界〔註204〕。

這事件發生在褚裒年輕的時候，由章安令遷太尉的記室參軍，太尉爲郗鑒，郗鑒進位太尉〔註205〕，褚裒擔任記室參軍時，適逢蘇峻之亂，車騎大將軍〔註206〕郗鑒以褚裒爲參軍〔註207〕。這裡的太尉爲郗鑒的尊稱，此事件發生在蘇峻之亂期間，因爲亂平後，褚裒就遷官司徒從事中郎〔註208〕。

　　回到事件：褚裒在擔任參軍的時候，已經小有名氣了，但很多人還沒見過他。有一天褚裒坐船送幾名以前的部屬，到錢唐亭暫住，恰巧當時擔任吳

〔註200〕《晉書》，卷8，〈穆帝本紀〉，頁196。
〔註201〕《晉書》，卷74，〈桓彝傳〉，頁1941。
〔註202〕《晉書》，卷93，〈褚裒傳〉，頁2415。
〔註203〕《晉書》，卷93，〈褚裒傳〉，頁2415。
〔註204〕《世說新語校箋》，〈雅量第六〉，頁326～327。
〔註205〕《晉書》，卷67，〈郗鑒傳〉，頁1800。
〔註206〕《晉書》，卷67，〈郗鑒傳〉，頁1799。蘇峻之亂時，郗鑒已進位爲車騎大將軍，而《晉書・褚裒傳》作車騎將軍，改之。
〔註207〕《晉書》，卷93，〈褚裒傳〉，頁2415。
〔註208〕《晉書》，卷93，〈褚裒傳〉，頁2415。

興縣令的沈充，也送客人居於錢唐亭，此時興許是沒房間了，所以管理錢唐亭的亭吏，就驅趕褚裒去住牛屋。恰巧錢塘江漲潮，沈充就問說住在牛屋的人是誰？亭吏回答是一個傖父，傖是南方人對北方僑姓的蔑稱，這亭吏是南方人。於是沈充也喝了點酒就問說：「傖父你要吃餅嗎？姓什麼呢？要過來聊聊嗎？」褚裒拱手答到：「河南的褚季野（褚裒的字）」。當時褚季野的名字遠近馳名，沈充想到之後大爲驚訝，不敢讓褚裒移步，就親身前往牛屋，以名刺拜詣褚裒，然後準備酒宴，還鞭打不長眼的亭吏，想讓褚裒不要生氣。但褚裒在席間，並無異色，狀若不覺。隔日，沈充就送褚裒前往縣界。

在《世說新語・輕詆第二十六》也有件事，與之相似：

> 褚太傅初渡江，嘗入東，至金昌亭。吳中豪右，燕集亭中。褚公雖素有重名，于時造次不相識別。敕左右多與茗汁，少箸粽，汁盡輒益，使終不得食。褚公飲訖，徐舉手共語云：「褚季野！」於是四座驚散，無不狼狽〔註209〕。

褚裒坐船東渡時，人聞其名，而不識其人。有一天，吳中的豪右在金昌亭聚會，褚裒恰巧也參加了，吳中的豪右就故意讓下人，多給茶，而少給茶點，每當褚裒喝了一口茶，就馬上滿上，不讓褚裒可以吃茶點。褚裒遇到這事情，就把茶一飲而盡，然後緩緩報出他的名字，吳中的豪右倉皇而逃。

從這兩個事件中，我們可以看出，其一褚裒年輕時，很多人久聞其名，而不識其人，因此才會發生兩件趣事。其二，兩事件的肇事者，沈充、錢唐亭吏、吳中豪右，都是南方人，因此對北方來的褚裒，會有所輕視，或無理，或喚傖父，或戲弄之，這反映北方來的僑姓，與南方人之間多少有點嫌隙，只是在事件中以行動表現出來。其三，褚裒這人你能說他寬厚也好，城府深也好，褚裒都能保有一定的姿態，符合皮裡春秋的形象，只是在前個事件中，沈充送至界，而後個事件，吳中豪右嚇到逃竄。

緊接著還有六例，我們依照《世說新語》的編排方式，依序探討首先是《世說新語・言語第二》：

> 何驃騎（何充）亡後，徵褚公入，既至石頭，王長史、劉尹同詣褚，褚曰：「眞長何以處我？」眞長顧王曰：「此子能言」褚因視王，王曰：「國自有周公」〔註210〕。

〔註209〕《世說新語校箋》，〈輕詆第二十六〉，頁743。
〔註210〕《世說新語校箋》，〈言語第二〉，頁101。

當何充過世之後，朝廷徵招褚裒入朝，來到建康的石頭城時，王長史（胡之）與劉尹（劉遐（劉眞長））一同前往探視，王長史勸褚裒「國自有周公」〔註211〕，意思是希望褚裒把大位讓給司馬昱。其實這例子是引用自《晉陽秋》：

> （何）充之卒，議者謂太后父（褚）裒宜秉朝政，裒自丹徒入朝。
> 吏部尚書劉遐勸（褚）裒曰：「會稽王令德，國之周公也，足下宜以
> 大政付之」裒長史王胡之亦勸歸藩，於是固辭歸京口。〔註212〕

這例子較《世說》完整，何充過世，需要有人入朝秉政，掌握大權，因此褚裒被人推舉，褚裒也順勢自丹徒入朝。吏部尚書劉遐勸褚裒說，會稽王司馬昱是國之周公，建議褚裒把大權讓給司馬昱，而王胡之亦勸之。褚裒因而歸藩。在此例中，王長史是王胡之，劉尹是劉遐，整個前後順序都清楚了。

此例乍看之下好像僅只是褚裒讓大位給司馬昱，但這事情開啓了司馬昱掌握大權，歷經穆、哀、海西公三朝，是褚太后與司馬昱合作的開始。然最早是褚太后掌握大印，司馬昱理政，外朝分別為徐兗——褚裒與荊州——桓溫的勢力，褚太后與司馬昱各自掌握一股外朝力量，然褚裒北伐敗亡後，徐兗的勢力若入司馬昱手中，改由荀羨、殷浩等人掌握，最後被桓溫所奪。

回到例子當中，探討一下劉尹與王長史。劉尹是吏部尚書劉遐。在《晉書・劉遐傳》所載的劉遐不是同一個，《晉書・劉遐傳》中所載的劉遐，為廣平易陽人，善於弓馬，在王敦再叛時，與蘇峻一同率軍入援，以戰功封為泉陵公、散騎常侍、監淮北軍事、北中郎將、徐州刺史。於成帝咸和元年（326）卒〔註213〕。褚裒被任命為錄尚書事，是在穆帝永和元年（345）〔註214〕，此時《晉書・劉遐傳》所載的劉遐早已過世多時。所以《世說新語》這邊所提的劉遐，為吏部尚書劉遐，另一個劉遐。

至於王長史是王胡之，瑯琊王氏，父親王廙為王導從弟〔註215〕，所以王胡之為王導的姪子。王胡之是次子，弱冠時就有聲譽〔註216〕，曾擔任過褚裒的長史，並與吏部尚書劉遐一同勸說褚裒，將錄尚書事一直讓給會稽王司馬

〔註211〕《世說新語校箋》，〈言語第二〉，頁101。
〔註212〕《世說新語校箋》，〈言語第二〉，頁101。引自劉孝標注，因《晉陽秋》亡佚。
〔註213〕《晉書》，卷81，〈劉遐傳〉，頁2130。
〔註214〕《通鑑》，卷97，穆帝永和元年（345），頁3065。
〔註215〕《晉書》，卷76，〈王廙傳〉，頁2003。
〔註216〕《晉書》，卷76，〈王廙傳〉，頁2005。

昱〔註217〕。王胡之之後歷任郡守、侍中、丹陽尹等官，在石虎死後，被任命為西中郎將，司州刺史，以風眩疾固辭，最終因病而卒〔註218〕。王胡之曾擔任過褚裒的長史，其本身又出自瑯琊王氏，與褚裒同為士族，所以《世說新語》會記載到兩人的互動情形。

　　接下來是《世說新語・文學第四》的部分，文學指的是文章博學，時人對於文學概念之實，可分為經學（即儒學）、玄學、文學三塊，是本文重要部分〔註219〕。關於褚裒此例歸於玄學的範疇當中：

> 褚季野語孫安國云：「北人學問，淵綜廣博」孫答曰：「南人學問，
> 清通簡要」支道林聞之曰：「聖賢固所忘言，自中人以還，北人看書，
> 如顯處視月；南人學問，如牖中窺日」〔註220〕

褚裒跟孫盛說，你們北方人做學問「淵綜廣博」〔註221〕，孫盛回說你們南方人做學問「清通簡要」〔註222〕，支道林聽到後說：「北方人看，如同在敞亮處看月亮，南方人做學問，如同窗中看月亮」。簡言之，支道林的意思是北方人做學問見林不見樹，南方人做學問見樹不見林。唐長孺也關注到此例，他認為南北的區分在於黃河，孫盛是太原人也就是黃河以北的北方人，褚裒是陽翟人，是黃河以南的南方人，這些東遷的僑人並不放棄原有籍貫，至於孫褚二人的對話是南北僑人彼此推重〔註223〕。

　　褚裒跟孫盛的對話並不僅只一例，還有一例，再談到下一例之前，我們先來談一下孫盛。孫盛，太原中都人。十歲時因避難渡江，及長，博學且善言名理，能與殷浩對論。起家著作郎，補瀏陽令，曾被陶侃請為參軍，被庾亮引為征西主簿，後轉參軍。庾亮之後由庾翼接替，以孫盛為安西諮議參軍，遷廷尉正。桓溫代庾翼後，以孫盛為參軍，一同參與伐蜀。累遷桓溫的從事中郎、長沙太守、秘書監、給事中等官。孫盛最重要的是在撰寫史書方面有所貢獻，著有魏氏春秋、晉陽秋等，其中晉陽秋因為直書桓溫，枋頭大敗，孫盛之子迫於桓溫所逼而改，但孫盛卻將原本寄給了北方的慕容儁，使這段

〔註217〕《晉書》，卷93，〈褚裒傳〉，頁2416。
〔註218〕《晉書》，卷76，〈王廙傳〉，頁2005。
〔註219〕《世說新語校箋》，〈文學第四〉，頁170。校箋1。
〔註220〕《世說新語校箋》，〈文學第四〉，頁193～194。
〔註221〕《世說新語校箋》，〈文學第四〉，頁193～194。
〔註222〕《世說新語校箋》，〈文學第四〉，頁193～194。
〔註223〕唐長孺，〈讀《抱朴子》推論南北學風的異同〉，《魏晉南北朝史論叢》河北：河北教育出版社，2002年，頁347。

史料得以存於遼東，而後東晉孝武帝再重金購回〔註224〕。

褚裒與孫盛的第二次對話被收錄在《世說新語・排調第二十五》：

> 褚季野問孫盛：「卿國史何當成？」孫云：「久應竟，在公無暇，故
> 至今日」褚曰：「古人『述而不作』，何必在蠶室中？」〔註225〕

褚裒問孫盛說：「你國史寫得怎樣啦？」孫盛回答說：「太忙了都沒時間可以寫」，褚裒就回答說：「那些古人都『述而不作』，你又何必學司馬遷硬是要寫史書出來勒？」這裡『述而不作』指的是敘述闡明前人的學說，而自己不創作。司馬遷下蠶室受宮刑後，完成《史記》這大作，褚裒以蠶室借代寫史書。

從褚裒跟孫盛的對話，我們可以看出兩人交情相當不錯，褚裒這人皮裡春秋，講話相當保守，居然會排調孫盛。排調指的是調弄、嘲戲〔註226〕。褚裒開口調侃了孫盛，在此之前又推崇他的學問，故筆者以為兩人交情相當不錯。

接下來是《世說新語・識鑒第七》：

> 武昌孟嘉作庾太尉州從事，已知名，褚太傅有知人鑒，罷豫章還，
> 過武昌，問庾曰：「聞孟從事佳，今在此不？」庾云：「卿自求之」
> 褚眄睞良久，指嘉曰：「此君小異，得無是乎？」庾大笑曰：「然」
> 于時既歎褚之默識，又欣嘉之見賞〔註227〕。

孟嘉擔任庾亮的從事，頗有名氣，而褚裒以知人、鑒人聞名。褚裒有天來到武昌，就問庾亮說：「你的部下孟從事很優秀，今天有在這嗎？」庾亮回答：「你自己找吧，都在這了」。於是褚裒仔細地觀看庾亮的這些僚佐，指著孟嘉問說：「這人異於常人，是不是他？」庾亮笑而答之。在場的人嘆服褚亮的眼光，也高興孟嘉被人欣賞。孟嘉，江夏人，孫吳時期司空孟宗的曾孫。庾亮在江州刺史任上，以孟嘉為廬陵從事，後轉勸學從事。此事件也被收錄在《晉書・孟嘉傳》中，《晉書》所載，庾亮認為褚裒得到孟嘉，與孟嘉被褚裒所得，都是很高興的事情。孟嘉後為桓溫的參軍，深受桓溫重視，累遷從事中郎、長史，53歲卒於家。孟嘉與桓溫關係密切，《晉書・孟嘉傳》正是被收錄在《晉書・桓溫傳》傳後，為附傳。筆者以為孟嘉可能是因為早逝，以至於官只擔

〔註224〕《晉書》，卷82，〈孫盛傳〉，頁2147～2148。
〔註225〕《世說新語校箋》，〈排調第二十五〉，頁715。
〔註226〕《世說新語校箋》，〈排調第二十五〉，頁699。校箋1。
〔註227〕《世說新語校箋》，〈識鑒第七〉，頁359。

任到長史，未能在更進一步，而卒於家中。

在陶淵明〈晉故征西大將軍長史孟府君傳〉：

> 太傅河南褚裒，簡穆有器識，時爲豫章太守，出朝宗亮。正旦大會
> 州府人士，率多時彦，君在坐次甚遠。裒問亮：「江州有孟嘉，其人
> 何在？」亮云：「在坐，卿但自覓。」裒歷觀，遂指君謂亮曰：「將
> 無是耶？」亮欣然而笑，喜裒之得君，奇君爲裒之所得。乃益器焉
> 〔註228〕。

此例與《世說新語》的情節，極爲相似，但必較重要的是「出朝宗亮」這四
個字。在《世說》中提到，褚裒卸任江州刺史（罷豫章），前往武昌，但陶淵
明文有「出朝宗亮」四個字，朝宗指的是晉代禮謁上官的專屬稱呼〔註229〕，
因此這四個字的意思是褚裒禮謁上官庾亮，這代表褚裒是庾亮的下屬。這故
事場景就從拜訪庾亮，改爲謁見上司庾亮時所發生的事。

接著是《世說新語・輕詆第二十六》：

> 褚太傅南下，孫長樂於船中視之。言次，及劉眞長死，孫流涕，因
> 諷詠曰：「人之云亡，邦國殄瘁」褚大怒曰：「眞長平生，何嘗相比
> 數，而卿今日作此面向人！」孫回泣向褚曰：「卿當念我！」時咸笑
> 其才而性鄙〔註230〕。

褚裒南下，孫綽也上船探視他，雙方談到劉遐過世，孫綽流涕諷詠：「賢德的
人都逃亡了，國家要困苦了」。褚裒大怒說：「劉遐生平，何嘗與禮法之士相
提並論，你今天裝這面孔對著我」孫綽止住淚對褚裒說：「你該同情我」。當
時人都嘲笑孫綽有才華，但性子庸俗。《世說新語校箋》認爲這故事引自《語
林》〔註231〕：

> 褚公游曲阿後湖，狂風忽起，船傾，褚公已醉，乃曰：「此舫人皆無
> 可以招天譴者，惟有孫興公多塵滓，正當以厭天欲耳。」便欲捉孫
> 擲水中，孫懼無計，惟大呼曰：「季野卿念我。」〔註232〕

褚裒去遊曲阿後湖，突然狂風大作，船因而傾斜了。褚裒這時候喝醉了就說：

〔註228〕楊勇，《陶淵明集校箋》（台北：正文書局，1999 年），頁 283。

〔註229〕《世說新語校箋》，〈假譎第二十七〉，頁 771。校箋 2。

〔註230〕《世說新語校箋》，〈輕詆第二十六〉，頁 745。

〔註231〕《世說新語校箋》，〈輕詆第二十六〉，頁 745。校箋 1。

〔註232〕（宋）李昉，《太平御覽》，台北：台灣商務印書館，1997 年，卷 66，頁 445。
《御覽》引《語林》。

「這船的人都不會招天譴，只有孫綽例外」，於是讓人要把孫綽丟下水，孫綽徬徨無措，只好大喊：「褚裒兄你要同情我啊」。

這兩個例子孫綽都喊一樣的話，但內容迥異，前者是孫綽激怒褚裒，後者卻是褚裒跟孫綽開玩笑，要把他丟下水。前者出自《世說新語‧輕詆第二十六》，輕詆指的是輕鄙而詆毀〔註233〕，後者筆者以為是戲謔，也就是開玩笑，沒有詆毀之意。我們再看到孫綽這人，他「性通率，好譏調」〔註234〕，譏調指的是譏嘲戲弄，這兩個例子發生在他身上都很有可能。

接下來這例子發生《世說新語》與《晉書》記載上的衝突，首先我們看到《世說新語‧仇隙第三十六》：

> 應鎮南作荊州，王修載、譙王子無忌同至新亭與別。坐上賓甚多，
> 不悟二人俱到。有一客道：「譙王丞致禍，非大將軍意，正是平南
> 所為耳。」無忌因奪直兵參軍刀，便欲斫，修載走投水，舸上人接
> 取，得免〔註235〕。

應詹在擔任荊州刺史時，王修載（耆之）〔註236〕與司馬無忌同往新亭餞別。此時來賓很多，沒有人注意到兩人都到了，因此有人提到司馬無忌之父為王廙所殺。司馬無忌聽到後，奪刀要砍王修載，王修載跳水逃跑，逃過一劫。在看到《晉書》的記載，《晉書‧司馬無忌傳》：

> 江州刺史褚裒當之鎮，（譙王司馬）無忌及丹楊尹桓景等餞於版橋。
> 時王廙子丹楊丞耆之在坐，無忌志欲復讎，拔刀將手刃之，裒、景
> 命左右救捍獲免。御史中丞車灌奏無忌欲專殺人，付廷尉科罪。成
> 帝詔曰：「王敦作亂，閔王遇禍，尋事原情，今王何責。然公私憲制，
> 亦已有斷，王當以體國為大，豈可尋繹由來，以亂朝憲。主者其申
> 明法令，自今已往，有犯必誅。」於是聽以贖論〔註237〕。

故事主角換成了褚裒，褚裒要前往江州擔任刺史，司馬無忌與桓景在版橋送別。當時王廙之子王耆之也來了，司馬無忌想要報仇，拔刀要砍王耆之。褚裒跟桓景命令左右保護王耆之，王耆之得免。御史忠丞車灌將此事上奏成帝，

〔註233〕《世說新語校箋》，〈輕詆第二十六〉，頁739。
〔註234〕《晉書》，卷56，〈孫綽傳〉，頁1544。
〔註235〕《世說新語校箋》，〈仇隙第三十六〉，頁832～833。
〔註236〕《晉書》，卷37，〈司馬無忌傳〉，頁1106～1107。王耆之為王廙之子，據《晉書‧王廙傳》王廙另一子王胡之字修齡。王耆之應字修載。
〔註237〕《晉書》，卷37，〈司馬無忌傳〉，頁1106～1107。

成帝下詔譴責司馬無忌，但仍讓他可以贖其罪。

這兩個故事的情節相同，同樣主角是司馬無忌與王耆之，但附近的人、地不同。在《世說新語》中是應詹，《晉書》是褚裒與桓景。《世說新語校箋》認為，《晉書》是引自《中興書》的記載，且應詹作江州刺史時，離司馬承死3年，司馬無忌太過年幼，褚裒作江州時，離司馬承死已21年，司馬無忌已任官黃門侍郎〔註238〕。今取《世說新語校箋》說法。

這兩個故事的立場也有所不同，前者是偏司馬無忌，所以直述王耆之跳水逃跑，逃過一劫，後者偏王家，是褚裒跟桓景派左右保護王耆之，王耆之得以逃過一劫，且事後成帝還下詔譴責司馬無忌。前例為奪刀，後例為拔刀，一個是倉促奪取武器，一個是有準備攜帶武器，兩個也不同。

我們回到褚裒，褚裒與桓景派人保護王耆之，不讓司馬無忌動手，在立場上偏王家，而非司馬皇室。褚裒這行為，一者為保護士族，二者為褚家政治立場較親近王家。自褚䂮入東晉以來，褚家支持的是瑯琊王氏，褚䂮在擔任丹陽尹任上，積極重建，在遷都爭議上，以實際作為支持王導的不遷都政策〔註239〕。王導死後，接任者為何充，何充為王導姊姊的兒子，妻為庾亮的妹妹，因此與王庾兩家關係都很親密。王導跟庾亮都曾上言，死後要引何充入朝，王導死後，何充與庾冰共掌朝政。但是何充與庾冰的立場相反，在成帝死後，與康帝死後，都與庾家的支持的對象不同〔註240〕。康帝死後，何充支持穆帝即位，穆帝為褚太后之子，褚裒之孫，且何充還支持褚裒入朝掌政，但褚裒讓給了會稽王司馬昱〔註241〕。所以我們看到褚䂮、褚裒兄弟，在政治上立場比較支持王導、何充一派，而非庾亮、庾冰兄弟。在這前提下，才會有褚裒與桓景保護王耆之的行為出現，若立場不同，褚裒觀望不作為即可。

〔註238〕《世說新語校箋》，〈仇隙第三十六〉，頁833～834。

〔註239〕《通鑑》，卷94，成帝咸和四年（329），頁2968。原文：「是時宮闕灰燼，以建平園為宮。溫嶠欲遷都豫章，三吳之豪請都會稽，二論紛紜未決。司徒導曰：「孫仲謀、劉玄德俱言『建康，王者之宅。』古之帝王，不必以豐儉移都。苟務本節用，何憂凋弊！若農事不修，則樂土為墟矣。且北寇游魂，伺我之隙，一旦示弱，竄於蠻越，求之望實，懼非良計。今特宜鎮之以靜，群情自安。」由是不復徙都。以褚䂮為丹楊尹。時兵火之後，民物凋殘，䂮收集散亡，京邑遂安」。

〔註240〕《晉書》，卷77，〈何充傳〉，頁2028～2030。

〔註241〕《晉書》，卷77，〈何充傳〉，頁2030。

　　回到《晉書》，褚裒這人少有簡貴之風，與杜乂「俱有盛名，冠于中興」
〔註242〕。簡貴之風指的是簡傲高貴〔註243〕的意思。褚裒與杜乂並稱，杜乂這
人「性純和，美姿容」〔註244〕。王羲之稱讚他：「膚若凝脂，眼如點漆，此神
仙人也」，桓彝也稱讚他：「衞玠神清，杜乂形清」〔註245〕。蔡謨更是在朝中
說到：「恨諸君不見杜乂也」〔註246〕。杜乂是個形象極佳，外表極為俊美之人，
褚裒能與之並稱，外貌也不會差到哪裡去。

　　綜上所述，褚裒是個溫文儒雅，外貌極佳之人，他的身上散發著簡傲高
貴的士族風度。褚裒這人本身的個性又屬於皮裡春秋，內心有一把尺，但是
卻不說出來。在《世說》中我們看到褚裒，名聞於外，但卻不識君的狀況，
褚裒雖然受到了慢待，卻保持著士族的優雅，並未破壞這形象。褚裒本身也
有些學問，所以能夠跟孫盛互相吹捧，否則就不會出現彼此稱讚學問的事情
出現。褚裒本身也帶點幽默，這可以看他戲謔孫盛修國史一事，也把孫綽丟
下水，讓孫綽哀號。褚裒本身政治立場與王家相近，因此保護王家的王耆之
免受殺戮。褚裒在仕官之時，也懂得識人，這可以看到庾亮讓他找出孟嘉，
他能一眼識出，慧眼識人。褚裒身為褚家入東晉的第二代，已經成功轉型變
成士族的一份子，並在《世說新語》中留下紀錄。這別於第一代的褚㓤，必
須以流民帥的身分盡忠，又積極地直持朝廷，好打入權力的核心圈。若要說
褚裒有什麼缺點的話，那就是軍事指揮能力極弱，這可以看到褚裒北伐的失
敗，他本人也因此病亡，以上就是褚裒這人的形象。

〔註242〕《晉書》，卷93，〈褚裒傳〉，頁2415。
〔註243〕《世說新語校箋》，〈傷逝第17〉，頁588。羊綏這人「清淳簡貴」，其意為簡
　　　　傲高貴之意。
〔註244〕《晉書》，卷93，〈杜乂傳〉，頁2414。
〔註245〕《晉書》，卷93，〈杜乂傳〉，頁2414。
〔註246〕《晉書》，卷93，〈杜乂傳〉，頁2414。

第五章　褚家的宗教信仰

　　本章主要寫褚家與宗教的關係，分為三節，分別探討褚家與佛教的關係、與道教的關係，還有與其他宗教的關係。在褚家與佛教的關係上，從褚法顯的命名入手，進而探討褚家在佛教上的行為：贊助翻譯佛經、佛屋燒香、為僧尼立寺、與信奉佛教的何氏聯姻等方面。褚家積極投入佛教活動中，另外在政治上，在「沙門敬不敬王者」一事上，褚爰、何充等朝臣與庾亮爭執不下，此事最後不了了之。最後是褚家有人出家為僧者，以及褚澄與僧人往來互動。在齊梁之際很多人都與僧人有所互動。

　　在褚家與道教關係上，褚爽將其子冠上「之」字之名，例如褚秀之、褚裕之等，緊接下一代也出現了褚湛之、褚貞之的命名。陳寅恪提出晉代天師道傳播於世冑高門，像東晉的簡文帝字「道萬」，其子「道生」「道子」，從名諱中看出處於天師道環境中。他還提到六朝注重家諱，而「之」與「道」等字不再此限，所以名字中出現這就可能與天師道有關〔註1〕。在這個基礎上，我們探討了天師道與未來的上清教，因為外在環境會影響到當時人的信仰。在晉宋之際，江南天師道興起，出現一連串以「上清」、「靈寶」冠名的經書，褚爽受環境影響下，信奉道教，並將子嗣命以道教字眼的「之」字。

　　緊接著藉由道教徒褚爽，我們來探討褚爽死後的世界觀。基本上這些神話之類的，並不存在「虛假」這含義，只要信仰者相信，這些敘事就是歷史〔註2〕。我們一面探討道經中被造神的這些晉人，另一方面列舉真實的他們。

〔註1〕 陳寅恪，《金明館叢稿初編》（北京：新華書店，2001 年），〈天師道與濱海地域之關係〉，頁 7、9。
〔註2〕 尼尼安・斯馬特《劍橋世界宗教》（台北：城邦，2004 年），頁 8～9。

在探討完褚爽後，我們探討一下海西公被廢一事，因爲筆者懷疑在這事件中，背後有上清派的影子，將推證列舉於後。

最後探討褚家與民間宗教，首先探討蔣子文與蘇峻，關於蔣子文的研究林富士已經有很多的著墨，因此引用林的著作。在蘇峻方面，出現蘇峻陪祀堯，在堯的廟中被人祭拜。筆者以爲祭拜蘇峻的信眾，最大的支持者可能是流民，因爲同屬流民身分，且蘇峻在軍事上的能力，能滿足信眾想回家的渴望。緊接著是褚家的原鄉信仰，與遷徙南下經過的地方的信仰，當初唐山過台灣時，很多人帶了原鄉信仰進入了台灣，而當時流民應有此一行爲，故筆者探討褚家的原鄉信仰，包含大禹、項羽、九山府君等等，做爲一個補充。

第一節　褚家與佛教的關係

關於宗教，什麼是宗教，宗教是與超自然存在、力量及作用力有關的信仰與儀式〔註3〕。人們相信自己可以從超自然力量得到利益，身上可充滿超自然力量，或操縱自然力量〔註4〕。因此褚家信奉佛教，藉此獲得宗教上超自然的力量爲利益。在魏晉南北朝時期，褚家先是從北方逃難至南方，繼而在東晉這個政權中扎根。旋即而來自劉裕開始的南朝時代，褚家面臨多次易代之際，在動盪中，尋求宗教的力量是極爲合理的。因爲宗教可以帶給人安慰，並且協助人們達成目標，同時滿足情緒需求與認知〔註5〕。最原始的方式就是，在姓名中鑲嵌宗教含義的命名。

褚法顯是褚家的第七代，法顯爲佛教的用字，筆者以爲或與僧人釋法顯有關。僧人釋法顯在安帝隆安 3 年（399），自長安出發西行前往天竺求經，經海路回國，在建康翻譯帶回的佛經〔註6〕。釋法顯後著有《佛國記》，該書完成於安帝義熙 12 年（416），應釋慧遠之邀，講集之餘所作〔註7〕。釋法顯在建康翻譯佛經，以《佛國記》的完成時間推估，釋法顯應在建康。故褚秀

〔註3〕 科塔克原著，徐雨村翻譯，《文化人類學》（台北：巨流圖書，2014 年），頁 366。

〔註4〕 《文化人類學》，頁 367。

〔註5〕 《文化人類學》，頁 371～372。

〔註6〕 《點校高僧傳》，頁 143～144、145。

〔註7〕 釋法顯，《佛國記》。

之可能因爲法顯譯經的這股風潮，而將其子命名法顯。褚法顯的兒子是褚炤，褚法顯官至鄱陽太守〔註8〕，生卒年，事蹟不詳。然現可以褚法顯之兄，褚湛之的生卒年作個大概的推敲。褚湛之卒於宋孝武帝大明 4 年（460），年50〔註9〕，以此反推褚湛之生於安帝義熙 6 年（410）。褚法顯爲褚湛之之弟〔註10〕，而僧人釋法顯在義熙 12 年（416）在建康翻譯佛經，寫佛國記，褚法顯可能於此時出生。因此褚秀之極有可能因爲釋法顯之故，將其子命以褚法顯之名。其次第二個原因是褚淡之的小字影響，褚淡之小字爲佛。褚淡之爲褚秀之之弟，因此會因爲有這先例在，將法顯作爲其子之名。

關於譯經部分，沙門支法領，從于闐取得《華嚴》三萬六千偈，卻沒有翻譯，到了安帝義熙 14 年（418），吳郡內史孟顗，與右衛將軍褚叔度（裕之），請京師道場寺的高僧覺賢〔註11〕擔任譯匠，與眾人將佛經譯出〔註12〕。褚裕之與孟顗兩人支持了翻譯佛經的工作。譯經是一件很重要的工作，在高僧傳中，第 1 至 3 卷都在是紀錄譯經這個工作。全書 14 卷，占了 1／4 左右的篇幅，又處於全書開頭的前三卷，足以證明重要性。

所翻譯的經書是《華嚴》經，這部經書將影響未來唐代的華嚴宗，也就是佛教重要的支派之一。廖明活〔註13〕關注到華嚴宗的教學體系以「性起」爲觀念，這出自華嚴經，這教學體系以智儼與法藏兩人的貢獻爲主。華嚴經的翻譯，分爲 60 卷本與 80 卷本，前者翻譯於晉宋之際，後者翻譯於唐代〔註14〕。前者也就是褚裕之所支持的譯經活動，然而此次翻譯的《華嚴》經，是智儼與法藏建立體系的根本〔註15〕。「性起」觀念受到普賢菩薩的影響，而《華嚴》經又有不少章品是普賢菩薩所說〔註16〕。覺賢是天竺僧人，東來東土〔註17〕，他所翻譯的佛經影響了智儼，而此次佛經的翻譯是褚裕之等人所

〔註8〕 《南齊書》，卷 32，〈褚淡之傳〉，頁 582。
〔註9〕 《宋書》，卷 52，〈褚湛之傳〉，頁 1506。
〔註10〕 《新唐書》卷 72 下，〈宰相世系表〉，頁 2727。褚秀之生四子，儔之、湛之、貞之、法顯。法顯排第四。
〔註11〕 《點校高僧傳》（上），卷 2，頁 114。又名佛陀跋陀羅。
〔註12〕 《點校高僧傳》（上），卷 2，頁 115、117。
〔註13〕 廖明活，〈華嚴宗性起思想的形成〉，收錄在《中國文哲研究集刊》第 6 期，1995 年 3 月。
〔註14〕 〈華嚴宗性起思想的形成〉，頁 31。
〔註15〕 〈華嚴宗性起思想的形成〉，頁 32。
〔註16〕 〈華嚴宗性起思想的形成〉，頁 38。
〔註17〕 《點校高僧傳》（上），卷 2，頁 117。

贊助的。筆者以爲褚家世代信佛，因爲從最早的褚䂮到褚太后（蒜子），再到褚裕之都有佛教方面的行爲，褚䂮支持沙門不敬王者論，褚太后燒香、立寺，褚裕之贊助佛經翻譯，都有一定程度與佛教產生關連。

　　接下來是宗教行爲的探討，即褚太后（蒜子）燒香。燒香是一種儀式，爲什麼要燒香？或許是與神明共享的東西，或許是香的味道可以讓人心靈寧靜，或許人們認爲香是溝通神明跟人的媒介。儀式是形式化——有固定風格，一再重複與固定的型態，人們會在特定的地點與時間舉行〔註18〕。在這裡可以看到康獻褚太后燒香的案例：

> 桓溫之廢海西公也，（褚）太后方在佛屋燒香，內侍啓云「外有急奏」，
> 太后乃出。〔註19〕

此事是因爲桓溫要廢海西公，而恰巧紀錄了褚太后佛屋燒香的事實。褚太后在佛屋燒香，燒到一半，內侍以有急奏，將褚太后從佛屋請了出來。這證明褚太后有前往佛屋燒香的行爲，湯用彤對此一行爲的解釋是，東晉皇宮之中早有造像，而後有崇奉者〔註20〕。這個在佛屋燒香的記載，因爲桓溫廢立皇帝而保留了下來。關於這行爲提出解釋，首先，褚太后燒香不是一天兩天的事，燒香做爲宗教儀式會不斷的出現。

　　褚太后燒香，其一可能是平日的宗教信仰，也可能是因爲心緒不寧或著其他因素，爲求心靈上的寧靜而做。其二可能是受到廢帝（海西公）將被廢位。此事發生於太和6年（371）11月。

　　且不論褚太后燒香的理由是平時習慣也好，或者是爲了安慰尋求內心平靜也好。褚太后在皇宮之中，面對各種挑戰，燒香拜拜這個行爲，對褚太后來說是一種幫助，並滿足褚太后在情緒上需求與認知〔註21〕。褚太后除了在皇宮燒香以外，在宮外的延興寺也會燒香。

　　在康帝建元2年（344）褚太后於於都亭里通恭巷內，立延興寺〔註22〕。僧基尼就住在寺廟直至東晉安帝隆安元年（397）過世爲止，該寺有徒眾百餘人〔註23〕。從立寺一事上來看褚太后信奉佛教最早可溯及建元2年（344），

〔註18〕　《文化人類學》，頁373。

〔註19〕　《晉書》，卷32，〈后妃傳〉，頁976。

〔註20〕　《漢魏兩晉南北朝佛教史》上冊，頁410。

〔註21〕　《文化人類學》，頁371～372。

〔註22〕　王孺童校注，《比丘尼傳校註》，北京：中華書局，2010年，卷1，頁22。

〔註23〕　《比丘尼傳校註》，卷1，頁22。

然這卻非最早的紀錄。褚太后的舅舅謝尚信奉佛教〔註24〕，耳濡目染影響了褚太后。褚裒與謝家聯姻，謝尚信佛，或多或少影響謝家信佛，褚家也信佛，因爲褚家有很多佛教行爲，兩家都是信奉佛教，佛教可以作爲兩家交流的媒介。在之後的褚太后爲其子穆帝選擇信佛家庭出身的何法倪爲后，或許是在複製這個行爲。褚太后信奉佛教，所以在建元 2 年（344）爲尼姑曇備立寺。至於佛屋燒香，此事發生在簡文帝咸安元年（371）〔註25〕，這兩件事的連結是，褚太后在宮外可以前往延興寺燒香，若在宮內則在宮內的佛屋燒香。若前往宮外則會與該寺主持僧基尼談論佛理之類的，兩人的往來應終於褚太后過世爲止，褚太后於孝武帝太元 9 年（384）過世〔註26〕，僧基尼則繼續主持該寺到隆安元年（397）過世爲止。

除了褚太后立寺外，其子穆帝也立了永安寺。穆帝與褚家有血緣，繼而行爲會受到母親的影響，所以可以做爲母親的行爲延伸。回到立寺，此事發生在穆帝永和 4 年（348），穆帝對曇備尼「禮接敬厚」〔註27〕，常對別人稱曇備尼「久看更佳」〔註28〕，並對何法倪（穆帝后）〔註29〕說，在京城的比丘尼，少有曇備之儔者。到了永和 10 年（354）爲曇備尼於定音里，立永安寺〔註30〕。關於永和 4 年（348），此時穆帝 6 歲〔註31〕。此事件可以這樣解釋，年僅六歲的穆帝，受到媽媽的影響對比丘尼曇備很禮遇，對何法倪說在京城的比丘尼，很少有曇備尼這類的。等到穆帝 16 歲時，幫曇備尼立了永安寺。

穆帝立寺除了受到母親的影響外，何法倪也很重要。何法倪是穆帝的皇后，父親是何準〔註32〕。何準是何充的弟弟，何準本身是虔誠的佛教徒，長誦佛經，並營修塔廟〔註33〕。因爲何準與其兄何充都很信佛，被人譏爲「佞

〔註24〕《點校高僧傳》（下），卷 7，頁 10。
〔註25〕《通鑑》，卷 103，簡文帝咸安元年（371），頁 3249。
〔註26〕《晉書》，卷 9，〈孝武帝本紀〉，頁 233。
〔註27〕《比丘尼傳校註》，卷 1，頁 18。
〔註28〕《比丘尼傳校註》，卷 1，頁 18。
〔註29〕《晉書》，卷 32，〈后妃傳〉，頁 977。穆章皇后，諱名法倪，要等到穆帝升平元年（357）才立后，故此時永和 4 年（348）未被立后。
〔註30〕《比丘尼傳校註》，卷 1，頁 18。
〔註31〕《晉書》，卷 8，〈穆帝本紀〉，頁 191。建元 2 年（344），穆帝兩歲即位。隔年永和元年（345）穆帝 3 歲，永和 4 年（348）年穆帝 6 歲。
〔註32〕《晉書》，卷 32，〈后妃傳〉，頁 977。
〔註33〕《晉書》，卷 93，〈外戚傳〉，頁 2417。

於佛」〔註34〕。何法倪從小就生長在佛教家庭當中，信仰也是佛教。至於穆帝，因為其母為佛教徒，因此他應該也是佛教徒。穆帝與何法倪有相同的信仰，因此在相處上會比較親近些。

在政治上何充與褚裒、褚蒜子父女是同黨，還是姻親〔註35〕。除此以外，褚裒與何充也曾聯手，藉由「沙門不敬王者論」，與當時掌權的庾亮相抗衡：

> 昔成帝幼沖，庾冰輔政，以為沙門應敬王者。尚書令何充、僕射褚
> 裒〔註36〕、諸葛恢〔註37〕等奏，不應敬禮。官議悉同充等。門下承
> 冰旨為駁。同異紛然，竟莫能定〔註38〕。

此事件分為兩方，一方為支持沙門應敬王者，以庾冰為主，另一派反對的包含何充、褚裒、諸葛恢、馮懷、謝廣〔註39〕等人，最後此事不了了之。

在《高僧傳》中，只記載了這件事，但在《弘明集》中完整的表留了三次交鋒的經過。因為褚裒是直接參與者，所以這裡花些篇幅交代一下此事：

> 晉咸康六年（340），成帝幼衝，庾冰輔政，謂沙門應盡敬王者。尚
> 書令何充等議不應敬。下禮官詳議，博士議與充同。門下承冰旨為
> 駁，尚書令何充及僕射褚翌、諸葛恢，尚書馮懷、謝廣等奏，沙門
> 不應盡敬〔註40〕。

在這事件中，支持沙門應敬王者的是庾冰，反對方為何充、褚裒、諸葛恢、馮懷、謝廣等人。因為何充、褚裒等人反對，因此交付禮官審議，那群博士最後審議的結果是贊同何充、褚裒等人的意見。何充、褚裒等人第一次上表：

> 世祖武皇帝以盛明革命，肅祖明皇帝聰聖玄覽，豈於時沙門，不易
> 屈膝？顧以不變其修善之法，所以通天下之誌也。愚謂宜遵承先帝

〔註34〕 《晉書》，卷77，〈何充傳〉，頁2031。

〔註35〕 何充的姪女嫁給了褚蒜子的兒子，雙方屬於姻親。

〔註36〕 《點校高僧傳》（上），卷6，頁353。原此處書「褚昱」。湯用彤點校，註184
提到，三本、金陵本、《洪音》、《弘明集》都寫「昱」作「翌」。然褚家擔任
僕射著有褚裒，無褚昱，亦無褚翌，此處應為誤字，故直接更正。
褚家擔任僕射的有褚裒，而無。

〔註37〕 《弘明集》作「諸葛恢」，此《高僧傳》錯誤字，直接更正。

〔註38〕 《點校高僧傳》（上），卷6，頁335。

〔註39〕 （梁）僧祐，《弘明集》，（台北：新文豐，1974年），卷12，頁11，增補馮、
謝二人。

〔註40〕 《弘明集》，卷12，頁11。

故事，於義爲長〔註41〕。

何充、褚裒等人提到了以晉武帝、明帝這麼聖明，難道不能讓沙門屈膝嗎？是因爲不想改變沙門的修善之法罷了。因此何充、褚裒等人主張承襲先帝故事。

庾冰對於這個結果相當不滿，因此，他爲成帝作詔書如下：

> 夫萬方殊俗，神道難辯，有自來矣。達觀傍通，誠當無怪。況阿跪拜之禮，何必尚然？當複原先王所以尚之之意。豈直好此屈折而坐遵槃辟哉？固不然矣。因父子之敬，建君臣之序，製法度，崇禮秩，豈徒然哉？良有以矣。既其有以，將何以易之？然則名禮之設，其無情乎？且今果有佛耶？將無佛耶？有佛耶，其道固弘；無佛耶，義將何取？繼其信然，將是方外之事。方外之事，豈方內所體？而當矯形骸，違常務，易禮典，棄名教？是吾所甚疑也。名教有由來，百代所不廢，昧旦丕顯，後世猶殆。殆之爲弊，其故難尋；而今當遠慕芒昧，依悕未分，棄禮於一朝，廢教於當世，使夫凡流傲逸憲度，又是吾之所甚疑也。縱其信然，縱其有之，吾將通之於神明，得之於胸懷耳。軌憲宏模，固不可廢之於正朝矣。凡此等類，皆晉民也，論其才智，又常人也。而當因所說之難辯，假服飾以淩度，抗殊俗之傲禮，直形骸於萬乘，又是吾所弗取也。諸君並國器也，悟言則當測幽微，論治則當重國典，苟其不然，吾將何述焉！
> 〔註42〕

庾冰主張要恢復父子之敬，建立君臣之序，並且制定法度，崇尚禮秩。基於這理由，論治當用國典，所以庾冰主張沙門應敬王者，與無佛無關。

針對庾冰的詔書，何充、褚裒等人又上表：

> 詔書如右，臣等暗短，不足以讚揚聖旨，宣暢大義。伏省明詔，震懼屏營，輒共尋詳，有佛無佛，固非臣等所能定也。然尋其遺文，鑽其要旨，五戒之禁實助王化。賤昭昭之名行，貴冥冥之潛操，行德在於忘身，抱一心之情妙，且興自漢世，迄於今日；雖法有隆衰，而弊無妖妄，神道經久，未有比也。夫詛有損也，咒必有益。臣之愚誠，實願塵露之微，增潤嵩海，區區之咒，上俾皇極。今一令其

〔註41〕　《弘明集》，卷12，頁12。
〔註42〕　《弘明集》，卷12，頁11～12。

拜，遂壞其法，令修善之俗，廢於聖世。習俗生常，必致愁懼隱之。臣心竊所未安。臣雖蒙蔽，豈敢以偏見疑誤聖聽？直謂世經三代，人更明聖，今不爲之製，無虧王法，而幽冥之格，可無壅滯，是以複陳愚誠，乞垂省察。謹啓〔註43〕。

何充、褚翜等人的意見是，有佛無佛也非他們所知，何充、褚裒認爲，沙門行德忘身，從漢代就延續至今，且其本身的五戒就已經幫助被統治與管理，助於王化，若今天令沙門跪拜，就破壞了沙門的禮俗，讓這套修善之法被廢棄於聖世。

庾冰爲成帝擬定第二道詔書：

省所陳具情旨，幽昧之事，誠非寓言所盡。然其較略及大，人神常度，粗複有分例耳。大都百王製法，雖質文隨時，然未有以殊俗參治，恢誕雜化者也。豈曩聖之不達，來聖之宏通哉！且五戒之才，善粗擬似人倫，而更於世主，略其禮敬耶？禮重矣，敬大矣，爲治之綱盡於此矣。萬乘之君非好尊也，區域之民非好卑也，而卑尊不陳，王教不得不一，二之則亂，斯曩聖所以憲章體國，所宜不惑也。通才博采，往往備其事，修之家可矣，修之國及朝則不可。斯豈不遠也？省所陳，果亦未能了有之與無矣。縱其了，猶謂不可以參治，而況都無而當以兩行耶？〔註44〕

庾冰認爲五戒粗擬人倫，略其禮敬，而禮敬是治國之綱要。君主並非好尊，百姓並非好卑，而是有了尊卑才能有王教、秩序。今日沙門修之於家可，於國則不可。

何充褚裒三度回應詔書，詔書如下：

臣等雖誠暗蔽，不通遠旨，至於乾乾夙夜，思修王度寧苟執偏管，而亂大倫？直以漢魏逮晉，不聞異議，尊卑憲章，無或暫虧也。今沙門之慎戒專專然，及爲其禮，一而已矣。至於守戒之篤者，亡身不吝，何敢以形骸而慢禮敬哉？每見燒香咒願，必先國家。欲福祐之隆，情無極已。奉上崇順，出於自然；禮儀之簡，蓋是專一守法。是以先聖禦世，因而弗革也。天網恢恢疏而不失，臣等懷懷，以爲不令致拜，於法無虧，因其所利而惠之，使賢愚莫敢不用情，則上

〔註43〕《弘明集》，卷12，頁12～13。
〔註44〕《弘明集》，卷12，頁13。

有天覆地載之施，下有守一修善之人。謹複陳其愚淺，願蒙省察。

謹啓〔註45〕。

何充、褚翜等人認爲沙門已經愼戒，已經守禮，且守戒者豈會以身犯禮。沙門燒香咒願之時，也都常祈禱國家在前，心中已有國家了。最後何充等人認爲，不讓沙門禮拜，在法律尚無虧，希望能從舊議。

基本上這表面上是庾冰與何充、褚翜等人在爭辯宗教的問題。這一年發生了一件事情，咸康6年（340）庾亮過世，前一年是王導過世〔註46〕。王導過世，由何充接任他的位置，隔年庾亮過世，庾家由庾冰主持。田餘慶在《東晉門閥政治》一書中提到，何充是王氏與庾氏衝突的產物，何充同時是王、庾兩家的親戚，所以兩家能夠接受何充做爲緩衝，然何充實際上偏袒的卻是王氏〔註47〕。這場宗教之爭，實際上是延續王、庾之爭。庾冰之所以拋出這個宗教議題，目的在試探庾亮過世，庾家的影響力問題，還有測試何充等人對於原本王家的政治勢力的掌控程度。從結果看來這爭論不了了之，實際上是庾冰已經看到結果了。庾冰所擬的詔書，受到何充、褚翜等人的反對，而有所阻攔，庾家的聲勢，受庾亮之死而有所衰退。王、庾兩家的舊有勢力仍在僵持，之後還會因爲繼位問題發生兩次爭鬥。

褚家也有人出家爲僧者，梁朝上定林寺的僧人釋法通，本姓褚，晉安東將軍揚州都督　的8世孫，11歲出家〔註48〕。釋法通爲8世孫，與褚淵、褚澄同輩。釋法通作爲褚家出家爲僧的代表。釋法通本身善於《大品》、《法華》二經，「年未登立」就擔任講匠，「學徒雲聚、千里必萃」〔註49〕，足見釋法通善於講經。在於人際的往來上，蕭齊的竟陵王蕭子良、文獻王蕭嶷「紆貴慕德，親承頂禮」。陳郡謝舉、吳國陸果、潯陽張孝秀，並「策步山門，稟其戒法」〔註50〕。謝舉屬於陳郡謝氏，又是褚家的姻親，陸果屬於吳姓，兩人分別爲僑姓與吳姓。

當時佛教僧人與皇室、士族之間是有所往來的，褚家在這方面也跟僧人有所往來，代表人物是褚澄，褚澄跟謝超宗兩人「名重當時」，對京師莊嚴寺

〔註45〕《弘明集》，卷12，頁14。
〔註46〕《晉書》，卷7，〈成帝本紀〉，頁181、182。
〔註47〕《東晉門閥政治》，頁119～120。
〔註48〕湯用彤點校《點校高僧傳》（下），台北：佛光文化，2001年，卷8，頁106。
〔註49〕《點校高僧傳》（下），卷8，頁106。
〔註50〕《點校高僧傳》（下），卷8，頁107。

的高僧釋道慧「並見推理」〔註51〕。

在《高僧傳》中，褚家與佛教僧人往來的雖僅褚澄一例，至於身為僧人與皇室、士族往來的也只有釋法通一例，然褚家這兩例已彌足尊貴。來檢視一下士族與僧人的往來情形，何尚之之言已將東晉士族與佛教互動的人，整理出來。包含王導、周顗、庾亮、謝尚、郗超、王坦之、王恭、王謐、郭文、謝敷、戴逵、許詢、何充何準兄弟、王元琳兄弟、范汪、孫綽、張玄、殷顗〔註52〕，共計20人。或許有人會說，這是東晉一朝的案例，褚家與僧人往來互動的這兩例是齊梁的案例，所以接下來就探討齊梁的案例。

表5-1-1　《點校高僧傳》（下）——齊、梁皇族、士人與僧人互動表

皇族與士人	地 點	寺 名	僧 人	士人與僧人之間的行為	卷數
齊高帝蕭道成		上定林寺	釋慧遠	前往訪視	8
齊高帝蕭道成	京師	多寶寺	釋法穎	敕為僧主，資給事事，有倍常科	11
蕭赤斧	京師	靈鷲寺	釋僧審	諮戒訓	11
豫章王蕭嶷	蜀齊後山		釋玄暢	遣使徵請	8
豫章王蕭嶷		上定林寺	釋法通（俗姓褚）	紆貴慕德，親承頂禮	8
臨川獻王蕭映	蜀齊後山		釋玄暢	死後為之立碑	8
文惠太子蕭長懋	京師	中興寺	釋僧鍾	數請南面	8
文惠太子蕭長懋	京師	靈根寺	釋法瑗	請法瑗居於靈根寺	8
文惠太子蕭長懋	蜀齊後山		釋玄暢	又遣徵迎	8
文惠太子蕭長懋	京師		釋保誌	送食餉保誌	10
文惠太子蕭長懋	京師	靈鷲寺	釋僧審	加敬事	11
文惠太子蕭長懋		上定林寺	釋玄暢	奉為戒師	13
竟陵王蕭子良	京師	中興寺	釋僧鍾	數請南面	8
竟陵王蕭子良	京師	中寺	釋法安	秉服文義，共為法友	8
竟陵王蕭子良	京師	中興寺	釋僧印	挹敬風猷，屢請講說	8
竟陵王蕭子良	京師	閑心寺	釋慧祐	遣迎出都，止於閑心寺	11
竟陵王蕭子良	京師	靈味寺	釋寶亮	躬自到居，請為法匠	8

〔註51〕《點校高僧傳》（下），卷8，頁63。
〔註52〕《點校高僧傳》（下），卷7，頁10。

竟陵王蕭子良		上定林寺	釋法通（俗姓褚）	紆貴慕德，親承頂禮	8
竟陵王蕭子良	京師	靈鷲寺	釋僧審	加敬事	11
竟陵王蕭子良	京師		釋保誌	送食餉保誌	10
衡陽王蕭元簡	剡	法華臺	釋曇斐	遠挹徽猷，招延講說	8
臨川王蕭宏	京師	建初寺	釋僧祐	崇其戒範，盡師資之敬	11
南平王蕭偉	京師	建初寺	釋僧祐	崇其戒範，盡師資之敬	11
丁貴嬪	京師	建初寺	釋僧祐	崇其戒範，盡師資之敬	11
永康定公主	京師	建初寺	釋僧祐	崇其戒範，盡師資之敬	11
王儉	京師	靈根寺	釋法瑗	待法瑗若師，書與盡敬	8
王僧虔	京師	中寺	釋法安	僧虔出鎮江州時，攜法安同行	8
王僧虔		東安寺	釋曇智	僧虔臨湘州，攜與同行	13
王奐	京師	枳園寺	沙彌釋法匱	以法匱爲師	9
王奐	鍾山	靈曜寺	釋志道	王奐出鎮湘州時，攜與同遊	11
王肅	京師	枳園寺	沙彌釋法匱	以法匱爲師	9
王肅		上定林寺	釋法獻	投身接足，崇其誡訓	13
王融		上定林寺	釋法獻	投身接足，崇其誡訓	13
王敬則	京師	靈鷲寺	釋僧審	奉米千斛，請受三歸	11
褚澄	京師	莊嚴寺	釋道慧	並見推禮	8
謝超宗	京師	莊嚴寺	釋道慧	並見推禮	8
謝超宗	京師	天保寺	釋道盛	敬以師禮	8
謝舉		上定林寺	釋法通（俗姓褚）	策步山門，稟其戒法	8
周顒	高昌郡		釋智林	周顒作《三宗論》，智林寫信給周顒，表達認同	8
周顒	蜀齊後山		釋玄暢	死後爲之制碑文	8
周顒		上定林寺	釋慧遠	投身接足，諮其戒範	8
周顒	京師	何園寺	釋慧隆	周顒：隆公蕭散森疎，若霜下之松竹	8
周顒	剡	法華臺	釋曇斐	結知音之狎	8

周捨（顒子）	剡	法華臺	釋曇斐	結知音之狎	8
周興嗣	京師	靈味寺	釋寶亮	亮死後，製文	8
何點		上定林寺	釋慧遠	投身接足，諮其戒範	8
何胤	京師	中寺	釋法安	秉服文義，共爲法友	8
何胤	剡	法華臺	釋曇斐	遠挹徽猷，招延講說	8
明僧紹		上定林寺	釋慧遠	投身接足，諮其戒範	8
吳苞		上定林寺	釋慧遠	投身接足，諮其戒範	8
張融		上定林寺	釋慧遠	投身接足，諮其戒範	8
張融	京師	中寺	釋法安	秉服文義，共爲法友	8
張融	剡	法華臺	釋曇斐	結知音之狎	8
張融		上定林寺	釋法獻	投身接足，崇其誡訓	13
張綣		上定林寺	釋法獻	投身接足，崇其誡訓	13
張暢	荊州	竹林寺	釋僧慧	造僧慧請交焉	8
張永	京師	中寺	釋法安	贊歎	8
張孝秀		上定林寺	釋法通（俗姓褚）	策步山門，稟其戒法	8
張振	京師	靈鷲寺	釋僧審	請居他寺	11
宗炳	荊州	竹林寺	釋僧慧	造僧慧請交焉	8
劉繪	京師	中寺	釋法安	秉服文義，共爲法友	8
劉瓛	京師	中寺	釋法安	秉服文義，共爲法友	8
徐孝嗣	京師	中興寺	釋僧印	挹敬風猷，屢請講說	8
徐孝嗣	山陰	雲門山寺	釋智順	崇其行解，奉以師敬	8
徐緄（孝嗣子）	山陰	雲門山寺	釋智順	孝嗣被殺後，緄避禍，爲智順身自營護	8
袁昂	山陰	雲門山寺	釋智順	死後爲其製文	8
袁昂	京師	建初寺	釋僧祐	崇其戒範，盡師資之敬	11
高爽	京師	靈味寺	釋寶亮	亮死後，製文	8
陸果		上定林寺	釋法通（俗姓褚）	策步山門，稟其戒法	8
傅琰	京師	靈鷲寺	釋僧審	諮戒訓	11
劉勰	京師	建初寺	釋僧祐	死後爲之製文	11
沈約		上定林寺	釋玄暢	死後爲之製文	13

從表 5-1-1 中來看，總人數 42 人，褚家的褚澄佔 1 人，蕭齊皇室佔 6 人，蕭梁皇室佔 5 人，王氏佔 5 人，謝氏 2 人，袁氏 1 人，何氏 2 人，周氏 3 人，明氏 1 人，吳氏 1 人，張氏 6 人，陸氏 1 人，沈氏 1 人，劉氏 3 人，徐氏 2 人，高氏 1 人，宗氏 1 人，傅氏 1 人。褚澄所代表的為 1 / 42 人。接下來來分析其中幾人，王氏佔 5 人，分別為王儉、王僧虔、王奐、王肅、王敬則。王儉，瑯琊王氏〔註53〕；王僧虔，瑯琊王氏〔註54〕；王奐，瑯琊王氏〔註55〕；王肅，瑯琊王氏〔註56〕；王敬則，晉陵人〔註57〕。在王氏 5 人中，瑯琊王氏佔 4 例。謝氏 2 人的謝超宗〔註58〕、謝舉〔註59〕，皆屬陳郡謝氏，袁氏，袁昂〔註60〕，陳郡袁氏。以上三姓，為僑姓四大姓「王、謝、袁、蕭」中的三姓，至於蕭氏因屬於皇族故佔 11 人，比例偏高。瑯琊王氏人數眾多，也只有 4 人，陳郡謝氏大家族也只有 2 人，袁氏更是與褚家相同，都是 1 人。

就地域上來看，72 例中，在京城的有 38 例，京城以外的有例 16 例，地域不明著 18 例。絕大多數僧人與士人往來都是，在京城的寺廟。那來檢視褚澄的官歷，褚澄歷任吳郡太守、左民尚書、侍中、領右軍將軍等官，吳郡太守以前的官歷「歷官清顯」〔註61〕。褚澄除吳郡太守為外任官外，其餘官歷多在京城，因此有相當多的時間，可以與京師莊嚴寺的僧人，釋道慧往來互動。

就財力上來看，褚淵在其父褚湛之死後，將財產都給褚澄，自己只取書數千卷〔註62〕。在褚淵死後，褚澄以錢一萬一千錢，贖回褚淵所典當，由齊高帝蕭道成所賜的白貂坐褥，並把這東西做成裘及纓，同時又贖回褚淵所乘的黃牛，還有他的介幘犀導，褚澄後因此事被免官禁錮〔註63〕。褚澄首先繼承了其父褚湛之所遺留的財產，在褚淵死後又有能力贖回褚淵所典當之物，

〔註53〕《南齊書》，卷 23，〈王儉傳〉，頁 433。
〔註54〕《南齊書》，卷 33，〈王儉傳〉，頁 591。
〔註55〕《南齊書》，卷 49，〈王奐傳〉，頁 847。
〔註56〕《魏書》，卷 63，〈王肅傳〉，頁 1407。王肅為王奐之子，王奐被齊武帝所殺後，王肅北奔北魏，此一案例為王肅留在蕭齊時的案例。
〔註57〕《南齊書》，卷 26，〈王敬則傳〉，頁 479。
〔註58〕《南齊書》，卷 36，〈謝超宗傳〉，頁 635。
〔註59〕《梁書》，卷 33，〈王筠傳〉，頁 484。「陳郡謝覽，覽弟舉」。
〔註60〕《梁書》，卷 31，〈袁昂傳〉，頁 451。
〔註61〕《南齊書》，卷 23，〈褚澄傳〉，頁 432。
〔註62〕《南齊書》，卷 23，〈褚淵傳〉，頁 425。
〔註63〕《南齊書》，卷 23，〈褚澄傳〉，頁 432。

褚澄家的財力應該相當不錯。褚澄有相當豐碩的財力爲後盾，因此與釋道慧往來時，添添香油錢、貼貼佛像金身等經濟行爲是絕對付得出來的。

生病祈福可以看到褚翔的例子：褚翔這人非常孝順，在他擔任侍中的時候，母親病重，褚翔請和尚來祈福。這時候半夜驚見異光，空中又出現了彈指的聲音，天亮以後，褚母就病癒了，當時的人都以爲是褚翔「精誠所致」〔註64〕。由上述可知，其一、褚翔家庭信奉的是佛教，其二、褚翔的孝順形象，在當時人廣爲流傳。

綜上所述，褚家在佛教行爲上有：燒香、看病、立寺、譯經、出家爲僧、支持沙門不敬王者論、僧人與皇室、士人間的往來互動、生病祈福。且褚家多代人參與這些活動，並不是只有一代人這樣做，這證明褚家信奉佛教。

第二節　褚家與道教的關係

褚家在六世與七世之間，在命名上面出現了以法顯爲名，以及以「之」結尾的名字。這些人包括了六世的褚秀之、褚裕之、褚淡之、褚粹之、褚陟之，七世的褚偁之、褚湛之、褚貞之、褚恬之、褚寂之，以及褚法顯。褚家除了這兩世外再無冠有宗教含義的名字。

陳寅恪在〈天師道與濱海地域之關係〉一文中提到，天師道與政治社會有關，例如東晉孫恩作亂，劉宋的劉劭弒逆等。陳寅恪提到晉代天師道傳播於世冑高門，像東晉的簡文帝字「道萬」，其子「道生」「道子」，從名諱中看出處於天師道環境中。他還提到六朝注重家諱，而「之」與「道」等字不再此限，所以名字中出現這就可能與天師道有關〔註65〕。

在陳寅恪的基礎上，則可以看到褚家六世與七世，諸多以「之」爲名者，信奉著道教。那須先界定一下褚家這兩代的時間，六世的褚秀之，生於東晉孝武帝太元 2 年（377），卒於宋文帝元嘉元年（424）〔註66〕。褚淡之，生於東晉孝武帝太元 3 年（378），卒於少帝景平 2 年（423）〔註67〕。褚裕之（叔度），生於東晉孝武帝太元 4 年（379），卒於少帝景平 2 年（423）

〔註64〕《梁書》，卷41，〈褚翔傳〉，頁586。

〔註65〕〈天師道與濱海地域之關係〉，頁7、9。

〔註66〕《宋書》，卷52，〈褚秀之傳〉，頁1502～1503。褚秀之卒於宋文帝元嘉元年（424），卒年47，反推得知。

〔註67〕《宋書》，卷52，〈褚淡之傳〉，頁1504。褚淡之卒於少帝景平2年（423），卒年45，反推得知。

〔註68〕。七世褚湛之，生於東晉安帝義熙 6 年（410），卒於宋孝武帝大明 4 年（460）〔註69〕。其餘褚家諸人的列傳中並無記載卒年，故以這四人爲代表，因此可知褚家這兩代人生卒年起於東晉孝武帝，至宋孝武帝。

在這段時間發生了道教的發展與組織成形，首先在發展上，鍾國發在《茅山道教上清宗》一書中關注到〔註70〕：當北方中原大亂之時，北方的君主們推行佛教，來對抗漢人的文化優勢。因此黃老道派被迫南移至江南吳越一帶，其影響是洞天福地的定型多分布於江南特別是吳越一帶〔註71〕。東晉以來華夏民間道派逐漸形成，與佛教相抗衡的共同「道教」心理〔註72〕。在經書上先是魏華存所傳的《黃庭經》，繼而是楊羲與許謐家族所傳的《上清經》，上清經是楊羲在哀帝興寧 2 年（363）開始，在兩三年間傳給許謐〔註73〕。緊接在後的是葛巢，因楊許貶抑葛玄的地位而創的《靈寶經》，接下來在晉宋之際，《靈寶》諸經也跟著問世，這也是之後陸修靜所整理的經書來源〔註74〕。

我們可以看到東晉至劉宋，道教的傳播與一系列經書在江南出現，鍾國發還關注到東晉時期，北方僑姓把持朝政，南方士族進而轉變爲出世的思想，北方僑姓因佛教依附玄學，所以較多信奉佛教，而南方士族較多信奉道教〔註75〕。由於佛教對於知識分子的吸引力大過黃老道，所以刺激著道教《度人經》的問世〔註76〕。由於東晉開始道教在民間影響力很大，進而引發蘭陵蕭氏也受到影響，例如梁武帝早期〔註77〕。

這裡補述一下道教的區分，胡孚琛依據道教的信眾階級作了區分，分爲下階級的民間符水道教與上階層的神仙道教〔註78〕，前者爲天師道，後者爲東晉以後開始流行的上清派與靈寶派。前者以《上清經》爲核心，講求對人

〔註68〕 《宋書》，卷 52，〈褚裕之傳〉，頁 1505。褚裕之卒於少帝景平 2 年（423），卒年 44，反推得知。

〔註69〕 《宋書》，卷 52，〈褚湛之傳〉，頁 1506。褚湛之卒於孝武帝大明 4 年（460），卒年 50，反推得知。

〔註70〕 《茅山道教上清宗》，頁 12、28、61、63。

〔註71〕 《茅山道教上清宗》，頁 12。

〔註72〕 《茅山道教上清宗》，頁 61、63。

〔註73〕 《茅山道教上清宗》，頁 28。

〔註74〕 《茅山道教上清宗》，頁 50～52。

〔註75〕 《茅山道教上清宗》，頁 26。

〔註76〕 《茅山道教上清宗》，頁 54。

〔註77〕 《茅山道教上清宗》，頁 96。

〔註78〕 《魏晉神仙道教《抱朴子內篇》研究》，頁 10。

體精、氣、神的修練，是以知識分子爲主的道派，在隱士間獲得傳播。靈寶派以《靈寶》諸經爲主，重視符籙、科教、齋戒儀軌〔註 79〕。在這說明，爲何一會出現道教，一會出現天師道，一會出現上清派，都是道教的一部分，避免讀著混亂。

許謐家族受傳《上清經》，是在哀帝興寧 2 年（363）開始傳播，哀帝是因爲喜愛黃老之術，所以開始斷穀，吃長生藥，最後因爲服食過多，先是「不識萬機」而後是中毒身亡〔註 80〕。東晉開始道教盛行，陳寅恪認爲天師道在晉代傳播世冑高門，還漸染於皇族，東晉孫恩之亂，主因是因爲皇室中心人物成爲天師道信徒，例如簡文帝求嗣，與其二子皆長於天師道環境中，簡文帝（司馬昱）本身的字叫道萬，二子的字爲道生、道子〔註 81〕。哀帝司馬丕與其叔父簡文帝司馬昱都信奉道教，故筆者以爲道教在司馬皇族頗爲盛行。許謐受傳經書的時間，與哀帝服食長生藥，筆者以爲多少有些上行下效的影響，對道教的傳播有所助益。

簡文帝（司馬昱）在即位之前，自穆、哀、海西三朝都擔任錄尚書事一職，掌握朝政，可以說是朝廷中一人之下，萬人之上。司馬昱掌握的這三朝時期，基於上行下效的行爲模式，多少對於道教發展有所幫助，至於哀帝親自服食長生藥，效果更勝於司馬昱。筆者懷疑因司馬昱與哀帝，興起了一股道教的流行，所以影響褚太后之姪褚爽，將褚秀之等人，在名字中間帶有天師道含義的「之」字。

在道教組織的成形上，東晉時，杜子恭整頓了道教，恢復「治」這個組織，「治」就是教區的意思〔註 82〕。杜子恭其徒爲孫泰，孫泰其姪爲孫恩，孫家「世奉天師道」〔註 83〕。這孫恩，引發了東晉後期的「孫恩、盧循之亂」，此亂起於東晉安帝隆安 3 年（399）〔註 84〕。孫恩於安帝時期叛亂，代表杜子恭恢復的道教組織，到了孫恩之時，已經有一定規模了，不然何以發動叛亂。孫泰先後被司馬道子與東晉孝武帝所知〔註 85〕，孝武帝在位從

〔註 79〕 《魏晉神仙道教《抱朴子內篇》研究》，頁 69、71。
〔註 80〕 《晉書》，卷 8，〈哀帝本紀〉，頁 208～209。
〔註 81〕 《金明館叢稿初編》，頁 7～9。
〔註 82〕 湯一介，《魏晉南北朝時期的道教》，台北：東大出版社，1991 年，頁 143。
〔註 83〕 《晉書》，卷 100，〈孫恩傳〉，頁 2631。
〔註 84〕 《晉書》，卷 10，〈安帝本紀〉，頁 252。
〔註 85〕 《晉書》，卷 100，〈孫恩傳〉，頁 2632。

寧康元年至太元 21 年（373～394）。孫泰之師杜子恭活動的時間應於孝武帝
之前。

繼杜子恭之後，道教發展較重要的人物是陸修靜。陸修靜生於東晉安帝
義熙 2 年，至宋順帝昇明元年（477），吳興人，宋文帝曾令徐湛之留陸於京
城〔註 86〕。在後宮方面，王太后雅信黃老，對陸執門徒之禮〔註 87〕。這個王
太后，應爲孝武帝王皇后，或著明帝王皇后〔註 88〕。陸修靜的重要性在於，
南朝道教的發展至陸修靜時期，已經成爲較完備的宗教團體〔註 89〕。

褚家六世與七世的這段時間，道教組織劇烈的發展，從杜子恭整頓道教
組織，到其徒孫孫恩發動叛亂，再到陸修靜整頓完備道教組織。褚家這兩
世多名中帶「之」，應該與道教組織發展有關。因爲道教組織對於道教的傳
播有所助益，褚家在這狀況下，或許受到傳道，進而將六世、七世，命名帶
「之」字。

褚家另一件與道教有關的事情，是海西公被廢時，盧悚、許龍的叛亂。
此事發生於簡文帝咸安 2 年（372），從引文中可知，發動叛亂的盧悚、許龍
屬於道教中人，盧悚自稱大道祭酒〔註 90〕，祭酒屬於道教組織，在三國時期
張魯就自命爲君師，統領部眾的爲祭酒〔註 91〕。盧悚是大道祭酒，這是重要
的道教組織，也是盧悚起事的根本：

> 十一月，遣弟子許龍如吳，晨，到海西公門，稱太后密詔，奉迎興
> 復；公初欲從之，納保母諫而止。龍曰：「大事垂捷，焉用兒女子言
> 乎！」公曰：「我得罪於此，幸蒙寬宥，豈敢妄動！且太后有詔，便
> 應官屬來，何獨使汝也？汝必爲亂！」因叱左右縛之，龍懼而走。
> 甲午，悚帥眾三百人，晨攻廣莫門。詐稱海西公還，由雲龍門突入
> 殿庭，略取武庫甲仗，門下吏士駭愕不知所爲。游擊將軍毛安之聞
> 難，帥眾直入雲龍門，手自奮擊；左衛將軍殷康、中領軍桓祕入止
> 車門，與安之并力討誅之，并黨與死者數百人。海西公深慮橫禍，
> 專飲酒，恣聲色，有子不育，時人憐之。朝廷知其安於屈辱，故不

〔註 86〕《魏晉南北朝時期的道教》，頁 263。

〔註 87〕李昉，《太平御覽》，台北：台灣商務印書館，1997 年，卷 679，頁 3162。

〔註 88〕《宋書》，卷 41，〈后妃傳〉，頁 1289、1295。

〔註 89〕《魏晉南北朝時期的道教》，頁 263。

〔註 90〕《通鑑》，卷 103，簡文帝咸安 2 年（372），頁 3260～3261。

〔註 91〕《三國志》，卷 8，〈張魯傳〉，頁 263。

復爲虞〔註92〕。

此事跟褚家惟一有關的是道教組織，假借褚太后的密令，要海西公復辟，藉此發動叛亂。

除了褚家與道教有所關聯外，陳寅恪關注到天師道世家，包括瑯琊王氏、高平郗氏、吳郡杜氏、會稽孔氏、義興周氏、陳郡殷氏、丹陽許氏、丹陽陶氏、吳興沈氏，這些家族信奉天師道，而都在濱海地區，屬於天師道傳教區〔註93〕。在這裏面值得注意的是殷氏，代表人物爲殷仲堪，他「少奉天師道」〔註94〕，同時遇到生病的人，就爲病人「診脈分藥」〔註95〕。殷仲堪信奉天師道，而又擅長醫術，陳寅恪關注到兩者的關係，他以葛洪、孔熙先、陶弘景，北朝的清河崔氏諸人，都擅長醫術，認爲會醫術者極可能與道教有關〔註96〕。

會醫術者與道教有關，那褚家剛好有人善於醫術，此人爲褚澄。褚澄擅長醫術，曾爲齊高帝所召，爲豫章王蕭嶷致病，並且治癒〔註97〕。有一篇期刊論文層探討到褚澄，因爲褚澄曾著《褚氏遺書》，提倡三點，第一爲晚婚晚育；第二爲媾精授形，所以胎分男女；第三父母的年齡與體質會影響子女。〔註98〕該文作者爲河南中醫學院的講師，所以筆者以爲該文應有一定程度的可性度。然而蕭子顯似乎對於褚澄有所意見，因爲在其傳後又記載了名醫東陽徐嗣，並且說他的醫術過於褚澄〔註99〕。筆者以爲褚澄或許有道教的信仰，或著佛道同時信仰，抑或著改變信仰，因爲褚澄對京師莊嚴寺的高僧釋道慧「並見推理」〔註100〕。褚澄與釋道慧往來，屬於佛教信仰的部分。

陶弘景整理上清派經典，將楊羲傳給許謐父子的「仙眞降誥」整理成《眞誥》一書，而後又進一步整理出《眞靈位業圖》。前著爲楊羲口述，後著是整理爲八張圖，並標示位階。楊羲的口述成了道教上清宗的信仰來源，因此我們以《眞靈位業圖》的神仙們，回頭檢視一下東晉時期，士大夫所信仰道教

〔註92〕《通鑑》，卷103，簡文帝咸安2年（372），頁3260～3261。
〔註93〕〈天師道與濱海地域之關係〉，頁17～38。
〔註94〕《晉書》，卷84，〈殷仲堪傳〉，頁2199。
〔註95〕《晉書》，卷84，〈殷仲堪傳〉，頁2199。
〔註96〕〈天師道與濱海地域之關係〉，頁31。
〔註97〕《南齊書》，卷23，〈褚澄傳〉，頁432。
〔註98〕李具雙，〈褚澄及其生育觀〉，《河南中醫》，2003年5月，第23卷第5期。
〔註99〕《南齊書》，卷23，〈褚澄傳〉，頁432～433。
〔註100〕《點校高僧傳》（下），卷8，頁63。

的神祉，這些也是褚家在道教信仰中，會參拜的部分。

　　《眞靈位業圖》分爲七階神明之首，分別爲上合虛皇道君應號元始天尊、上清高聖太上玉晨玄皇大道君爲萬道之主、太極金闕帝君、太清太上老君與上皇太上無上大道君、九宮尙書、右禁郎定錄眞君中茅君治華陽洞天、酆都北陰大帝。七階各自有他們的屬官，各自形成一套體系。七階分別爲玉清、上清、太極、太清、九宮、三官、酆都〔註101〕。以上就構成了東晉、南朝時期上清教所建構出的神明世界。

　　《眞靈位業圖》第七階爲酆都〔註102〕，主神爲酆都北陰大帝。這裡要討論的是北陰大帝及其僚佐，有別於宋代出現的十殿閻羅信仰〔註103〕。這些信仰是上清派所擬的，其依據爲《眞誥》的記載，但後世其他《道經》很少採納〔註104〕。死者會飄到北陰大帝所在的羅酆山。羅酆山在北方癸地，正對幽州遼東氏北，在北海之中，山高 2600 里，內有洞天。羅酆山友鬼神宮室，山上六宮爲外宮，洞內還有六宮爲內宮〔註105〕，接下來要面臨到六宮的考驗。

　　第一宮，紂絕陰天宮受事，然後罪考吉凶〔註106〕，審視死者一生的經歷。而後面臨前往第二宮還是第三宮。第二宮爲泰煞諒事宗天宮，專收諸煞鬼，若死著是卒死或暴亡得留在這〔註107〕。第三宮爲明晨耐犯武城天宮，若是賢人或聖人過世，就直達該宮〔註108〕。通過來到第四宮，也就是恬昭罪氣天宮，該宮負責「禍福吉凶，續命罪害」〔註109〕，由鬼官北斗君管理，這邊的北斗君是鬼官的北斗，並非道家的北斗〔註110〕。這鬼官北斗君是周武王〔註111〕。審理後會來到第五宮宗靈七非天宮與敢司連宛屢天宮〔註112〕。這兩

〔註101〕（梁）陶弘景纂，（唐）閭丘方遠校定，王家葵校理，《眞靈位業圖校理》，北京：中華書局，2013 年，頁 10～11。

〔註102〕（梁）陶弘景纂，（唐）閭丘方遠校定，王家葵校理，《眞靈位業圖校理》，北京：中華書局，2013 年，前言，頁 10～11。

〔註103〕（宋）淡癡道人，《玉曆寶鈔》，台北：和裕出版社，2014 年。

〔註104〕《眞靈位業圖校理》，頁 295。

〔註105〕（梁）陶弘景，趙益點校，《眞誥》，北京：中華書局，2011 年，卷 15，頁265。

〔註106〕《眞誥》，卷 15，頁 267。

〔註107〕《眞誥》，卷 15，頁 267。

〔註108〕《眞誥》，卷 15，頁 267。

〔註109〕《眞誥》，卷 15，頁 267。

〔註110〕《眞誥》，卷 15，頁 267。

〔註111〕《眞靈位業圖校理》，頁 302。

個天宮大概是負責考責之處〔註113〕，因爲《眞誥》在這邊的記載亡佚。

依據《眞靈位業圖》與《眞誥》我們可以建構出東晉時期，死後世界的諸神。冥府最高神祇爲酆都北陰大帝，他是炎帝慶甲，這出自《眞誥》卷15〔註114〕。酆都北陰大帝管理六宮，本身在第一宮中，其他諸宮爲四明公所管〔註115〕。北陰大帝之下，分爲左右兩部神明。這邊的神明僅就晉代部分進一步探討，因本文的研究自晉代開始，這之前的諸神僅書其名。這些死後諸神除了分左右兩部外，另分六層，第一層最高，而第六層最低，共有六個位階。

左部神明第一層爲北帝上相秦始皇，魏武帝曹操爲北帝太傅〔註116〕。至於爲何要取重要的君王爲鬼神，是因爲這些人有「英雄之才，彌羅四海，誅暴整亂，拓平九州」〔註117〕，所以要借他們的才能來輔弼主官〔註118〕。

右部神明第一層：右位中庶直事，如同陽世的尚書〔註119〕，有戴淵、公孫度、郭嘉、劉封四人。其中東晉出身的爲戴淵，廣陵人，祖父爲孫吳左將軍，父爲會稽太守。戴淵在司馬睿擔任晉王時擔任尚書，司馬睿稱帝爲東晉元帝後，先後遷官爲中護軍、護軍將軍、尚書僕射，都推辭不接受。後出任征西將軍、都督兗豫六州諸軍事，元帝還爲他調揚州百姓家奴萬人爲他的部隊。王敦之亂，戴淵率兵回援，兵敗爲王敦所殺〔註120〕。

左部神明第二層有周文王（姬昌）、晉宣帝（司馬懿）、周顗、夏啓、孫策、召（公）奭、漢高祖（劉邦）、季札、荀彧。周文王在第二宮，東明公夏啓在第三宮、北君周武王〔註121〕在第四宮、召（公）奭在第五宮、北明公季札在第六宮。四明公（東南西北）負責管理四方的鬼，之後會升仙階〔註122〕。

〔註112〕《眞誥》，卷15，頁266。

〔註113〕《眞誥》，卷15，頁268。引自小註。

〔註114〕《眞靈位業圖校理》，頁294。現保留最早的，酆都大帝是炎帝慶甲的記載，出自《眞誥》。

〔註115〕《眞誥》，卷15，頁268。

〔註116〕《眞靈位業圖校理》，頁295。《眞誥》做北君太傅，而《眞靈位業圖》與《無上秘要》做北帝太傅。北君爲周武王，若魏武帝武帝爲北君太傅，那他的位階高於周武王，僚屬會低於主官的位階，且同階的秦始皇爲北帝上相，因此取《眞靈位業圖》以魏武帝爲北帝太傅。

〔註117〕《眞誥》，卷16，頁293。

〔註118〕《眞誥》，卷16，頁293。

〔註119〕《眞靈位業圖校理》，頁312。

〔註120〕《晉書》，卷69，〈殷浩傳〉，頁1846～1847。

〔註121〕《眞誥》，卷15，頁268。其下小註。

〔註122〕《眞誥》，卷15，頁270。

四明公分別有賓友助之，分別爲司馬懿、孫策、劉邦、荀彧。

　　周顗，本爲鬼官司命帥，後爲鄧岳、程遐所取代〔註123〕，後爲西明公中都護，再降爲中護、準少傅，中都護如陽世的太傅〔註124〕。周顗就是「我不殺伯仁，伯仁卻因我而死」〔註125〕的周伯仁。周顗死於王敦之亂，被王敦所殺〔註126〕。四明公，在職1600年後，可升遷爲仙官〔註127〕。這也是我們現今地獄中會看不到四明公的緣故，自宋代之後，自淡癡道人《玉曆寶鈔》書一出，四明公爲十殿閻王所取代。

　　右部第二層有主非使著嚴白虎、殺鬼、地映、日遊三鬼、部鬼將軍王廙、北帝執蓋郎顧和、周魴、期門郎王允之、謝奉等人。顧和，顧和是吳郡吳人〔註128〕，爲顧衆族子〔註129〕。顧和的重要性是，第一個吳姓士人被封神。顧和深受王導與周顗賞識，郗鑒曾表顧和爲長史，領晉陵太守〔註130〕。王允之爲瑯琊王氏，是王家封神的第一人。謝奉爲會稽人，仕官至丹陽尹、吏部尚書〔註131〕。王允之封神是爲了討好瑯琊王氏，上清教主要傳播爲上層世族，因此瑯琊王氏被封神可更增可信度，王家被封的第二人爲部鬼將軍王廙，與王允之同居右表同階。第三人爲王羲之，即王逸少。

　　左部第三層神明有周武王、三官都禁郎齊桓公、水官司命晉文公、大禁晨漢武帝、孫文臺（孫堅）、中禁晨的顏懷、楊彪。大禁晨位比陽世的尚書令〔註132〕。尚書令爲尚書省主官，位次於錄尚書事〔註133〕。中禁晨，如陽世的中書監、令〔註134〕，負責尚書奏事〔註135〕。大禁晨與中禁晨都是重要的陰官，如同陽世的尚書令與中書監、令一般重要。這裡可以看到鬼官是以陽世

〔註123〕《眞誥》，卷15，頁270。
〔註124〕《眞誥》，卷16，頁290。
〔註125〕《晉書》，卷69，〈周顗傳〉，頁1853。
〔註126〕《晉書》，卷69，〈周顗傳〉，頁1852～1853。
〔註127〕《眞靈位業圖校理》，頁302。
〔註128〕《晉書》，卷76，〈顧衆傳〉，頁2015。
〔註129〕《晉書》，卷83，〈顧和傳〉，頁2163。
〔註130〕《晉書》，卷83，〈顧和傳〉，頁2163～2164。
〔註131〕《眞靈位業圖校理》，頁316。其下小注。
〔註132〕《眞靈位業圖校理》，頁303。
〔註133〕《晉書》，卷24，〈職官志〉，頁729～730。先書錄尚書事，而後書尚書令，故尚書令在錄尚書事之後。且錄尚書事以公卿權重著任之，條件較尚書令嚴苛。
〔註134〕《眞誥》，卷15，頁279。
〔註135〕《晉書》，卷24，〈職官志〉，頁734。

的官員架構作爲模型與範本。

　　右部神明第三層：南彌方侯許副、主南門鑰司馬留贊、北彌方侯鮑勳、主北門鑰司馬韋遵。

　　左部神明第四層有：靈官侯郗鑒、右禁監謝幼輿、司馬馮懷、侍帝晨庾元規、華歆、長史虞翻、司馬張繡、長史唐周、大將軍孔文舉、長史杜預、監海伯溫太眞。郗鑒在冥府擔任北帝南朱陽大門靈官侯，後轉爲高明司直〔註136〕。高明司直爲陽世的尚書僕射〔註137〕。右禁監謝幼輿。謝幼輿是謝鯤，其子爲謝尙〔註138〕。謝尙是褚蒜子的舅舅，謝鯤是褚蒜子的外公。左禁監爲左衛大將軍〔註139〕，那右禁監則爲右衛將軍，同爲禁衛武官，要守護皇宮的安全。因此謝鯤的右禁監，是負責守衛酆都北陰大帝所在的宮殿。

　　司馬爲馮懷，在東晉成帝時擔任太常、散騎常侍〔註140〕，馮懷爲庾亮的同僚。另一位司馬是華歆，庾亮的長史爲郭翻。郭翻在活著之時，就被庾亮徵辟爲上佐，但郭翻不去，郭翻死前對其子說，庾亮死後擔任撫東大將軍，取他爲長史〔註141〕。郭翻爲東晉人，或爲褚爽所知。褚爽還會看到後中衛大將軍，孔文舉（融），孔融長史爲唐周，司馬爲張繡。

　　右禁監庾亮，他的鬼官官歷亦一波三折，起先爲撫東將軍，轉東海伯，而後爲右禁監〔註142〕。此外同階還有後中衛大將軍孔文舉（融），孔融長史爲唐周，司馬爲張繡。

　　最後爲監海伯溫太眞，他負責東海，位比大將軍〔註143〕。溫嶠受劉琨所派來到建康，王導、周顗、謝鯤、庾亮、桓彝都跟他很好，太子（明帝）更與溫嶠結爲「布衣之交」〔註144〕。溫嶠在王敦之亂時，率眾水戰，在蘇峻之亂時，更是策畫讓陶侃當盟主，組成盟軍評定亂事。溫嶠最終卒於江州刺史任上，葬於江州的豫章，卒年42〔註145〕。江州的重要性在於五胡亂華以後，

〔註136〕《眞誥》，卷16，頁289～290。
〔註137〕《眞誥》，卷16，頁289～290。
〔註138〕《晉書》，卷49，〈謝鯤傳〉，頁1377、1379。
〔註139〕《眞誥》，卷16，頁289。
〔註140〕《眞誥》，卷16，頁289。注釋。
〔註141〕《眞誥》，卷16，頁282。
〔註142〕《眞誥》，卷16，頁289。
〔註143〕《眞靈位業圖校理》，頁308小注。
〔註144〕《晉書》，卷67，〈溫嶠傳〉，頁1786。
〔註145〕《晉書》，卷67，〈溫嶠傳〉，頁1795。

從北方南下的流民，在江陵到建康三千里的疆土上，數以萬計的流民遍布在江州，因此江州變成了「國之南藩，要害之地」〔註146〕。對這些江州流民來說，北伐回到家鄉也是它們的期望。溫嶠能夠當鬼官，筆者以為他的信眾為江州的流民，拜溫嶠是因為他們將回家的渴望，寄託在溫嶠的軍事才能上面，希望能達成這願望。

右部神明第四層：南山伯蔣濟、廬山侯魏釗、西河侯陶侃及其長史蔡謨。這裡值得關注的是陶侃與蔡謨。陶侃為鄱陽人〔註147〕，為江南人，憑藉著軍事上的才能與努力，擔任荊州刺史〔註148〕，後受到王敦所忌，遷官擔任廣州刺史〔註149〕。王敦之亂平定後，二任荊州刺史，並率兵參與平定蘇峻之亂〔註150〕。陶侃後來在成帝咸和7年（332）主動遜位〔註151〕，結束長期在荊州的仕宦，最後荊州若入庾家手中，而後為桓家所控。陶侃在東晉元帝、明帝、成帝時期，在荊州是有影響力的，因此陶侃死後被封神，可以拉攏荊州地區的信眾支持。

蔡謨死後被任命為西和侯長史。蔡謨本身出自僑姓，在蘇峻之亂時，共舉義兵響應朝廷〔註152〕。郗鑒過世後，接任郗鑒擔任徐州刺史，掌管京口附近的軍隊〔註153〕。蔡謨的政治主張是反對北伐〔註154〕，並且與褚太后不合，屢屢拒絕褚太后的遷官，拒絕了一年，還讓穆帝等到不耐煩，連執政的司馬昱都看不下去，最終因而被廢，而在家閉門不出〔註155〕。

左部神明第五層為殷浩、解結、李廣、何晏、爰榆、王嘉、龐德、徐庶。北帝侍晨，位比陽世的侍中〔註156〕。殷浩曾受到衛將軍褚裒所推薦，擔任建武將軍、揚州刺史〔註157〕。殷浩之後北伐失敗，被免官，後受到桓溫推薦將

〔註146〕《通鑑》，卷94，成帝咸和四年（329），頁2970～2971。
〔註147〕《晉書》，卷66，〈陶侃傳〉，頁1769。
〔註148〕《晉書》，卷66，〈陶侃傳〉，頁1770。
〔註149〕《晉書》，卷66，〈陶侃傳〉，頁1772。
〔註150〕《晉書》，卷66，〈陶侃傳〉，頁1773～1774。
〔註151〕《晉書》，卷66，〈陶侃傳〉，頁1777。
〔註152〕《晉書》，卷77，〈蔡謨傳〉，頁2035。
〔註153〕《晉書》，卷77，〈蔡謨傳〉，頁2038。
〔註154〕《晉書》，卷77，〈蔡謨傳〉，頁2035～2037、2038～2039。
〔註155〕《晉書》，卷77，〈蔡謨傳〉，頁2039～2040。
〔註156〕《眞誥》，卷15，頁277。
〔註157〕《晉書》，卷77，〈殷浩傳〉，頁2044。

回任尚書令，最終因誤封空函，而坐廢在家〔註158〕。

右部神明第五層：泰山君荀顗、盧龍公曹仁、曹仁下轄將軍顧眾、長史桓範、司馬曹洪、南巴侯何曾、東越大將軍劉陶。裡面顧眾較為重要，他是顧和的族叔，本身被徵為駙馬，與皇室聯姻。顧眾擔任王敦麾下，但卻與王敦保持著距離，當王敦構逆時，按兵不動。王敦佔優勢時，任命顧眾為吳興內史，推託不接受，後被任命為從事中郎。王敦之亂平定後為義興太守。蘇峻之亂時，顧眾積極率兵參戰力圖表現〔註159〕。顧眾歷任丹陽尹，侍中，尚書等官，最後於穆帝初過世〔註160〕。顧眾在死後，被任命為盧龍公麾下的將軍，除了是攏絡吳姓信眾以外，更重要是因為在陽世，顧眾有領兵的經驗。顧眾本身又是吳姓，為顧榮族弟〔註161〕。

左部第六層為劉備與韓遂，為北河侯，隸屬於仙官〔註162〕。右部第六層為楚嚴公、趙簡子、項梁成、杜瓊、馬融、劉慶孫、王逸少（王羲之）、鄧攸，以上為上清派所建構出的死後諸神。

死後世界對一個宗教信徒來說，這些就是他們的宗教觀。對這些東晉被封的諸神，時人或多或少有所耳聞。這些人被封神，無非是上清教為了打開在士族的傳播，特意選擇出來的眾神。東晉被封之神來看，僑姓、吳姓都有，且大多為簡文帝即位以前，也就是楊羲降真前就存在過的人物。擔任的官職文武都有，有近侍官、有將軍，有封侯著，還有冥府的左、右衛將軍、還有侍中等等官職。被封神除了討好該家族以外，還能增加這些人同鄉的信徒們去相信上清教，對上清教的推廣有所助益。

褚爽信奉上清教，然上清教最重要的事件莫過於楊羲與二許的降真事件。這事件的重要性在於，上清教就是因為這事件而成立的。陶弘景《真誥》一書就是將楊、許降真所傳的書籍，而楊許降真的時間是哀帝興寧3年（365）3月，至簡文帝司馬昱稱帝為止，地點為建康、句容的楊家或茅山許家的山館〔註163〕。因此筆者懷疑司馬昱的稱帝與上清教有所關聯，因為宗教可以安定人心，同時讓帝位取得合理化。且上清教的支持群眾為士族，若藉由上清教

〔註158〕《晉書》，卷77，〈殷浩傳〉，頁2047。
〔註159〕《晉書》，卷76，〈顧眾傳〉，頁2016～2017。
〔註160〕《晉書》，卷76，〈顧眾傳〉，頁2017。
〔註161〕《晉書》，卷76，〈顧眾傳〉，頁2015。
〔註162〕《真誥》，卷15，頁278。
〔註163〕《真誥》，頁1。前言提到了《真誥》流傳的過程。

來加深司馬昱與士族的連結，也極為有利。

　　那司馬昱稱帝與褚家也有關係，因為褚太后與司馬昱共掌政權，自穆帝即位就開始了，中間歷經穆帝、哀帝、海西公三個皇帝，歷時 25 年〔註164〕，分掌名、實兩個部分，也就是皇帝親政前，褚太后負責以皇帝的名義蓋章，而實際政治權力與運作掌握在司馬昱手中。司馬昱稱帝打破了，這個權力運作的模式，因此與褚家是有關係的。

　　楊、許降真事件主角為楊羲與許謐父子。楊羲的生平為《真誥》保留了下來。楊羲可能是吳人，在穆帝永和 5 年（349）時，受中黃制虎豹符，隔年魏夫人長子劉璞受靈寶五符，此時楊羲 21 歲〔註165〕。這魏夫人就是魏華存，也就是上清派的始祖，至於楊羲為第二代玄師，許謐父子為第三、四代玄師〔註166〕。楊羲在興寧 3 年（365），也就是 36 歲時接受眾仙降真，降真地點或在京城建康，或在句容家舍，或在許謐的山館〔註167〕。楊羲與司馬昱的關係，來自許謐將其推薦給司馬昱，司馬昱將他辟公府舍人自隨，但司馬昱即位後，「不復見有跡出」〔註168〕。楊羲能夠在司馬昱附近，可見兩人有一定程度的關係，而司馬昱即位後，楊羲就功成身退，人不見了（也有可能被滅口），這讓筆者懷疑這場降真的目的是為了幫助司馬昱造勢。

　　許謐、許翽父子，丹楊句容縣人，祖上遷至該地〔註169〕。許謐受司馬昱所顧，少為王導、蔡謨等徵辟不就，歷任尚書郎、郡中正、護軍長史、給事中、散騎常侍等官，於孝武帝太元元年（376）去世〔註170〕。許翽徵辟不赴，居於雷平山下，修業勤精，恆願早遊洞室，太和 2 年（367）許翽 27 歲，但 30 歲後不載族年，許翽亡後受封為上清仙公，上相帝晨〔註171〕。許謐父子是擔任傳經的角色，與楊羲關係親密，於海西公太和 5 年（370）隱化，於宅內撰寫真經（即《真誥》的內容）〔註172〕。許翽 30 歲這年正是該年，之後不再

〔註164〕自穆帝永和元年（345）即位至海西公太和 5 年（370）被廢，司馬昱即位，共 25 年。

〔註165〕《真誥》，卷 20，頁 355。

〔註166〕《茅山道教上清宗》，頁 217。取自茅山上清宗傳承表。

〔註167〕《真誥》，卷 20，頁 355。

〔註168〕《真誥》，卷 20，頁 355。

〔註169〕《真誥》，卷 20，頁 349。

〔註170〕《真誥》，卷 20，頁 352。

〔註171〕《真誥》，卷 20，頁 353～354。

〔註172〕《真誥》，卷 20，頁 340。

記載許翽卒年。

對司馬昱來說，楊羲、許謐都是他的部下，且都在他即位之時，也就是太和 5 年（370）消失的消失，避居寫經文的寫經文，結束這整個降真的儀式。然司馬昱與上清教的關係，還可更往前推至孝武帝出生之時〔註 173〕，即穆帝升平 3 年（359）〔註 174〕。筆者做個假設，自升平 3 年（359）司馬昱就信奉上清教，而後於哀帝興寧 3 年（365）楊羲開始降真，為司馬昱做造勢的準備，這造勢至海西公太和 5 年（370）結束，楊羲與二許就開始消失於世人面前。試想一下一個受到諸神降身的乩身，當他說司馬昱好話時，士人就會把他當成神明所說，神明所選，因此筆者認為這是造勢的一種。

回到司馬昱即位的這件事情，首先是由桓溫廢掉海西公開始：

> 十一月，癸卯，（桓）溫自廣陵將還姑孰，屯于白石。丁未，詣建康，諷褚太后，請廢帝立丞相會稽王（司馬）昱，并作令草呈之。太后方在佛屋燒香，內侍啟云：「外有急奏。」太后出，倚戶視奏數行，乃曰：「我本自疑此！」至半，便止，索筆益之曰：「未亡人不幸罹此百憂，感念存沒，心焉如割。」己酉，溫集百官於朝堂……宣太后令，廢帝為東海王，丞相、錄尚書事、會稽王昱統承皇極。百官入太極前殿，溫使督護竺瑤、散騎侍郎劉亨收帝璽綬。帝著白帢單衣，步下西堂，乘犢車出神虎門……是日，（司馬昱）即皇帝位，改元〔註 175〕。

此事件是桓溫回到建康，諷褚太后支持這個廢立海西公。褚太后簽名後，桓溫宣達太后的旨意廢帝，改由司馬昱即位。

這整件事，首先桓溫從 11 月癸卯日從廣陵將返回姑孰，屯於白石，到丁未日桓溫抵達建康。從癸卯日到丁未日共 5 天，中間歷經甲辰、乙巳、丙午三天，這三天桓溫從廣陵到白石，而後到建康。若加上癸卯日，就有四天這消失的四天就是關鍵。

桓溫有兩種走法從廣陵抵達白石。白石為牛渚〔註 176〕，位於當塗縣〔註 177〕，姑孰即當塗縣。A 方案是渡江至南徐州，然後經過句容的茅山，走

〔註 173〕《真誥》，卷 20，頁 334。

〔註 174〕《晉書》，卷 9，〈孝武帝本紀〉，頁 241。

〔註 175〕《通鑑》，卷 103，簡文帝咸安元年（371），頁 3249～3250。

〔註 176〕《通鑑》，卷 103，簡文帝咸安元年（371），頁 3249。其下胡三省註。

〔註 177〕《元和郡縣圖志》，卷 28，頁 683。

陸路抵達白石，而後順江而下。B 方案是自廣陵坐船逆江而上至白石，而後在順江而下至建康。若選擇 B 方案須先經過建康而後到白石，在順江而下，就路線上來說極不順，故筆者認為是 A 路線。若是 A 路線從丹陽〔註178〕到宣城〔註179〕要 400 里，而當塗到宣城也要 193 里〔註180〕。茅山的位置與當塗平行，宣城到當塗，當塗到茅山，茅山到宣城剛好是個三角形，可以知道宣城到當塗 193 里，茅山與當塗平行因此宣城到茅山約 200 里，茅山與當塗的距離應約 200 里，而丹陽到宣城 400 里扣除宣城到茅山的 200 里，約 200 里。故筆者認為從丹陽到當塗約 400 里。當馬行速度約日行 300 里〔註181〕時，桓溫從丹陽經茅山到當塗的時間約 1 天半左右，若依據《張丘建算經》，良馬日行 175 里，駑馬 112 里〔註182〕，桓溫不可能騎駑馬，騎良馬從丹陽經茅山至當塗就要三天，五天中花三天趕路，還是有一天多的餘裕。若依岳飛〈良馬對〉，良馬「比行百里始奮迅，至午至酉，猶可 200 里」〔註183〕，這樣良馬一天可以跑三百里，與《周書》記載相同，那時間就是一天半。不管是一天半還是三天，癸卯日到丁未日有 5 天，時間都是充裕的，因此桓溫極有可能中間繞去茅山獲得上清派的協助。

　　褚太后在這次廢立事件中，起先是不知情的，而後才贊同此事。就此次事件中，若上清教有提供協助，讓司馬昱更增添政權的合理性，並協助安撫士族，畢竟上清教的主要信眾為世族。那道教就在政治權力的替換過程中，成為一個看不見的手，但由於沒有直接史料證明，故將懷疑置於此處。

第三節　褚家與民間宗教的關係

　　本節主要探討褚家與民間宗教的關係，在當時除了佛教跟道教以外，還有民間宗教，也就是被史料收錄為「淫祠」的這些民間信仰。淫的意思是

〔註178〕《元和郡縣圖志》，卷 25，頁 589。潤州其下小註為丹陽，以下都是潤州到其他地方的距離，替換為丹陽到其他地方的距離。

〔註179〕《元和郡縣圖志》，卷 28，頁 681。宣州其下小註為宣城，這裡以宣城代替之。

〔註180〕《元和郡縣圖志》，卷，頁 681。

〔註181〕《周書》，卷 8，〈宣帝本紀〉，頁 122。「帝親御驛馬，日行三百里」。

〔註182〕（北魏）張丘建，《張丘建算經》，收在《諸子集成補編》第六冊，成都：四川人民出版社，1997 年，頁 6～769。

〔註183〕楊家駱主編，《新校本宋史并附編三種》，台北：鼎文書局，1978 年，卷 365，頁 11386。

多餘，淫祠的意思就是多餘的神廟，《禮記・曲禮下》：「非其所祭而祭之，名曰淫祀。淫祀無福」〔註184〕。這裡的淫祀就是淫祠，《禮記》認為拜不該拜的就是淫祠，該拜的是受官方認可的神廟。在宋武帝時，就曾下令禁止過淫祠，理由是「惑民費財，前典所絕」〔註185〕，但先賢與勳德著不在此限〔註186〕。宋武帝禁止，代表在東晉時期淫祠是極為發達的，所以宋武帝才要班下此詔。

關於淫祠的記載甚少，《梁書・王神念傳》記載王神念，每到歷任一個州郡，必定禁止淫祠〔註187〕。到了《舊唐書》則是狄仁傑因吳、楚兩地多淫祠，奏毀1700所〔註188〕。另外則是李德裕在浙西觀察使任上，奏毀淫祠1015所〔註189〕。另有同義詞淫祀，淫祀分為名詞與動詞，前者等同淫祠，後者為多餘的祭祀，這裡探討名詞部分。

淫祀，宋武帝曾禁斷，自蔣子文祠以下皆毀〔註190〕，此事件在本紀記載為淫祠。緊接是竟陵王劉誕被人彈劾「多數淫祀」〔註191〕，另有良吏因禁斷淫祀而獲得記載〔註192〕。《陳書》則記載了陳後主叔寶下詔禁斷淫祀〔註193〕，與後主寵妃張麗華於宮中設置淫祀〔註194〕。綜上所述，淫祠與淫祀，自東晉至唐，在江南地區都不曾斷過，所以當官員查禁時，數目極多，可達一千多所。且官員此舉卻會被認為是政績而記錄下來。既然江南地區淫祠與淫祀極為發達，這些民間宗教信仰就極為流行，褚家徙居江南後，自然不能免俗。

褚家會拜的神，在京城建康地區，蔣子文的信仰極為盛行。關於蔣子文信仰可以參看林富士〈中國六朝的蔣子文信仰〉〔註195〕：關於蔣子文的信

〔註184〕《禮記》。

〔註185〕《宋書》，卷3，〈武帝本紀〉，頁57。

〔註186〕《宋書》，卷3，〈武帝本紀〉，頁57。

〔註187〕《梁書》，卷39，〈王神念傳〉，頁556。

〔註188〕《舊唐書》，卷89，〈狄仁傑傳〉，頁2887。

〔註189〕《舊唐書》，卷16，〈穆宗本紀〉，頁503。

〔註190〕《宋書》，卷17，〈禮志四〉，頁488。

〔註191〕《宋書》，卷79，〈劉誕傳〉，頁2029。

〔註192〕《宋書》，卷92，〈良吏傳〉，頁2265。

〔註193〕《陳書》，卷6，〈後主本紀〉，頁108。

〔註194〕《陳書》，卷17，〈皇后傳〉，頁131。

〔註195〕林富士，《中國中古時期的宗教與醫療》，台北：聯經出版社，2008年。該文收錄於此。

仰，興於三國時期的吳國，崇於晉，大於南齊，衰於明〔註196〕。日本學者認為蔣子文屬於建康中低層百姓的信仰，並受到南朝將領信奉〔註197〕。李文瀾認為這是土地神的人神化〔註198〕。林富士花極大篇幅將蔣子文的史料整理出來，羅列於文中，林認為蔣子文與蘇峻被封神是因為他們同為敗死武將與厲鬼〔註199〕。林還認為蔣子文信仰為巫覡，非道教，有區域性，在湖北、安徽、江蘇、浙江一帶流行，需仰賴皇帝、皇室、世家、官吏、將領、士兵、百姓等信眾去推廣與信仰〔註200〕。

　　關於蔣子文的研究與信仰，筆者增補新的史料。在唐代曾將上元，也就是建康，更名為蔣州。

　　　上元，楚金陵邑，秦為秣陵。吳名建業，宋為建康……武德三年，
　　　於縣置揚州……（武德七年）改揚州為蔣州。廢茅州，以句容二縣
　　　來屬蔣州。八年，罷行臺，改蔣州置揚州大都督府〔註201〕。

我們可以看到建康的地名更替，楚國時為金陵，秦朝為秣陵，吳國時為建業，劉宋為建康，唐高祖時為揚州，一度更名為蔣州。這蔣州，筆者以為是因為蔣子文信仰而改，故稱為蔣州，而茅州應是受到茅山而有此命名。

　　蔣子文的信仰雖在宋武帝時受到打擊，但二凶的劉劭在戰局不利之時，以輦將蔣子文的神像迎入皇宮之內，還冊封蔣子文為大司馬、鍾山郡王，蘇峻的神像亦被冊封為驃騎將軍，此外劉劭還使人撰寫祝文，將劉駿的罪狀控訴於蔣、蘇二神〔註202〕。劉駿做為戰勝一方，即位後仍修建蔣神祠，並修復該祠所在的山川。劉宋蔣子文有被加封為相國、大都督、中外諸軍事、鍾山王，蘇峻被加封為驃騎大將軍，其餘四方諸神也加爵秩〔註203〕。

　　在建康地區蔣子文與蘇峻被人祭拜，褚家居住在建康，自然不能免俗，會有這一方面的宗教信仰。褚家會備三牲或殺豬，以為血食來祭拜蔣蘇二神。關於以三牲祭拜蔣子文可參見《太平廣記》的記載，光錄大夫劉耽之子

〔註196〕林富士，〈中國六朝的蔣子文信仰〉，收錄在《中國中古時期的宗教與醫療》，
　　　　　頁468。
〔註197〕〈中國六朝的蔣子文信仰〉，頁469。
〔註198〕〈中國六朝的蔣子文信仰〉，頁469。
〔註199〕〈中國六朝的蔣子文信仰〉，頁481。
〔註200〕〈中國六朝的蔣子文信仰〉，頁491～495。
〔註201〕《舊唐書》，卷40，〈地理三〉，頁1584。
〔註202〕《宋書》，卷99，〈二凶傳〉，頁2433。
〔註203〕《宋書》，卷17，〈禮志四〉，頁487。

所奉〔註204〕，殺豬則是酬謝蔣子文顯神蹟免除老虎之害〔註205〕。既然當地有流傳這兩則故事，褚家在祭拜上就會跟從。

關於蘇峻的祭祀，除了建康以外，崔祖思在當主簿時，與刺史劉懷珍在祭拜堯的廟中發現了蘇峻的神像，劉懷珍想要去除，而崔祖思贊同之，而後崔祖思投奔淮陰的蕭道成〔註206〕。蕭道成出鎮淮陰，在宋明帝泰始3年（467）之前〔註207〕，而劉懷珍在泰始初擔任東安、東宛太守，要到泰始3年（467）秋天轉任徐州刺史〔註208〕。崔祖思當州主簿，極可能是劉懷珍在徐州刺史任上。因此徐州治所本在彭城，因宋明帝喪失淮北，遷至鍾離〔註209〕。

講到徐州刺史，則不能不談到流民，當時淮河南北有很多流民，因此有僑治州縣的問題。

> 晉永嘉大亂，幽、冀、青、并、兗州及徐州之淮北流民，相率過淮，亦有過江在晉陵郡界者。晉成帝咸和四年，司空郗鑒又徙流民之在淮南者於晉陵諸縣，其徙過江南及留在江北者，並立僑郡縣以司牧之。徐、兗二州或治江北，江北又僑立幽、冀、青、并四州。安帝義熙七年，始分淮北為北徐，淮南猶為徐州。後又以幽、冀合徐，青、并合兗。武帝永初二年，加徐州曰南徐，而淮北但曰徐
> 〔註210〕。

徐州的居民有很多是來自北方的幽、冀等州，這些北方的流民有的渡過淮河，有的渡過長江抵達晉陵，也就是京口一帶。筆者以為應該還有些流民就滯留在淮河以北，或著之後才抵達淮北，所以淮河南北與長江南北都遍布著流民。京口的流民後來出現北府兵，支持劉宋，成為劉宋建國的主要支持力量。關於徐州的僑治州，在晉朝淮北為北徐州，淮南為徐州，宋武帝卻將淮北更名為徐州，淮南更名為南徐州。

劉懷珍擔任徐州刺史時，徐州的組成流民是其中重要的一股勢力，所以當祭拜堯的祠堂中出現了蘇峻的祭祀，這表示流民除了祭拜原鄉信仰的堯之

〔註204〕《太平廣記》，卷293，頁2330。
〔註205〕《太平廣記》，卷293，頁2330。
〔註206〕《南齊書》，卷28，〈崔祖思傳〉，頁517。
〔註207〕《南齊書》，卷1，〈高帝本紀上〉，頁6。
〔註208〕《南齊書》，卷27〈劉懷珍傳〉，頁501。
〔註209〕《南齊書》，卷35〈州郡志一〉，頁1047。
〔註210〕《宋書》，卷35，〈州郡志一〉，頁1038。

外，還祭祀了同屬流民的蘇峻。蘇峻是長廣人，在百姓流亡之餘糾合數千家，憑藉這資本，被東晉元帝封爲安集將軍，當蘇峻率流民數百家渡海抵達廣陵，還被加封鷹揚將軍〔註211〕。蘇峻的此次加封有千金買馬骨的用意，意圖拉攏北方的流民。之後蘇峻就憑藉著流民帥的身分，以武力爲東晉效力。蘇峻之後據有精銳士兵一萬人，且器械精良，所以朝廷將江北交付給他，蘇峻亦曾上表：「昔明皇帝親執臣手，使臣北討胡寇。今中原未靖，無用家爲，乞補青州界一荒郡，以展鷹犬之用。」〔註212〕蘇峻作爲流民代表，其本身負流民的期望，也就是北伐打回去，讓流民得以「回家」。

可惜庾亮的強徵，使蘇峻北伐成了泡影，最終逼反蘇峻，使其成爲叛臣。或許有人會說，蘇峻的上表只是爲了以北伐養兵自重阿，筆者以爲蘇峻說要北伐，不管眞心還是假意，必多次在部眾中提及，且流民想回家的希望也會寄托在蘇峻的北伐聲明上。筆者以爲流民拜蘇峻，除了同屬流民的身分外，亦包含著渴望回家的希望。

蘇峻最終當了叛臣，以官方的立場當然會禁止拜祂，所以流民只好將其寄在祭拜堯的廟宇當中。筆者以爲有股你禁止，我還是要拜的叛逆思想。會這樣的原因，可看到荀羨攻打山茌後，與所俘守將賈堅的對話：

（荀）羨謂（賈）堅曰：「君父、祖世爲晉臣，奈何背本不降？」堅曰：「晉自棄中華，非吾叛也。民旣無主，強則託命。旣已事人，安可改節！吾束脩自立，涉趙歷燕，未嘗易志，君何忽忽相謂降乎！」

〔註213〕

從對話中可看出，部分北方人與流民的觀點與想法。對於他們來說，東晉是自己放棄中原的，因此爲了生存而依附強權。對於他們來說，對東晉談不上忠誠，反而是他們必須效忠於強權。其實東晉自棄中原，也導致部分北方人民與流民對於東晉的不諒解與不支持。東晉雖有多次北伐，然實際上朝廷是不支持北伐的，所以北伐成了鞏固權位的一種手段，例如庾家，其目的是爲了拉攏流民的支持。當流民祭拜蘇峻，多少可以反映對於東晉朝廷的不滿，所以祭拜了，等到到劉懷珍當刺史之時，沿襲至宋，就繼續拜蘇峻。

回到褚家，褚家除了可以參拜蔣子文外，可能也會拜蘇峻。因爲褚家也

〔註211〕《晉書》，卷100，〈蘇峻傳〉，頁2628。
〔註212〕《晉書》，卷100，〈蘇峻傳〉，頁2629。
〔註213〕《通鑑》，卷100穆帝升平二年（358），頁3172。

是流民後裔，且褚裒也曾帶兵北伐，曾讓「河朔士庶歸降者日以千計」〔註214〕，雖最終失利，但褚家與流民之間的關係，還是存在的。這些是褚家可能會拜蘇峻的理由。然蘇峻最終是叛臣，褚家在康獻褚太后時期掌握東晉政權，雖只是負責蓋章者，但這代表東晉政府，這是褚家不可能拜蘇峻的理由。至於褚家是否拜蘇峻，無直接史料，故羅列正反二方之資料於此。

崔祖思在徐州當主簿時，與刺史劉懷珍去祭拜堯，這涉及到北方流民的宗教信仰，應該這麼說是原鄉信仰，在前面有談到東晉時期有很多北方的流民南下，有渡過淮河的、有渡過長江的，為了寄託鄉愁，並且庇佑流民能夠路途順利，應該會將原鄉信仰帶到新的寄居地，崔祖思去的那間堯山祠應該就是出於此類。

那些地方有祭拜堯，這可以參看《魏書·地形志》分別有司州東郡東燕縣〔註215〕、定州鉅鹿郡曲陽縣〔註216〕、北平郡望都縣〔註217〕、并州上黨郡樂陽縣〔註218〕、鄉郡鄉縣〔註219〕、銅鞮〔註220〕、晉州平陽郡平陽縣〔註221〕、營州昌黎郡龍城縣〔註222〕、青州齊郡臨淄縣〔註223〕、北豫州廣武郡中牟縣〔註224〕等。幾乎遍布今日的河北、山西、山東、江蘇一帶，此一區域正是流民的故鄉。

回到褚家，褚家自褚䂮從北方遷徙到南方來，基本上也是流民。褚家除了佛教信仰與道教信往外，筆者認為還會有原鄉的信仰。褚家的故鄉陽翟有禹山祠、九山祠、呂不韋墓〔註225〕。禹山祠是祭拜大禹，關於大禹的祭祀，可以分為河南地區的信仰與浙江會稽地區的信仰。陽翟信奉大禹的原因，是因為陽翟是夏朝的首〔註226〕都。陽翟附近的陽城有啓母廟〔註227〕，啓母為夏

〔註214〕《晉書》，卷93，〈褚裒傳〉，頁2416。
〔註215〕《魏書》，卷106上，〈地形志上〉，頁2459。其下小註。
〔註216〕《魏書》，卷106上，〈地形志上〉，頁2463。其下小註。
〔註217〕《魏書》，卷106上，〈地形志上〉，頁2464。其下小註。
〔註218〕《魏書》，卷106上，〈地形志上〉，頁2467。其下小註。
〔註219〕《魏書》，卷106上，〈地形志上〉，頁2468。其下小註。
〔註220〕《魏書》，卷106上，〈地形志上〉，頁2468。其下小註。
〔註221〕《魏書》，卷106上，〈地形志上〉，頁2477。其下小註。
〔註222〕《魏書》，卷106上，〈地形志上〉，頁2494。其下小註。
〔註223〕《魏書》，卷106中，〈地形志中〉，頁2522。其下小註。
〔註224〕《魏書》，卷106中，〈地形志中〉，頁2536。其下小註。
〔註225〕《魏書》，卷106中，〈地形志中〉，頁2528。其下小註。
〔註226〕《元和郡縣圖志》，卷5，頁138。

啓之母，大禹之妻，本身又是陽翟人〔註228〕。因此陽翟、陽城一帶信奉大禹夫婦，屬於原鄉信仰，陽城跟褚家的關係是，該地爲褚爽遷徙時的暫居地，同時褚爽又帶領鄉親3000人都督新城、梁、陽城三郡諸營事〔註229〕，又鄰近陽翟，所以褚家對於該地並不陌生。

褚家在原鄉信奉大禹，那來到人生地不熟的江南地區，自然會尋求原鄉的信仰，恰巧在浙江會稽一帶有大禹的信仰。關於大禹崩於會稽：《史記》記載：「帝禹東巡狩，至于會稽而崩」〔註230〕；《越絕書》：「因病亡死，葬會稽」〔註231〕；《吳越春秋》記載，禹命令群臣「葬我於會稽之山」〔註232〕。大禹在會稽的蓋廟祭祀上，《吳越春秋》記載「禹崩之後，啓即天子位，使以歲時春秋而祭禹於越，立宗廟於南山之上」〔註233〕，其外傳有：「少康恐禹祭之絕祀，乃封其庶子於越，號曰無余，春秋祠禹墓於會稽」〔註234〕；《越絕書》：「少康立祠於陵所」〔註235〕。史料證明會稽是有大禹信仰與崇拜，那褚家來到江南地區，對於同屬大禹信仰的會稽自然會有親切感。

關於褚家跟浙江的關係，《舊唐書》記載，褚亮是居杭州錢塘人〔註236〕。這說明最晚在陳朝，褚家已經居於杭州的錢塘。褚家居於杭州，而杭州又鄰近會稽，所以褚家對會稽的大禹信仰，可以與原鄉陽翟的大禹信仰結合，一方面解決鄉愁，另一方面融入江南，特別是會稽地區。

在江南地區，除了大禹信仰外，還有項羽信仰，因爲未來大禹跟項羽會同被尊爲水仙尊王，而同祀。長江南北都有信奉項羽者〔註237〕，在《梁書》中就有所紀錄：

> （蕭琛）遷吳興太守。郡有項羽廟，土民名爲憤王，甚有靈驗，遂
> 於郡廳事安施床幕爲神座，公私請禱，前後二千石皆於廳拜祠，而

〔註227〕《魏書》，卷106中，〈地形志中〉，頁2549。
〔註228〕《元和郡縣圖志》，卷5，頁140。引《嵩山記》。
〔註229〕《晉書》，卷77，〈褚爽傳〉，頁2031～2032。
〔註230〕《史記》，卷2，〈夏本紀〉，頁83。
〔註231〕李步嘉撰，《越絕書校釋》，武昌：武漢大學出版社，1992年，卷8，頁195。
〔註232〕周生春，《吳越春秋輯校匯考》，上海：上海古籍出版社，1997年，卷6，頁108。
〔註233〕《吳越春秋輯校匯考》，卷6，頁108。
〔註234〕《吳越春秋輯校匯考》，卷6，頁108。
〔註235〕《越絕書校釋》，附錄2佚文輯補，頁372。
〔註236〕《舊唐書》，卷72，〈褚亮傳〉，頁2578。
〔註237〕朱大渭等著，《魏晉南北朝社會生活史》，北京：新華書局，2005年，頁256。

避居他室。（蕭）琛至，徙神還廟，處之不疑〔註238〕。

項羽廟所在位置在吳興地區，當時土民將項羽稱爲憤王，甚至在吳興郡廳的所在也設立項羽的神座，前後的地方官都在廳內祭拜項羽，直到蕭琛將其遷回到項羽廟之中。從這來看，吳興地區很信奉項羽，所以將其請神到地方政府所屬的大廳，好供人膜拜，未來項羽會變成水仙之一。褚家祭祀大禹是基於原鄉信仰與當地信仰的重疊，那祭祀項羽，可能是同屬水仙的祭祀。

關於水仙祭祀，就是對於水的的崇拜，人們自上古時代就存在各種對天體自然的崇拜〔註239〕。馮佐哲跟李富華把這類的祭祀歸類於民間宗教，他們認爲民間宗教有幾個特色〔註240〕：其一由下階層群眾自發產生的；其二與一個國家的傳統與文化有密切關係；其三具有濃厚民俗性；其四來自多種傳說與宗教的渠道；其五有一定異端教會的特色。在民間影響最深遠的是將大禹奉做管理水情之神，在各地都有其廟宇與遺跡〔註241〕。水神屬於自然神崇拜〔註242〕，是對水的崇拜。到魏晉南北朝時神祠林立，水神除黃河、長江以外名目繁多，如禹祠、伍子胥廟、文種廟〔註243〕。因此前段提到的項羽被列入水神，也是在魏晉南北朝時期。筆者以爲江南多河川湖泊，因此人們在祭拜水神的同時，也希望水神庇佑他們不要受到水難，如淹水、溺水等。

褚家在陽翟還有另一間廟是原鄉信仰，這間廟是九山祠。九山祠祭拜的對象爲九山府君。九山府君又名九山顯靈府君，是太華山的長子，「南據嵩岳，北帶洛瀍」〔註244〕，這出自九山廟前的碑文《九山祠碑》。從碑文上我們還知道，這碑立於晉惠帝元康 2 年（292），由惠帝遣人所立〔註245〕，在這碑的隔壁是〈百蟲將軍顯靈碑〉，百蟲將軍爲伊益，也就是伯益，該廟立於元康 5 年（295），而碑文刻於後〔註246〕。從《水經注》我們可以知道九山廟拜的是太華山長子，九山府君，陪祀的有伯益。然這九山廟是立於河南的鞏縣

〔註238〕《梁書》，卷 26，〈蕭琛傳〉，頁 397。

〔註239〕馮佐哲、李富華，《中國民間宗教史》，台北：文津出版社，1994 年，頁 8。

〔註240〕《中國民間宗教史》，頁 8～10。

〔註241〕《中國民間宗教史》，頁 27。

〔註242〕《中國民間宗教史》，頁 63、65。

〔註243〕《中國民間宗教史》，頁 140～141。

〔註244〕（北魏）酈道元，《水經注疏》，江蘇：江蘇古籍出版社，2001 年，卷 15，頁 1325。

〔註245〕《水經注疏》，卷 15，頁 1325。

〔註246〕《水經注疏》，卷 15，頁 1325～1326。

〔註247〕，但《水經注》在潁水流經陽翟時，又記載陽翟城西有《九山祠碑》與《郭奉孝碑》，楊守敬認爲是前人不能定，所以在潁水跟洛水兩邊都記載《九山祠碑》〔註248〕。筆者以爲這是因爲該區有九山的信仰，而立了九山祠，有可能是從鞏縣傳到陽翟地區。

九山祠另一個可能祭祀的對象爲王子晉，因爲王子晉祠立於九山〔註249〕。王子晉是周靈王之子，是王家的始祖。這是出自《新五代史》，前蜀後主王衍，蓋上清宮，爲王子晉塑像，同時尊爲「聖祖至道玉宸皇帝」〔註250〕，又將自己塑像立於王子晉像的旁邊〔註251〕。在此之前，王子晉在武則天封禪，將嵩山諸神敕封之時，將其立爲昇仙太子，爲他另外立廟祭祀〔註252〕。

褚家在褚裒帶領下，南下度將抵達江東，在遷徙的過程中，歷經陽城、滎陽、密縣〔註253〕。這些地方有些廟與墳墓，也可能是褚家可能祭祀的對象。在陽城地區有啓母廟與許由墓〔註254〕。在滎陽有管叔冢、周苛冢、紀信冢〔註255〕，在密縣有密縣，子產墓、卓茂祠〔註256〕。子產雖墓在密縣，然康縣有人爲之立廟〔註257〕。就已經立廟地來看，有啓母、子產、卓茂，未立廟的有許由、管叔、周苛、紀信。這些是褚家可能會信奉的先人、神祇。

綜上所述，褚家在由河南遷至江南地區，在民間信仰方面，可能信仰蔣子文、蘇峻、堯、禹、項羽、九山府君、王子晉、啓母、子產、卓茂等，分別受到遷徙地所在地區，或著是原鄉地區信仰的影響。因無史料直述，故筆者將褚家可能信奉的民間信仰神祇羅列於上，做爲一個補充。

〔註247〕《水經注疏》，卷15，頁1324。
〔註248〕《水經注疏》，卷22，頁1811。
〔註249〕《水經注疏》，卷15，頁1320。
〔註250〕（宋）歐陽修，《新五代史》，北京：中華書局，1974年，卷63，〈前蜀世家〉，頁792。
〔註251〕《新五代史》，卷63，〈前蜀世家〉，頁792。
〔註252〕《舊唐書》，卷23，〈禮儀志三〉，頁891。
〔註253〕《晉書》，卷77，〈褚裒傳〉，頁2031～2032。
〔註254〕《魏書》，卷106中，〈地形志中〉，頁2549。
〔註255〕《魏書》，卷106中，〈地形志中〉，頁2537。
〔註256〕《魏書》，卷106中，〈地形志中〉，頁2537。
〔註257〕《魏書》，卷106中，〈地形志中〉，頁2549。

第六章　結　論

　　褚家的政治生涯得以延續，主要靠的是不斷的改變，以適應政局的變化。褚翜以流民帥的武力爲東晉盡忠開始。褚翜曾帶領 3000 家的流民東渡，最後得以隨褚翜東渡的人，只可能少於此數。筆者以爲褚翜爲小流民帥，因《晉書・褚翜傳》有載褚翜遣將領 500 人，前往京城參與平定王敦之亂〔註1〕。褚翜憑藉著手上的部隊，積極爲東晉效忠，還參與抵抗蘇峻的叛軍，最後怒斥叛軍，保存成帝的尊嚴。褚翜開了褚家以軍功入仕的路子。

　　褚翜的堂弟褚裒，爲徐兗地區的大流民帥──郗鑒的僚佐，筆者以爲這個仕官可能是褚翜的安排，首先褚翜是個流民帥，與同爲流民帥的郗鑒，雙方同樣憑藉武力作爲政治的籌碼，身分也類似，同爲流民，因此褚翜將褚裒安置在郗鑒那裏，一方面可以爭取郗鑒的外援。另一方面褚翜只是個小流民帥，毅然決然的派兵參與東晉對王敦的戰役，等到了蘇峻之亂時，親自帶王師抵禦蘇峻的叛軍。褚翜將褚裒安置在郗鑒麾下，可以避免雞蛋在同一個籃子，若不幸褚翜敗亡，褚家還有褚裒一脈可以傳承。

　　褚裒擔任郗鑒僚佐的經歷，對他未來以徐兗的兵力北伐是有幫助的，比較能獲得京口集團的支持。然褚裒因北伐失敗而慚恨至死，這也導致褚家的軍事路線僅止於此，雖之後褚裕之、褚淵有統過兵，或參與過戰爭。但也僅只是以朝廷兵力參戰，並未向褚翜、褚裒時期，還有自己的部隊。所以軍事路線止於褚裒。

　　褚家的第二種方式爲與皇室聯姻，這可以分爲將女兒嫁給皇家，或擔任駙馬，娶皇家的公主爲妻。此一方式的展開與褚裒有關係，褚裒將女兒褚蒜

〔註1〕 《晉書》，卷 77，〈褚翜傳〉，頁 2032。

子嫁給司馬岳（東晉康帝），當時司馬岳為瑯琊王，但卻無法說話，因此瑯琊
王氏與外戚庾家都將女兒嫁給成帝的兩個兒子（東晉哀帝與海西公）。褚家在
家世上比不過瑯琊王氏、外戚庾家。因此褚家將女兒嫁給當時的瑯琊王司馬
岳。此一聯姻，造就了褚蒜子得以三度臨朝稱制的政治表現。褚裒本身也成
為褚家的第一個外戚，在東晉穆帝時期，以褚裒來看，他是外公，在外掌握
徐兗（京口）地區的軍權，穆帝為外孫，因年幼由女兒褚太后抱著，臨朝稱
制代替皇帝行使其職權。另有小舅子謝尚掌握西府豫州的兵力。褚裒得這個
外戚相當有地位，同時形成了一個模式，也就是褚太后在內朝，褚裒、謝尚
在外掌握軍權呼應朝中央，此一模式直到褚裒北伐失敗身死而改變。

　　褚太后臨朝，在朝中總要有人掌握大權，一開始穆帝是何充與司馬昱掌
政，但永和2年（346）何充身死，本由蔡謨接任，但蔡謨拼死抗拒不從，最
後因而被免官。政治格局又改變了便成由褚太后與司馬昱，兩人分掌「名」、
「實」，褚太后掌握皇帝的決定權與蓋章權，司馬昱負責整個朝中大事，掌握
實際政權。司馬昱在外也有支持者，即荊州的桓溫。當桓溫於永和2年（346）
滅掉成漢，收復益州後，實力與聲望大增，給朝中的司馬昱更大的聲援與支
持。褚太后維持此一模式，直至桓溫廢海西公，擁立司馬昱為簡文帝，才再
度改變。簡文帝稱帝後，1年多就過世了，由年幼的孝武帝接任，褚太后第三
度臨朝稱制。桓溫過世後，褚太后的從舅謝安，得褚太后之助，壓制荊州的
桓沖，開啟謝家崛起的一頁。褚太后做為褚家的第一個太后，三度臨朝稱制，
成為褚家最有權勢的皇后。

　　褚家的男子與皇室聯姻，擔任駙馬，尚公主。此一模式的展開始於褚湛
之，當時褚家因為受到宋少帝被廢殺的政變影響，褚家第六代幾近全亡。褚
湛之憑藉著駙馬的身分，在宋文帝時期能夠在劉宋仕宦。在宋文帝晚期，劉
劭弒君自立的政變中，褚湛之先是劉劭方，而後轉投劉駿（孝武帝）方。褚
湛之初降時，官至尚書僕射，而後被免官。再起之後，升至侍中、左衛將軍，
而後卒。褚家第二個重要的駙馬，即褚湛之之子褚淵。

　　在婚姻裡面，最重要是與士族聯姻，褚家兩度與陳郡謝氏聯姻，雙方互
相支援，前可看褚太后，後可看褚向。因此在世系表中，筆者將與褚家關係
密切的謝家部分房支列入，做為褚家最重要的姻親。

　　褚淵最重要的是支持權貴蕭道成，成功的將褚家從劉宋帶至蕭齊。依附
並支持權貴是褚家的第三種方式。最早始於褚裕之三兄弟支持權貴劉裕開

始，集大成於褚淵。而後褚家零星有人利用此一方式，如「侯景之亂」後，東晉南朝得政治局面大改，昔日朝中有親舊援引的模式不見了，士族被大肆殺戮。褚玠靠著依附權貴侯安都起家，雖得到一些幫助，然也受到侯安都的連累。

褚家第四種方式是以自身能力入仕，如褚亮、褚遂良父子，前者歷經由陳朝至隋，而後入唐朝仕宦；後者經隋，而後入唐仕宦。褚家最後幾代都是遵循此一模式，當然家族也有提供一些幫助與蔭任。關於自身，不能不提到褚裒，他從流民帥身分，華麗轉身變成士族的一員，還被《世說新語》記錄保留下來，成為褚家的名士。

最後是褚家與宗教，褚家在佛教、道教與其他宗教的關係。褚家多代信奉佛教，亦有參與因宗教問題，而改變成政治問題的「沙門不敬王者」論。參與此次政爭的主角為褚裒，另一重要人物為何充，他除了是褚家最大的助力外，更是褚家的姻親，他姪女嫁給穆帝為皇后。關於佛教，褚家信奉佛教，且當桓溫廢帝，擁立簡文帝的政變時，褚太后是在佛屋接到桓溫的上書。同樣在此一政變，司馬昱與桓溫得茅山上清派之助，在宗教上得以壓制信奉佛教的明帝一系，即廢帝海西公，取得天命的正當性。褚家信奉道教，因此探討了上清派所建構的死後世界。最後為褚家的原鄉信仰，雖然沒有史料證明，這些信仰對褚家的幫助。然宗教安撫人心的功能，與慰藉離鄉的流民們思鄉情緒，褚家是流民家族，自然也受到宗教上的慰藉。

參考書目

一、史料

1. 《春秋公羊傳注疏》，收錄在《十三經注疏》，台北：藝文印書館，2011年。

2. （梁）沈約，《宋書》，北京：中華書局，2008年。

3. （梁）蕭子顯，《南齊書》，北京：中華書局，2011年。

4. （梁）蕭統，《文選》，北京：中華書局，2005年。

5. （梁）釋慧皎，《高僧傳》，收錄在《大藏經》，台北：新文豐出版社，1996年。

6. （梁）陶弘景，趙益點校，《真誥》，北京：中華書局，2011年。

7. （梁）陶弘景纂，（唐）閭丘方遠校定，王家葵校理，《真靈位業圖校理》，北京：中華書局，2013年。

8. （北魏）張丘建，《張丘建算經》，收在《諸子集成補編》第六冊，成都：四川人民出版社，1997年。

9. （北魏）酈道元，《水經注疏》，江蘇：江蘇古籍出版社，2001年。

10. （北齊）魏收，《魏書》，北京：中華書局，2006年。

11. （唐）房玄齡，《晉書》，北京：中華書局，2003年。

12. （唐）令狐德棻，《周書》，北京：中華書局，2012年。

13. （唐）杜祐，《通典》，北京：中華書局，2007年。

14. （唐）李百藥，《北齊書》，北京：中華書局，2012年。

15. （唐）李延壽，《北史》，北京：中華書局，2012年。

16. （唐）李延壽，《南史》，北京：中華書局，2011年。

17. （唐）李吉甫，《元和郡縣圖志》，北京：中華書局，2005年。

18. （唐）李林甫，《唐六典》，北京：中華書局，2005 年。

19. （唐）徐堅，《初學記》，鄭州：河南教育，1994 年。

20. （唐）許嵩，《建康實錄》，北京：中華書局，2009 年。

21. （唐）歐陽詢，《藝文類聚》，台北：古今大典文化，2000 年。

22. （唐）魏徵，《隋書》，北京：中華書局，2002 年。

23. （唐）姚思廉，《梁書》，北京：中華書局，2008 年。

24. （唐）姚思廉，《陳書》，北京：中華書局，2008 年。

25. （五代）劉昫，《舊唐書》，北京：中華書局，2002 年。

26. （宋）歐陽修，《新唐書》，北京：中華書局，2003 年。

27. （宋）歐陽修，《新五代史》，北京：中華書局，1974 年。

28. （宋）李昉，《文苑英華》，北京：中華書局，2003 年。

29. （宋）李昉，《太平御覽》，台灣：台灣商務印書館，1997 年。

30. （宋）王欽若，《冊府元龜》，北京：中華書局，2003 年。

31. （宋）司馬光，《資治通鑑》，台北：世界書局，1972 年。

32. （宋）張敦頤，《六朝事蹟編類》，台北：廣文書局，1970 年。

33. （宋）鄭樵，《通志二十略》，北京：中華書局，1995 年。

34. （宋）淡癡道人，《玉曆寶鈔》，台北：和裕出版社，2014 年。

35. （宋）樂史，《太平寰宇記》，北京：中華書局，2007 年

36. （清）顧祖禹，《讀史方輿紀要》，北京：中華書局，2006 年。

37. （清）王夫之，《讀通鑑論》，北京：中華書局，2008 年。

38. （清）嚴可均，《全上古三代秦漢六朝文》，北京：中華書局，1999 年。

39. 王利器撰，《顏氏家訓集解》，北京：中華書局，2007 年。

40. 王孺童校注，《比丘尼傳校註》，北京：中華書局，2010 年。

41. 李步嘉撰，《越絕書校釋》，武昌：武漢大學出版社，1992 年。

42. 周生春，《吳越春秋輯校匯考》，上海：上海古籍出版社，1997 年。

43. 楊勇，《世說新語校箋》，北京：中華書局，2009 年。

44. 楊家駱主編，《新校本宋史并附編三種》，台北：鼎文書局，1978 年。

45. 萬斯同，〈東晉方鎮年表〉，《二十五史補編》，北京：北京圖書館出版社，2005 年。

二、中文專書

1. 方北辰，《魏晉南朝江東世家大族述論》，台北：文津，1991 年。

2. 毛漢光，《中國中古社會史論》，台北：聯經出版社，1997 年。

3. 毛漢光，《兩晉南北朝士族政治之研究》，台北：中國學術著作獎助委員會，1966 年。

4. 王力平，《中古杜氏家族的變遷》，北京：商務出版社，2006 年。

5. 王永平，《六朝江東世族家風家學研究》，南京：江蘇古籍，2003 年。

6. 王永平，《六朝家族》，南京：南京大學，2008 年。

7. 王仲犖，《魏晉南北朝史》，台北：漢京出版社，1992 年。

8. 王伊同，《五朝門第》，北京：中華書局，2006 年。

9. 王利華，《中國家庭史：先秦至魏晉南北朝時期》，廣州：廣東人民，2007 年。

10. 王壯弘，馬成名，《六朝墓誌檢要》，上海：上海書店出版，2008 年。

11. 甘懷真，《身分、文化與權力：士族研究新探》，台北：台大出版中心，2012 年。

12. 田餘慶，《東晉門閥政治》，北京：北京大學出版社，2012 年。

13. 朱大渭等著，《魏晉南北朝社會生活史》，北京：新華書局，2005 年。

14. 何啓民，《中古門第論集》，台北：學生書局，1978 年

15. 呂春盛，《陳朝的政治結構與族群問題》，台北：稻鄉出版社，2001 年。

16. 李萬生，《侯景之亂與北朝政局》，北京：中國社會科學，2003 年。

17. 汪征魯，《魏晉南北朝選官體制研究》，福建：福州人民，1995 年。

18. 周一良，《魏晉南北朝史論集》，北京：北京大學，1997 年。

19. 周一良，《魏晉南北朝史論集續編》，北京：北京大學，1991 年。

20. 林富士，《中國中古時期的宗教與醫療》，台北：聯經出版社，2008 年。

21. 胡孚琛，《魏晉神仙道教《抱朴子內篇》研究》，台北：台灣商務，1992 年。

22. 胡志佳，《門閥士族時代下的司馬氏家族》，台北：文史哲出版社，2005 年。

23. 胡阿祥，《東晉南朝僑州郡縣與僑流人口研究》，南京：江蘇教育，2008 年。

24. 唐長孺，《魏晉南北朝史論拾遺》，北京：中華書局，2011 年。

25. 唐長孺，《魏晉南北朝史論叢》，河北：河北教育出版社，2002 年。

26. 唐長孺，《魏晉南北朝史論叢續編》，北京：新華書店，1978 年。

27. 唐長孺，《魏晉南北朝隋唐史三論》，武漢：武漢大學出版社，1998 年。

28. 唐燮軍，《六朝吳興沈氏及其宗族文化研究》，台北：文津，2006 年。

29. 夏炎，《中古世家大族清河崔氏研究》，天津：天津古籍，2004 年。

30. 高敏，《魏晉南北朝兵制研究》，鄭州：大象出版社，1998 年。

31. 張金龍，《魏晉南北朝禁衛武官制度研究》，北京：中華書局，2004 年。

32. 曹道衡，《蘭陵蕭氏與南朝文學》，北京：中華書局，2004 年。

33. 陳明，《中古士族現象研究》，台北：文津，1994 年。

34. 陳金鳳，《魏晉南北朝中間地帶研究》，天津：天津古籍，2005 年。

35. 陳寅恪，《金明館叢稿二編》，北京：新華書店，2001 年。

36. 陳寅恪，《金明館叢稿初編》，北京：新華書店，2001 年。

37. 陳寅恪，《唐代政治史述論稿》，台北：里仁書局，2004 年。

38. 陳寅恪，《隋唐制度淵源略論稿》，台北：里仁出版社，2004 年。

39. 陳琳國，《魏晉南北朝政治制度研究》，台北：文津出版社，1994 年。

40. 傅樂成，《漢唐史論集》，台北：聯經出版社，1995 年。

41. 湯一介，《魏晉南北朝時期的道教》，台北：東大出版社，1991 年。

42. 湯用彤，《漢魏兩晉南北朝佛教史》上冊，台北：佛光文化，2001 年。

43. 舒新城等編，《辭海》，北京：中華書局，1994 年。

44. 馮佐哲、李富華，《中國民間宗教史》，台北：文津出版社，1994 年。

45. 黃永年，《唐代史事考釋》，台北：聯經出版社 1998 年。

46. 黃旨彥，《公主政治——魏晉南北朝政治史的性別考察》，台北：稻鄉出版社，2013 年。

47. 萬繩楠整理，《陳寅恪魏晉南北朝史講演錄》，台北：雲龍出版社，2002 年。

48. 熊德基，《六朝史考實》，北京：中華書局，2000 年。

49. 趙超，《漢魏南北朝墓誌彙編》，天津：天津古籍，2008 年。

50. 鄭欽仁教授七秩壽慶論文集編輯委員會，《鄭欽仁教授七秩壽慶論文集》，台北：稻鄉出版社，2006 年。

51. 蕭華榮，《華麗家族：六朝陳郡謝氏家傳》，北京：三聯書店，2008 年。

52. 蕭華榮，《簪纓世家：六朝琅邪王氏家傳》，北京：三聯書店，2008 年。

53. 閻步克，《品位與職位：秦漢魏晉南北朝官階制度研究》，北京：中華書局，2009 年。

54. 鍾國發，《茅山道教上清宗》，台北：東大出版社，2003 年。

55. 韓理洲等輯校，《全三國兩晉南朝文補遺》，陝西：三秦出版社，2013 年。

56. 羅新，《新出魏晉南北朝墓誌疏證》，北京：中華書局，2005 年。

57. 譚其驤，《中國歷史地圖集》，北京：新華書店，1996 年。

58. 蘇紹興，《兩晉南朝的士族》，台北：聯經出版社，1993 年。

三、外文專書

1. 尼尼安・斯馬特，《劍橋世界宗教》，台北：城邦，2004 年。

2. 科塔克原著，徐雨村翻譯，《文化人類學》，台北：巨流圖書，2014 年。

3. （日）大川富士夫，《六朝江南の豪族社會》，東京：雄山閣，1987 年。

4. （日）川勝義雄，李濟滄等譯，《六朝貴族制的社會研究》，上海古籍，2007 年。

5. （日）中村圭爾，《六朝江南地域史研究》，東京：汲古書院，2006 年。

6. （日）中村圭爾，《六朝政治社會史研究》，汲古書院，2013 年。

7. （日）矢野主稅，《門閥社會成立史》，日本：國書刊行會，昭和 51 年（1976）。

8. （日）吉川忠夫，《王羲之六朝貴族の世界》，東京：清水書院，1997 年。

9. （日）守屋美都雄，《中國古代の家族和國家》，京都：東洋史研究會，1968 年。

10. （日）守屋美都雄，《六朝門閥の研究：太原王氏》，東京：日本出版協同株式會社，1951 年。

11. （日）安田二郎，《六朝政治史の研究》，京都：京都大學學術，2003 年。

12. （日）谷川道雄，《中國中世社會と共同體》，日本：國書刊行會，昭和 51 年（1976）。

13. （日）宮川尚志，《六朝史研究・政治社會篇》，京都：平樂寺書店，1956 年。

14. （日）宮川尚志，《六朝史研究》，日本學術振興會刊，1956 年。

15. （日）宮川尚志，《六朝史研究——宗教篇》，京都：平樂寺書店，1992 年。

16. （日）越智重明，《中國古代の政治と社會》，日本：中國書店，2000 年。

17. （日）越智重明，《魏晉南朝の人と社會》，日本：研文，1985 年。

18. （日）越智重明，《魏晉南朝の貴族制》，日本：研文出版，1982 年。

19. （美）伊沛霞（Patricia Ebrey）著，范兆飛譯，《早期中華帝國的貴族家庭——博陵崔氏個案研究》，上海：上海古籍出版社，2011 年。

四、中文期刊論文

1. 卜憲群，〈東晉南朝家族的分化與士族的衰落研究——以瑯琊王氏為中心〉，《南都學壇（人文社會科學學報）》第 24 卷第 3 期，2004 年。

2. 王友敏，〈東晉南朝時期的吳興沈氏宗族〉，《杭州教育學院學報》第 1 期，1996 年。

3. 王永平，〈中古吳興武康姚氏之家風家學——從一個側面看文化因素在世族傳承中的作用〉《揚州大學學報（人文社會科學版）》第 7 卷第 2 期，2003 年。

4. 王永平，〈宋得其武，梁得其文——略論南朝時期彭城武原到氏家族門風之演變〉，《江蘇社會科學》第 4 期，2008 年。

5. 王永平，〈東晉南朝吳興沈氏之尚武及其地位的變遷〉，《南都學壇（人文社會科學學報）》第 25 卷第 5 期，2005 年。

6. 王永平，〈東晉南朝時期廬江何氏與瑯琊王氏婚媾交游考——從一個側面看廬江何氏門第與地位得以維繫之原因〉，《許昌學院學報》第 27 卷第 4 期，2008 年。

7. 王永平，〈東晉南朝廬江何氏與皇室之婚媾及其任宦考述〉，《許昌學院學報》第 26 卷第 6 期，2007 年。

8. 王永平，〈南朝吳興武康沈氏之學術文化述略上——沈氏之家風、家學研究之二〉，《許昌學院學報》第 23 卷第 3 期，2004 年。

9. 王永平，〈南朝吳興武康沈氏之學術文化述略下——沈氏之家風、家學研究之二〉，《許昌學院學報》第 23 卷第 6 期，2004 年。

10. 王永平，〈南朝時期河東柳氏東眷之家族文化風尚述論〉，《江蘇大學學報（社會科學版）》第 10 卷第 5 期，2008 年。

11. 王永平，〈夏侯玄論——兼論魏晉之際譙郡夏侯門風之變化及其門第之上升〉，《史學月刊》第 4 期，2007 年。

12. 王永平，〈略論東晉南朝時期會稽山陰孔氏之從政風尚〉，《南都學壇（人文社會科學學報）》第 23 卷第 1 期，2003 年。

13. 王永平，〈略論諸葛誕與瑯琊諸葛氏「姓族」形成之關係〉，《文史哲》第 4 期，2005 年。

14. 王永平，〈論東晉南朝時期瑯琊王氏之家風與家學〉，《許昌師專學報》第 21 卷第 1 期，2002 年。

15. 王永平，〈蘭陵蕭氏早期之世系及其門第之興起考論〉，《南京理工大學學報（社會科學版）》第 20 卷第 2 期，2007 年 4 月。

16. 王永平、姚曉菲，〈中古時代瑯琊王氏之天師道信仰及其影響〉，《河南科技大學學報（社會科學版）》第 25 卷第 2 期，2007 年 4 月。

17. 王永平、姚曉菲，〈略論東晉時期瑯琊王氏與佛教文化〉，《學習與探索》第 1 期，2006 年。

18. 王永平、單鵬，〈廬江何氏與東晉佛教〉，《揚州大學學報》（人文社會科學版）第 11 卷第 2 期，2007 年。

19. 王連儒，〈東晉陳郡謝氏婚姻考略〉，《中國史研究》第 4 期，1995 年。

20. 王聖，〈東晉士族政治中的桓氏與何氏家族〉，《黃山學院學報》第 9 卷第

1 期，2007 年。

21. 王蕊，〈北朝時期的泰山羊氏〉，《臨沂師範學院學報》第 27 卷第 2 期，2005 年。

22. 朱紹侯，〈濟陽蔡氏郡望的歷史追溯〉，《許昌師專學報（社會科學版）》第 16 卷第 1 期，1997 年。

23. 朱智武，〈從墓誌地名看東晉南朝陳郡謝氏之浮沈──南京出土 6 方謝氏墓誌所載地名匯釋〉，《南京農業大學學報（社會科學版）》第 5 卷第 3 期，2005 年。

24. 朱華，〈東晉南朝陳郡高門袁氏研究〉，《襄樊學院學報》第 24 卷第 6 期，2003 年。

25. 何毅群，〈東晉南朝丹陽尹述論〉，《南京曉庄學報》第 1 期，2008 年。

26. 余樂，〈魏晉南北朝時期陽翟褚氏的家風與家學〉，《現代語文》第 12 期（曲阜，2006 年），頁 26～28。

27. 余樂，〈魏晉南朝時期的陽翟褚氏婚姻考略〉，《哲學史學研究》，2007 年。

28. 吳正東、鄔志剛，〈康獻皇后與東晉中期政治〉，《玉溪師範學報》第 11 期，2005 年。

29. 李聚雙，〈褚澄與其生育觀〉，《河南中醫》第 5 期，2003 年

30. 孟繁治，〈漢唐時期陽翟褚氏源流考論〉，《南部學壇》（人文社會科學報）第 6 期，2005 年。

31. 孟繁治，〈魏晉南朝江東顧氏考論〉，《史學月刊》第 3 期，1997 年

32. 柳春新，〈論漢晉之際的北地傅氏家族〉，《史學集刊》第 2 期，2005 年。

33. 胡耀震，〈任昉爲褚蓁表若干問題考辨〉，《聊城師範學報》第 3 期，1998 年。

34. 唐長孺，〈南朝寒人的興起〉，《魏晉南北朝史論叢續編》，北京：三聯書店，1973 年。

35. 唐燮軍，〈何之元《梁典》述論〉，《古籍整理研究學刊》第 3 期，2007 年。

36. 徐清祥，〈東晉出家士族考〉，《世界宗教研究》第 3 期，2005 年。

37. 張承宗、蘇利嫦，〈陽翟褚氏與東晉南朝政治〉，《揚州大學學報》，2003 年。

38. 張廣達，〈近年西方學者對中國中世紀世家大族的研究〉，《中國史研究動態》，1984 年第 12 期，頁 29～31。

39. 張憲華，〈何尚之年譜稿〉，《敦煌學輯刊》第 2 期，2005 年。

40. 張憲華，〈東晉南朝時期盧江何氏研究〉，《安徽史學》第 4 期，1993 年。

41. 張燦輝，〈南朝河東柳氏家族研究〉，《晉陽學刊》第 6 期，1995 年。

42. 曹文柱，〈六朝時期江南社會風氣的變遷〉，《魏晉南北朝史論合集》，北京：商務印書館，2008 年。

43. 曹文柱，〈東晉南朝官俸制度概說〉，《魏晉南北朝史論合集》，北京：商務印書館，2008 年。

44. 梁靜，〈中古河東裴氏家族文化述略〉，《社會科學家》第 5 期，2006 年。

45. 許忠洪，〈論何充在東晉永和政局中的作用〉，《南昌高專學報》第 2 期，2006 年。

46. 許峻維，〈東昏侯時期的戰爭對政局的影響〉，《華岡史學》創刊號，2013 年。

47. 許峻維，〈東晉時期的衛將軍〉，《春遊舞雩論文發表會論文集》，2012 年。

48. 陳昊，〈墓誌所見南北朝醫術世家的身份認同與宗教信仰——以丹陽徐氏爲中心〉，《文史》第 2 輯，2008 年。

49. 陳寅恪，〈魏書司馬叡傳江東民族條釋證及推論〉，《金明館叢稿初編》，北京：三聯書店，2001 年。

50. 傅樂成，〈荊州與六朝政局〉，《漢唐史論集》，台北：聯經，1977 年。

51. 黃緯中，〈關於褚遂良的老師——史凝的一些推論〉，《中華書道季刊》第 43 期，2004 年。

52. 葉妙娜，〈東晉南朝僑姓世族之婚媾——陳郡謝氏個案爲例〉，《歷史研究》第 3 期，北京：1986 年。

53. 寧宜，〈從忠孝問題看魏晉時期的褚氏家族〉，《齊齊哈爾師範高等學校學報》第 1 期，2007 年。

54. 廖明活，〈華嚴宗性起思想的形成〉，收錄在《中國文哲研究集刊》第 6 期，1995 年 3 月。

55. 趙以武，〈東晉南朝僑姓蕭氏的發跡史〉，《嘉應大學學報（哲學社會科學）》第 4 期，1999 年。

56. 劉乙樺，〈東晉初期皇權政治與流民集團關係的考察〉，《輔大中研所學刊》第 18 期，台北：2007 年。

57. 劉淑芬，〈六朝會稽士族〉，《中央研究院歷史語言研究所集刊》第 56 本 2 分，1985 年。

58. 劉淑芬，〈北魏時期的河東蜀薛〉，《中國史學》第 11 卷，2001 年。

59. 劉敬剛、李天石，〈試論肥水之戰後陳郡謝氏的盛衰〉，《浙江師範大學學報（社會科學版）》第 28 卷第 1 期，2003 年。

60. 劉新光，〈東晉陳郡謝氏江左地域選擇述論〉，《南京曉莊學院學報》第

20 卷第 1 期，2004 年。

61. 蔡幸娟，〈東晉褚太后女主政治發展與桓溫〉，《鄭欽仁教授七秩壽慶論文集》，台北：稻鄉出版社，2006 年。

62. 謝方，〈漢末魏晉的潁川陳氏家族〉，《安徽廣播大學學報》第 3 期，2007 年。

63. 韓樹峰，〈河東柳氏在南朝的獨特發展歷程〉，《中國史研究》第 1 期，2000 年。

64. 蘇利嫦，〈論魏晉南朝的忠孝實踐——以陽翟褚氏爲例〉，《湖南職業學院學報》第 1 期，2005 年。

五、外文期刊論文

1. （日）中村圭爾，〈陳の「用官式」とその歷史的意義〉，《大阪市立大學東洋史論叢》第 14 號，2005 年。

2. （日）中村圭爾，〈六朝貴族制論〉，《日本學者研究中國史論著選譯》，北京：中華書局，1993 年。

3. （日）川勝義雄，〈侯景之亂與南朝的貨幣經濟〉，《日本學者研究中國史論著選譯》，北京：中華書局，1993 年。

4. （日）越智重明，〈梁陳政權與梁陳貴族制〉，《日本學者研究中國史論著選譯》，北京：中華書局，1993 年。

六、學位論文

（一）台灣部分

1. 王淑嫻，〈南齊竟陵王西邸集團之研究〉，嘉義：中正大學歷史所博士論文，2006 年。

2. 何榮俊，〈魏晉南朝家族研究：以盧江灊縣何氏爲例〉，台南：成功大學歷史所碩士論文，2009 年。

3. 吳美慧，〈六朝時期吳郡陸氏的發展〉，新竹：清華大學歷史所碩士論文，2005 年。

4. 吳惠蓮，〈六朝時期的選任制度〉，台北：台灣大學歷史所博士論文，1990 年。

5. 呂光華，〈南朝貴遊文學集團研究〉，台北：政治大學中國文學所博士論文，1990 年。

6. 宋德熹，〈唐代前期門第之發展：以門第觀念爲中心（618～755）〉，台北：台灣大學歷史所碩士論文，1985 年。

7. 林志偉，〈東晉南朝陳郡陽夏謝氏的興衰——一個門閥士族的個案研

究〉，台中：東海大學中國文學所碩士論文，2001 年。

8. 施咸宇，〈魏晉南朝吳郡張氏研究〉，台南：成功大學歷史所碩士論文，2009 年。

9. 張文杰，〈四至六世紀河西文化與河西大姓〉，台中：中興大學歷史所碩士論文，1999 年。

10. 陳建成，〈北朝隋唐爾朱氏研究〉，台北：淡江大學歷史所碩士論文，2012 年。

11. 陳柏璋，〈中古琅邪顏氏研究──以婚姻仕宦和家學門風爲中心〉，台中：中興大學歷史所碩士論文，2004 年。

12. 黃麗如，〈漢隋之間榮陽鄭氏研究〉，台北：台灣大學歷史所碩士論文，1995 年。

13. 楊俊峰，〈南朝末年士人的處境及其北遷問題〉，台北：台灣大學歷史所碩士論文，1999 年。

14. 楊肇龍，〈京兆韋氏研究〉，台北：中國文化大學史學所，1994 年。

15. 蔡麗瑛，〈南朝統治階層婚姻現象初探──以婚姻沿革、型態及特色爲中心〉，台中：中興大學歷史所碩士論文，1999 年。

16. 蔣麗娟，〈魏晉南北朝泰山羊氏研究〉，台南：成功大學歷史所碩士論文，2009 年。

17. 鄧振男，〈三至六世紀江漢地方豪族的發展歷程：以襄陽、江陵爲中心的探討〉，台北：台灣師範大學歷史所碩士論文，2004 年。

18. 鄭銘德，〈宋代吳越錢氏研究〉，新竹：清華大學歷史所碩士論文，1999 年。

（二）中國大陸部分

1. 王彥紅，〈六朝吳郡張氏家族文化與文學研究〉，山東：曲阜師範大學碩士論文，2009 年。

2. 任艷艷，〈慕容氏與北朝社會研究〉，山西：山西大學碩士論文，2006 年。

3. 李園園，〈漢晉間龍亢桓氏研究〉，安徽：安徽大學碩士論文，2007 年。

4. 周國琴，〈十六國時期太行山區丁零翟氏研究〉，內蒙古：內蒙古師範大學碩士論文，2003 年。

5. 和慶鋒，〈唐代太原王氏研究〉，上海：上海師範大學碩士論文，2010 年。

6. 房春艷，〈中古房氏家族研究〉，陝西：陝西師範大學碩士論文，2007 年。

7. 侯紀潤，〈河東薛氏研究〉，陝西：陝西師範大學碩士論文，2006 年。

8. 姚彩玉,〈漢唐敦煌索氏研究〉,甘肅:西北師範大學碩士論文,2012年。

9. 孫中旺,〈南朝吳郡張氏研究〉,蘇州大學碩士論文,2001年。

10. 殷暢,〈太原王氏和東晉中后期政治〉,湖南:湖南科技大學碩士論文,2012年。

11. 張明明,〈北朝渤海刁氏研究〉,山西:山西大學碩士論文,2012年。

12. 梁燕妮,〈十六國北朝渤海封氏研究〉,山西:山西大學碩士論文,2012年。

13. 郭鳳娟,〈南朝吳郡陸氏研究〉,山東:山東大學碩士論文,2008年。

14. 湯慧玲,〈漢晉之際潁川陳氏研究〉,河南:鄭州大學碩士論文,2006年。

15. 楊朝寧,〈漢晉高平郗氏研究〉,雲南:雲南大學碩士論文,2010年。

16. 鄭屹,〈兩漢至唐韋氏宗族研究〉,四川:西南大學碩士論文,2013年。

17. 鄭芳,〈中古世家大族博陵崔氏研究〉,山東:曲阜師範大學碩士論文,2009年。

18. 韓濤,〈中古世家大族范陽盧氏研究〉,山東:曲阜師範大學碩士論文,2009年。